卓越绩效模式

在建筑企业中的应用与效果评价

吴志新　　著
金黎艳　主　审
邹素红　副主审

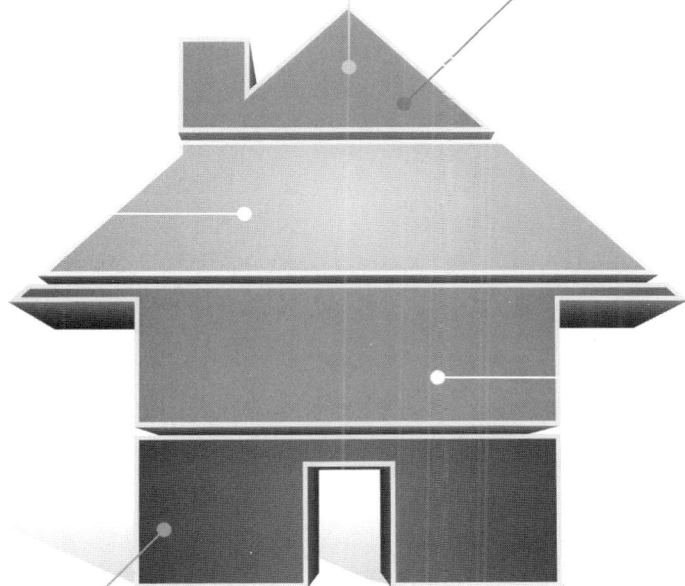

ZHEJIANG UNIVERSITY PRESS
浙江大学出版社

图书在版编目(CIP)数据

卓越绩效模式在建筑企业中的应用与效果评价/
吴志新著.—杭州:浙江大学出版社,2017.11

ISBN 978-7-308-16684-3

Ⅰ.①卓… Ⅱ.①吴… Ⅲ.①建筑企业—企业绩
效—企业管理—研究—中国 Ⅳ.①F426.91

中国版本图书馆 CIP 数据核字(2017)第 025989 号

卓越绩效模式在建筑企业中的应用与效果评价

吴志新　著

策划编辑	葛　娟	
责任编辑	杨利军	沈巧华
责任校对	丁沛岚	夏湘娣
封面设计	杭州林智广告有限公司	
出版发行	浙江大学出版社	
	(杭州市天目山路 148 号　邮政编码 310007)	
	(网址:http://www.zjupress.com)	
排　　版	杭州林智广告有限公司	
印　　刷	浙江印刷集团有限公司	
开　　本	710mm×1000mm　1/16	
印　　张	19	
字　　数	341 千	
版印次	2017 年 11 月第 1 版　2017 年 11 月第 1 次印刷	
书　　号	ISBN 978-7-308-16684-3	
定　　价	45.00 元	

序

  卓越绩效模式源于美国马尔科姆·波多里奇国家质量奖(以下称波多里奇国家质量奖)评审准则,目前有 80 多个国家和地区在推广应用。它提供了一种评价方法,企业可以通过卓越绩效模式集成的现代先进的管理理念和方法来评价企业的管理业绩,使企业不断地走向卓越。中国于 2001 年启动全国质量奖的评审工作,把卓越绩效模式作为评审标准。

  本书首先介绍了卓越绩效模式的内涵、中国建筑企业应用卓越绩效模式的现状、建立并实施卓越绩效模式的目的和意义、世界三大质量奖和中国全国质量奖以及卓越绩效模式在中国建筑领域的研究现状。其次,对卓越绩效评价准则进行解析,分析其九条基本理念(远见卓识的领导、战略导向、顾客驱动、社会责任、以人为本、合作共赢、重视过程与关注结果、系统管理以及学习、改进与创新)、七条类目的内容及其相互关系。再次,从卓越绩效评价准则培训、建筑企业的企业文化建设、树立标杆企业、问卷调查、开展自我评价、制订并实施改进计划、在恰当的时机申报全国质量奖等七个方面就中国建筑企业如何实施卓越绩效模式进行分析。第四,按照卓越绩效评价准则的七个类目,通过分析浙江永辉建筑工程有限公司的成功实践案例,提出中国建筑企业建立卓越绩效模式的方法。由于过程管理涵盖了企业的所有活动,涉及企业所有部门,本书着重对这一部分内容进行了详细分析。最后,对全书的研究分析进行了总结,并提出了下一步的研究方向。

  本书参照卓越绩效评价准则和一些关于卓越绩效模式在企业或机构的应用研究以及在建筑企业的实践,提出卓越绩效模式在中国建筑企业建立并实施的一般方法,能给中国建筑企业成功导入卓越绩效模式提供一些借鉴。

　　无论从研究方法上看,还是从内容上看,本书都具有很高的学术价值,能为企业管理提供很好的建议和意见,是一本值得大家阅读的好书。

日本岐阜经济大学前任校长

池永辉之教授

吴志新　译

2017 年 3 月

前　言

2001年以来,卓越绩效模式在引导和激励组织追求卓越的质量管理经营、提高组织综合质量和竞争能力、推进质量振兴事业等方面起到了积极的作用。卓越绩效模式已经成为我国各类组织实现从粗放管理到精细管理转型并逐步走向卓越的关键的成功因素之一。我国建筑业作为国民经济重要的支柱产业之一,存在建筑企业数量多、经营管理水平参差不齐的现象,是实施卓越绩效模式的重点领域。

本书以卓越绩效模式为着眼点,试图以理论为基础,结合企业具体实施实例,探索适合我国大多数建筑企业的卓越绩效管理体系的导入与应用,为广大建筑企业更便利地导入与实施卓越绩效模式提供参考,进而提升我国建筑企业的管理水平和综合实力。本书以归纳、总结为研究主线,首先,对卓越绩效模式的概况进行了阐述,对卓越绩效的概念、我国卓越绩效评价准则的基本理念及框架模型进行了梳理。其次,对国内建筑企业实施卓越绩效模式的现状进行了分析,总结了我国实施卓越绩效模式过程中的先进经验和出现的问题。第三,介绍了我国建筑企业导入卓越绩效模式的原则和路径以及我国建筑企业卓越绩效自评诊断和追求卓越的机制的建立,在此基础上按卓越绩效评价准则的七个方面,总结了浙江永辉建筑工程有限公司实施卓越绩效模式的具体做法。最后,结论表明,卓越绩效模式适用于我国建筑企业。对于我国建筑企业来说,需要建立远见卓识的领导、战略导向、顾客驱动、社会责任、以人为本、合作共赢、重视过程与关注结果、系统管理以及学习、改进与创新的基本理念，导入卓越绩效模式时，需要在充分理解卓越绩效评价准则的每个条目的基础上整合原有管理体系；建立相对应的自评、改进体系，为降低企业经营风险、提高企业管理水平、提高自身竞争力和提高建筑业收益提供一个良好的平台。本书的研究成果可为我国建筑企业实施卓越绩效模式提供一定的参考。

在本书完成之际，谨向撰写本书期间所有关心、帮助我的老师、朋友表示衷心的感谢！特别要感谢我在日本留学期间的恩师池永辉之教授、荻大陆教授、新藤久和教授等的耐心指导，感谢他们对本书提出了中肯的修改意见，使本书得以完善。有了他们的支持，我将会在以后的人生路上走得更加坚定！

吴志新

2017 年 3 月于杭州

<h1>目 录</h1>

CONTENTS

引　言

　　每次提供培训之后,总有学员希望我推荐一些有助于理解卓越绩效模式的书。实事求是地说,目前能够系统解析卓越绩效模式的专著并不多,个别书中还有些理解片面的内容,推荐谁或不推荐谁,是个很难的事情。最近发现有些学员在互相介绍有关图书,大家积极学习是好事,但怕学员在没有全面理解模式的情况下被误导,于是我觉得很有必要出版一本关于解读卓越绩效模式的书,请大家阅读、理解,希望对大家的工作有所帮助。

　　卓越绩效模式(Performance Excellence Model,PEM)可以说是当前国际上广泛认同的一种组织综合绩效管理的有效方法(工具)。该模式源自美国波多里奇国家质量奖评审准则,以顾客为导向,追求卓越绩效管理理念。该评审准则后来逐步风行世界发达国家与地区,成为一种卓越的管理模式,即卓越绩效模式。它不是目标,而是提供了一种评价方法。中国加入世界贸易组织以后,企业面临全新的市场竞争环境,如何进一步提高企业质量管理水平,从而在激烈的市场竞争中取胜是摆在广大已获得 ISO 9000 质量体系认证的企业面前的现实问题。卓越绩效模式是世界级成功企业公认的提升综合绩效和企业竞争力的有效方法,也是我国企业在新形势下经营管理的努力方向。

　　一个追求成功的企业,它可以从管理体系的建立、运行中取得绩效,并持续提高其业绩,取得成功。但一个企业如何追求卓越呢?卓越绩效模式则提供了评价标准,企业可以采用这一标准集成的现代质量管理的理念和方法,不断引导自己的管理业绩走向卓越。GB/T 19580—2012《卓越绩效评价准则》国家标准于 2012 年9 月正式发布,它标志着我国质量管理进入了一个新的阶段。引进、学习和实践卓越绩效模式,对于适应我国市场经济体制和经济全球化快速发展的新形势,具有重要的意义。卓越绩效模式反映了当今世界现代管理的理念和方法,是许多成功企业的经验总结,是激励和引导企业追求卓越的有效途径。

第一章　卓越绩效模式的理论研究现状

第一节　国内外研究现状

卓越绩效模式是一种集成了现代先进质量管理理念和方法的成功管理模式，被国际上众多国家采用。其核心是强化顾客的满意意识和创新活动，不断为顾客、员工、股东、供应商、合作伙伴、公众和社会等相关方创造改进的价值，促进组织追求卓越的经营绩效，实现组织的持续发展。卓越绩效模式产生于20世纪下半叶，进入21世纪后逐渐得到各个国家和各类企业的重视。在全球经济一体化的形势下，实施卓越绩效模式已经成为各国提升企业竞争力，以及企业自身实现持续改进、保持并不断增强竞争优势的有效途径之一。卓越绩效模式提供了一种评价方法，对于追求卓越的企业来说，可以通过运用卓越绩效模式的现代先进管理理念和方法来评价企业的管理业绩，使企业不断地走向卓越，跻身世界级企业的行列。中国质量协会于2001年启动了全国质量奖评审工作，希望卓越绩效模式的先进的经营管理理念和方法在中国企业中得到广泛应用，帮助和促进中国企业不断提高核心竞争力，取得可持续的卓越绩效。

随着信息时代和经济全球化的到来，中国已融入世界经济的主流，面临时代变革的巨大挑战。进入21世纪后，市场竞争日益加剧，顾客需求瞬息万变，技术创新不断加速，产品生命周期不断缩短。对中国广大中小型制造企业而言，跟不上时代的步伐就有可能被残酷地淘汰。面对如此严峻的形势，如何应对挑战、引领发展、提升核心竞争力、保持持续发展优势，是中国中小型制造企业在新形势下必须正视的一个重要问题。

卓越绩效模式是国际上广泛认同的一种质量管理与组织管理较先进的模式，是世界级成功企业公认的提升企业综合绩效和企业竞争力的有效方法。它聚焦企业的经营结果，用量化打分的方法评价企业卓越经营的业绩。企业可以按此标准进行自我评价和改进,其既可用于质量奖的评审,又可用于自我评价,系统地查找存在的问题,进而消除问题,提高绩效,最终实现企业向卓越的跨越,该过程在国际上被称为"组织成功的路线图"。

目前,已有80多个国家和地区采用卓越绩效模式作为全国质量奖评奖的标准,正大力推广卓越绩效模式。推行卓越绩效模式对促进组织全面提高管理水平、适应经济全球化有非常积极的作用。当前,运用卓越绩效模式建立一套适合自身系统,可促进业绩改进的机制,是中国广大中小型制造企业所迫切需要的,将对其持续发展和永续经营大有裨益。

本书的研究目的是,试图通过对卓越绩效模式的理论进行研究及对实施案例进行分析,为中小型制造企业推行卓越绩效模式提供范式研究,为他们使用卓越绩效模式提高企业管理水平、提升企业综合绩效提供有益的参考。

企业推行卓越绩效模式具有以下几方面的重要意义:

(1)对更新管理理念、步入现代优秀企业行列具有重要意义。卓越绩效模式是世界级成功企业管理经验的结晶,是中国优秀企业的共同追求,也是企业实现管理现代化的重要途径。企业通过导入卓越绩效模式,可实现与世界一流的管理模式迅速接轨。

(2)对实现企业战略目标具有重要意义。通过推行卓越绩效模式,建立完善的标杆管理体系并实施推进,对提升企业综合竞争力将起到积极的作用。

(3)对优化内部管理流程、整合管理方法、提高管理效率、完善绩效评价具有重要意义。

(4)对争创全国质量奖、树立卓越品牌形象,具有重要意义。

一、卓越绩效模式的产生背景

随着全球经济一体化,各国经济竞争日趋激烈,许多国家为了提升本国的竞争力,都纷纷设立自己国家的质量奖。日本在第二次世界大战后,邀请美国质量管理专家戴明讲学,并在1951年设立了世界上最早的质量奖——戴明奖。20世纪80年代初,日本企业的竞争力已被全世界所瞩目。而此时,美国企业面临日本企业强烈的挑战。为了帮助企业应对来自日本企业的挑战,美国于1987年通过立法设立了波多里奇国家质量奖,并制定了详细的评审准则,并在1997年将该质量奖评审准则更名为卓越绩效准则,该准则所体现的管理方式被称为卓越绩效模式,由用于质量奖的评审延伸至用于组织的自我评价和绩效改进,成为风靡全球的管理模式。

在世界各国所设置的质量奖中,著名的有日本的戴明奖、美国的波多里奇国家质量奖和欧洲质量奖。其中,日本戴明奖最早设立,但影响最大的是美国波多里奇国家质量奖。它采用的卓越绩效模式在树立标杆、分享成功经验、提高组织整体绩效、恢复美国经济活力以及提高美国国家竞争力等方面起到了关键作用,促进了美国 20 世纪 90 年代后的发展,使美国重新回到世界经济霸主的位置。紧随美国之后,欧洲、加拿大、新加坡等发达国家和地区,以及发展速度较快的发展中国家和地区纷纷跟进。卓越绩效准则不仅在美国的各行各业中得到推广应用,而且也被其他国家广泛采纳,当之无愧地成了先进管理模式的国际标准。

二、卓越绩效模式研究综述

1987 年,美国建立了波多里奇国家质量奖,波多里奇国家质量奖采用的卓越绩效模式,唤起了人们对质量的信任和重视,并在帮助 20 世纪 90 年代的美国经济恢复活力以及提高美国国家竞争力方面起了关键作用。卓越绩效模式建立至今,来自美国、中国、日本、新加坡等几十个国家和地区的卓越绩效模式应用组织和代表人物对卓越绩效模式进行了不断深入的研究和探讨,并以周年庆典、经验交流会、演讲、发表论文等形式对成果进行了交流。2007 年 4 月 22 日至 4 月 25 日,在华盛顿的希尔顿酒店举行了"第 20 届追求卓越大会",来自 15 个国家的 1000 多名代表参加了会议,进行了交流,肯定了卓越绩效模式增强国家价值观的作用。获奖企业已经在世界各国的相关会议上做过经验介绍,例如,仁惠医疗中心(Mercy Health System)领导团队通过打造、提炼优秀的企业文化来实现组织的卓越,以质量、服务、伙伴关系和成本作为卓越文化的四个支柱;夏普医疗中心(Sharp Health Care)成立 100 个专题小组听取患者的声音,在质量、人员、服务、财务、增长和社区六个方面确保满足相关方的需求等;杨国华、单泪源(2006)在《美大行车料公司卓越绩效模式的构建与实施研究》中,按卓越绩效模式的七个方面论述了怎样在美大行车料公司建立卓越绩效模式;白永芬(2011)在《HG 公司导入卓越绩效模式的实证研究》中详细分析了 HG 公司在实施卓越绩效模式中使用 PDCA[即 Plan(计划)、Do(实施)、Check(检查)、Action(改进)]循环、5S 管理、关键绩效指标 KPI(Key Performance Indicator)和 SWOT[即 Strength(优势)、Weakness(劣势)、Opportunity(机会)、Threat(威胁)]分析等管理技术的一般步骤和注意事项;刘滨(2008)在《中国制造型企业实施卓越绩效模式的调查分析》中通过对结构方程模型进行拟合和修正,并根据分析模型的效度与信度,得出了卓越绩效各类目之间的量化关系,指出中国制造型企业实施卓越绩效模式应注意的问题;张军利(2007)在《项目型组织推行卓越绩效模式的探讨》中通过对项目型组织和流程型组织的对比,充分认识了两者在核心资源、核心能力、能力度量、资源的组织方式等方面存在的差异,指出了项目型组织在贯标和评审方面应注意的一些典型问题,认为卓越绩效模式作为一种普遍适用的组织绩效评价标准适合于项目型组织;冯树玉(2006)在《企业实施卓越绩效模式所存在的若干问题及改进建议》中描述了企业普遍存在的"经营理念先进,管理行为滞后"和"管理创新有余,系统整合能力不足""战略缺失与战略虚脱""客户价值定位=价值过剩与价值缺失共存现象"等问题;李磊、朱星宇、寇永超等(2009)在《应用 DEA 量分的卓越绩效在制造业企业的研究》中提出应用数据包络分析(Data Envelope Analyse,DEA)量分的方法及步骤,弥补了卓越绩效在量分上存在的过于主观以及与原有数据联系不足的缺点;杨登慧、杨海光、刘德智(2010)将平衡计分卡与卓越绩效模式的评审框架和标准进行了对比分析,建立了平衡计分卡导向下的卓越绩效模式及其框架;叶美芳(2011)在《中国建筑企业卓越绩效管理研究》中,分析了卓越绩效管理的核心价值观、特点,通过分析国内外建筑企业应用卓越绩效模式的情况,总结出其中值得中国建筑企业学习的成功经验;贺朝铸(2012)在《基于卓越绩效模式(PEM)的企业质量战略》中阐述了用卓越绩效模式建立企业质量经营机制的必要性和主要方法;桑秀丽、肖汉杰、余志强等(2013)在《卓越绩效模式下铜冶炼企业车间岗位精细化管理推行研究》中阐述了如何推行岗位精细化管理,确保和促进车间岗位管理效用,实现车间全方位精细管理;也有部分学者研究了在项目层面将美国国家质量奖应用于研发估价,从研发活动的观点和单独的不同项目分析了质量奖评审标准不同的子领域,在研究的实证部分,通过采用一家成功运用了美国国家质量奖评审标准的制造公司的观点讨论了标准在研发项目中的使用;Hodgetts 等(1999)研究了获得美国国家质量奖的一些小型企业的观点。

　　本书的研究重点是建筑企业卓越绩效模式,上述国内外的研究成果是本书的理论和观点基础。这些研究成果为本书提供了很多可参考的资料,但有些结论的前提条件不可避免地存在差别,如发达国家的建筑企业与国内建筑企业的组织形式有很大的差别,因此,管理模式也存在很大的区别,本书将通过总结不同类型企业实施卓越绩效模式的经验,找出国内建筑企业实施卓越绩效模式的基本方法,并提出建议。

(一)国外研究综述

第二次世界大战后日本经济萧条,于是邀请美国的质量管理专家戴明进行讲学。这次讲学使日本企业界对于开展质量控制的意义有了深刻认识。日本科学技术联盟以戴明捐赠的讲义稿酬作为基金创设了戴明奖,这个奖项对日本经济的振兴起到了巨大的促进作用。

日本经济的迅速崛起,给美国带来挑战。1987 年,美国商务部部长马尔科姆·波多里奇起草了以其名字命名的国家质量奖评审标准,经国会通过后由当时的里根总统签署执行,用以表彰在全面质量管理和提高竞争力方面做出杰出贡献的美国企业。

1991 年,出现了欧洲质量奖,该奖由当时的欧盟委员会副主席马丁·本格曼正式提出设立。

以上三大质量奖中,以美国的波多里奇国家质量奖最为著名,影响最大。之后,波多里奇国家质量奖的评审准则发展成为卓越绩效模式。

目前,全球 80 多个国家和地区的质量奖,大多以美国的国家质量奖为范本,来建立评奖方式和评奖标准。该评奖标准已经成为企业经营管理的事实上的国际标准。

美国波多里奇国家质量奖的评审结构包括七大项,其中最为强调"结果",目的是要达到顾客满意,获得竞争优势。该质量奖以量化打分的方法评价企业卓越经营的业绩,总计 1000 分,仅结果就占 400 分。它的评奖对象分为两大类:制造业、服务业、小规模及大规模企业;教育及医疗卫生组织等。美国质量协会每年对质量奖评审标准进行修订,使评审工作日趋完善。该奖的获奖企业由美国总统亲自颁发,因而在美国质量界和企业中都享有极高的声誉。众多研究报告指出,卓越绩效模式对恢复美国的经济活力以及提高美国国家竞争力和生活质量等方面都起到了主要作用。

随着世界经济和科技的不断发展,国外对卓越绩效模式的研究也处于发展变化之中。很多学者和企业家认为,波多里奇国家质量奖的结构框架反映了管理者改进组织绩效时所需的各方面元素的关系,组织应该拓宽他们质量控制技术和产品设计过程的视野,以全面质量管理的视角来看待一切。

(二)国内研究综述

鉴于波多里奇国家质量奖为美国带来了社会和经济利益,2001 年,中国质量协会在借鉴其评价内容和方法的基础上,启动了全国质量奖评审工作。2004 年,发布了 GB/T 19580—2004《卓越绩效评价准则》和 GB/Z 19579—2004《卓越绩效评价准则实施指南》,并于 2005 年开始正式实施,主要用于质量奖评审和组织的自我评价。2012 年,又发布了 GB/T 19580—2012《卓越绩效评价准则》和 GB/Z 19579—2012《卓越绩效评价准则实施指南》,对 2004 版标准内容进行了部分修订和完善。目前,全国质量奖每年严审一次,奖项设置分为三大类:制造、建筑业奖项,服务业奖项,小企业奖项。此外,全国还有 20 多个省、自治区、直辖市设立了地方质量奖。迄今已有不少优秀企业获得过全国质量奖或省、市级质量奖,卓越绩效模式也引起了人们的广泛关注。

由于中国引入卓越绩效模式较晚,在 GB/T 19580—2004《卓越绩效评价准则》标准正式颁布以前,国内公开发表的这方面的研究著作比较少。2005 年以后,陆续出现了有关卓越绩效模式的。近年来,《中国质量》《经济论坛》《价值工程》《大众标准化》《上海管理科学》等期刊上也不断有关于卓越绩效模式的文章,这些文章大多涉及对卓越绩效标准的理解和对导入途径的探讨,还有一些是对推行卓越绩效模式获得成功的案例的介绍,而关于卓越绩效模式的构建模型和实施方法方面的研究成果不多。

综上所述,最近几年国内对卓越绩效模式的研究文献越来越多,也取得了一些较为可喜的研究成果。但是这些研究几乎都是针对具有一定规模的大型企业进行的,且多局限于具体的、个别的指标,极其缺少基于卓越绩效模式的中小型制造企业绩效管理体系建设的代表性研究成果,可供参考的文献也比较少,有待理论界和企业界的进一步关注。

第二节　中国建筑企业实施卓越绩效模式的现状分析

本章是全书的理论基础。本章对卓越绩效模式的基本内容做介绍,并结合建筑企业的应用进行分析,从国内和国外两个角度对实施卓越绩效模式的企业进行分析与总结,力求对卓越绩效模式在建筑企业应用中的经验与暴露的问题做详细的归纳。

一、卓越绩效模式的概况

（一）卓越绩效模式的概念

卓越绩效模式是指综合的组织绩效管理方式，为顾客和其他相关方不断创造价值，提高组织的整体绩效和能力，促使组织和个人得到进步和发展，并使组织持续获得成功。

中国卓越绩效的评价标准主要有以下七个部分：领导，战略，顾客与市场，资源，过程管理，测量、分析与改进，结果。目的是用这七个成系统的部分，获取卓越的结果。它用 1000 分的量化指标来衡量企业管理的成熟度，其框架和分值分布如图 1-1 所示。

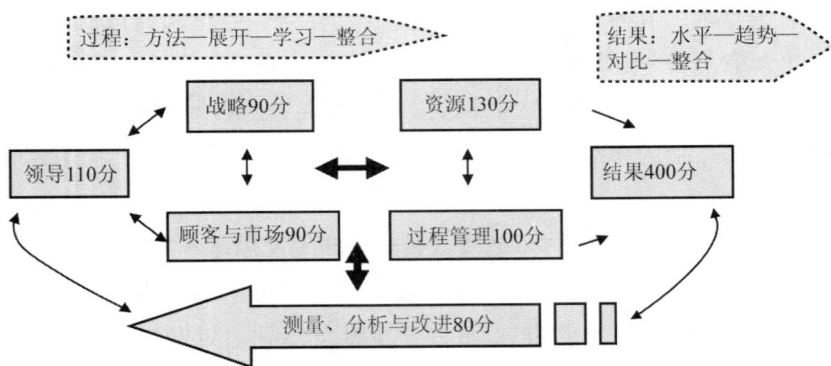

图 1-1 框架和分值分布

注：粗箭头连接的两者有直接的关系，细箭头连接的两者有间接关系。

卓越绩效的成熟度是从小质量 q 到大质量 Q 的概念，是从产品质量到企业经营质量的概念，追求的是卓越的质量经营，如图 1-2 所示。卓越绩效要求组织能从"偶然的方法，孤立的信息，无结果或者结果很差的管理"，向拥有"拥有有效、系统的方法，将方法很好地展开，基于事实的、系统的评估和改进过程，个人的目标与组织协调一致，对于产生的经营结果能与组织的竞争对手和标杆企业进行水平对比，保持组织能产生良好的、稳定的结果"进行转变，提高管理成熟度。

图 1-2 中，500 分以下的组织的管理成熟度还不是很高，处于小质量 q 的程度，组织要向大质量 Q 的方向进行努力，实现追求卓越的过程。最小的 q 表示组织的

目标还停留在产品或服务本身的质量水平上,还没有上升到过程质量的程度。

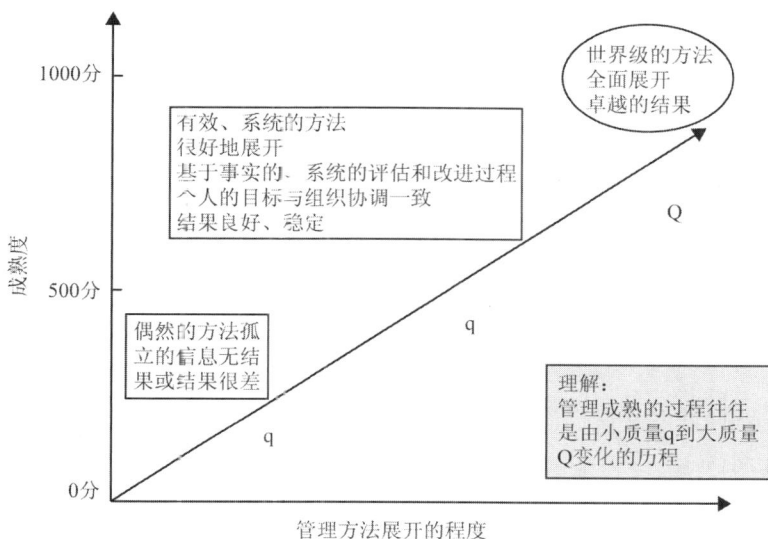

图 1-2 卓越绩效成熟度

(二)卓越绩效评价准则的基本理念

本节主要是站在建筑企业的角度对卓越绩效评价准则的基本理念进行阐述,为企业理解和应用卓越绩效模式提供参考,企业可运用这些基本理念引领企业追求卓越。

1. 远见卓识的领导

建筑企业的高层领导要具有超前的眼光、快速的反应能力,带领全体员工提炼公司的文化精华,努力将其贯彻到全体员工中,同时要影响到公司的合作伙伴、顾客和其他相关方,鼓励公司实现坦诚、双向的沟通,最终在落实方面起到表率的作用。要营造诚信守法、促进企业和员工学习、有利于改进创新和快速反应的环境。要强化风险意识,推进品牌建设,不断提高工程质量和服务水平,确保公司所提供的产品和服务质量安全。最终实现战略目标,达成愿景,保证企业的持续经营。

2. 战略导向

建筑企业要以战略统领公司的管理活动,建筑企业战略管理的好坏直接影响建筑企业经营管理的成熟度。管理趋向成熟的过程往往是由小质量 q 到大质量 Q 的历程。

企业的战略管理包括战略制定、战略部署、战略监测与调整等环节。制定战略时要考虑:市场发展趋势和机会以及顾客关注的要素,行业新法规、主要竞争对手的发展情况以及企业自身的能力,影响企业机制、工程承揽方式的重要改进或重大变化,资源整合能力分析,企业内外部环境存在的风险因素,公司品牌管理、供方管理及其他管理,可持续发展的相关因素等。战略部署包括科学制订实现战略目标的业务规划和职能规划,有效分解规划目标,优化资源配置,保证规划的实施。战略监测与调整包括构建战略绩效指标体系,对组织的绩效进行监测和预测,同时将所预测绩效与竞争对手的绩效相比较,与主要标杆的绩效相比较,最后做出应对措施。

3. 顾客驱动

建筑企业与其他营利性组织一样,应将顾客当前和未来的需求、期望、偏好作为改进的基础,同时作为提高公司管理水平和不断创新的动力,以提高顾客的满意和忠诚程度。

作为顾客驱动型企业就要从了解顾客的需求和期望开始,根据顾客的不同特点,制订能够满足不同类型顾客的服务程序、方式以及确定工程产品定位。采取差异化的满意度调查方式(分类调查、委托第三方调查)调查顾客的满意度并快速、热情、巧妙地处理顾客的抱怨和投诉,同时努力获取竞争对手的信息,与其对比,找出差距,持续改进,由此提高企业的美誉度和顾客的忠诚度。

4. 社会责任

在当今倡导和谐发展的社会体系下,建筑企业在寻求自身快速发展的同时,也必须分析自身在经营过程中对社会产生影响的因素,追求企业、社会、环境的和谐发展。企业履行社会责任要领导带头,全员参与,要对生产、服务和运营过程中可能对社会和环境造成的危害进行风险识别,同时制定防治措施,未雨绸缪,积极应对。严格执行国家法律法规,建立企业的信用体系,实现社会效益和经济效益。诚信经营,"干一项工程,塑一块丰碑",以企业的健康发展创造更多的就业岗位。履行公民义务,恪守职业道德,维护社会公共利益。积极投身公益事业,以感恩之心回馈社会。

5. 以人为本

员工是企业的最基本要素,企业的所有经营活动都是通过员工来完成的,所以企业的运营基础是调动员工的积极性,通过努力提高员工素质来促进企业的快速发展。建筑企业要将人力资源管理和企业经营战略有机结合在一起,围绕"人才兴企,科技兴企"的理念,建立基于业绩和能力的人力资源开发与管理系统,并且要充分发挥企业文化的导向作用,缩短管理链条,简化组织机构;充分授权、鼓励创新;广开渠道,积极吸纳员工和顾客的意见;实现不同部门、职位和地区员工的有效沟通和技能共享;重视员工的学习和发展,进行差异化需求培训以及帮助员工进行职业生涯规划,给员工创造公平竞争和多渠道晋升的环境。

6. 合作共赢

企业要与业务相关的各方组织建立便利的沟通平台,充分沟通、资源共享、信息共享,互相为对方创造价值,实现共同发展。企业要树立、践行合作共赢的价值观,与社会、顾客、股东、员工、供方、合作伙伴等相关方建立并保持"诚信、互利、共赢"的关系。企业应与相关方的优势领域互补(双方借助对方优势领域,扩展各自的优势,提高竞争能力),建立经营伙伴关系(在技术能力、人力资源、信息流通、生产经营等方面进行战略合作),提高抗风险能力、市场能力,最终实现共赢。

7. 重视过程与关注结果

企业的绩效是通过控制过程来实现的,所以,企业必须策划好每个过程,并关注每个过程对结果的影响度,通过对过程与结果的逻辑分析,最终保证对过程的高效控制与结果的卓越品质。

作为建筑企业,应实施系统、有效的过程管理,最大限度地满足股东、顾客、员工、供方等相关方的要求。通过外部调研、同行对比、会议研讨,根据是否为企业和顾客直接创造效益,确定企业的主要价值创造过程和关键支持过程,建筑施工企业产品造价高、单件性强、技术复杂、生产周期长、利益相关方多,企业有效识别主要价值创造过程后,根据各个过程相关方的需求,明确各个过程的具体要求,并将这些要求量化成主要的过程绩效考核指标,再结合各过程的内在规律,进行差异化过程设计,通过过程的有效实施改进,提高效率。同样根据行业特点将安全绿色、人力资源、财务、基础设施、信息、物流管理等支持过程,按 PDCA 对各过程进行策划、实施、检查、改进,实现对价值创造过程的有力支持。

8. 学习、改进与创新

培育学习型组织和个人是企业追求卓越的基础,改进和创新是企业持续发展的动力和关键。一个能够肩负重要历史使命、与时俱进的组织,必然要善于学习。建筑企业导入卓越绩效管理模式,必然要经历以领导为首的全员学习过程。改进创新方面,企业应分析各过程的 KPI 水平与趋势及内部 KPI 对比,通过机制与机构优化、制度优化、业务流程优化、管理体系审核、开展绩效评审会议及系统例会等方法实施过程改进创新;通过信息平台、系统例会、经验交流等实现各过程改进创新成果在本单位内部和外部的传播和共享。

9. 系统管理

以整体的观点来审视企业,以动态发展的角度分析企业的各个经营要素,实现各要素、各部分的协调联动,提高企业运营的高效与快速反应。

系统深入地理解以上九条基本理念,是为了更好地学习、应用卓越绩效管理模式,建筑企业导入、实践卓越绩效模式,必然要经历一个长时期的适应和观念的变革过程,只有坚持不懈地付出努力,才能为企业的可持续发展和管理创新创造价值。

二、中国建筑企业卓越绩效模式应用分析

2001 年,卓越绩效管理模式引入中国,应用的企业与发达国家的企业相比,还有很大差距,建筑业中导入实施卓越绩效模式的企业更少,在应用方面还不成熟。本书通过分析卓越绩效模式在中国建筑企业的应用情况,总结其中的经验和不足,以便今后想实施卓越绩效管理模式的建筑企业吸取经验,从而实现整个行业的快速发展。

(一) 中国建筑企业质量管理的特点和现状

近年来,中国建筑业蓬勃发展,建筑企业的管理能力和施工技术水平不断提高,业务领域和范围不断扩大,但随之而来的是管理难度的提高。因此,中国建筑企业亟须应用更加先进的管理模式来提高企业的管理水平,缩小与国际领先水平的差距,满足企业可持续发展的需要。目前,中国一些建筑企业正在建立并实施卓越绩效模式,有不少追求卓越的典范企业获得了全国质量奖。越来越多的企业意识到应用卓越绩效模式能够使企业管理水平和核心竞争力得到提高,但是就目前来讲,实施卓越绩效模式的过程中还存在诸多问题。例如,有的建筑企业为了申报全国质量奖,临时性地将卓越绩效模式套用到企业管理中,但是对卓越绩效模式的深刻内涵并不完全理解。中国建筑企业要成功导入卓越绩效模式需要有科学的范本,应采用正确的方法,树立追求卓越的理念,建立全员质量管理的环境和机制。一些追求卓越的建筑企业已经成功实施了卓越绩效模式,取得了一定的成效。

1. 质量管理的特点

建筑企业以项目作为最基本的经营对象,项目管理与其他的制造业运营管理有很大的不同。项目管理的特点表现在经营场所的分散性、流动性,并且每个项目

的特点都是单一的,每个项目的目标都是多样的,这就造成了项目管理难度要远大于其他行业的运营管理。

建筑产品一般为跨时代的建筑物,具有单件性、多样性、固定性、体积庞大的特点。建筑企业属于劳务密集型企业,劳务用工多,具有生产的流动性大、手工作业比重大、生产周期长和室外作业易受环境影响等行业特点。

从卓越绩效评价准则出发,分析建筑行业的特点。

高层领导的作用方面:高层领导在确定组织的价值观和绩效目标时,要考虑顾客和其他相关方的利益。建筑业的顾客不仅包括建筑产品的最终接受者,即用户,而且还包括建设单位和监理单位;相关方中的供方不仅包括物资供应商,还包括工程分包方和劳务分包方。又由于建筑业具有产品固定、人员流动大的特点,与相关方沟通较一般工业企业难度大。

组织治理结构方面:建筑业管理层次和分支机构较多,虽然多数企业都提倡扁平化管理,但由于施工区域分散,基本上都是集团公司、区域公司(分公司)、项目部三级管理模式,区域公司和项目部分散,管理辐射半径比较大。

社会责任方面:建筑施工过程中安全隐患多、风险大,高处坠落、物体打击等造成的事故频发。工程施工产生的扬尘、噪声、固废等对环境影响也较大。建筑工程本身的质量也涉及千家万户的生命财产安全。所以建筑业安全生产、产品安全和环境保护的责任更重大。

战略制定方面:建筑业是国民经济的支柱产业之一,受国家宏观政策影响大,尤其受基础设施建设和货币政策的影响大,材料价格、劳务用工价格的波动对建筑成本的影响也较大,企业之间竞争性强。因此,在制定战略时,应采用相应的科学方法,经过充分的要素分析,针对经营环境和企业自身的能力的变化适时调整战略。

顾客与市场方面:建筑业是先有顾客,后有产品的。市场开发、招标投标、工程施工、竣工交付都是与顾客直接接触的过程。因此,加强与顾客的关系,提高顾客满意度和忠诚度,对市场开发有着极其重要的意义。在顾客满意度和忠诚度测量时,也应考虑覆盖不同地域和不同的专业产品,调查内容也应针对不同的顾客群进行差异化设计。

人力资源管理方面:建筑企业属于劳务密集型企业,农民工在人力资源中占相当大的比重,其中的架子工、焊工、电工等必须培训合格持证上岗。企业应特别关注农民工权益的保护,劳动保护用具要发放到位,工资也必须发放到位。项目经理是项目经营的灵魂人物,培养一支过硬的项目经理队伍,是建筑企业经营的重要环节。

基础设施管理方面:建筑企业具有产品固定、机具流动的特点,施工设备和周转工具随着工程地点的改变而移动,项目部办公和生活都使用临时设施。所以建筑企业的机械设备,一般都是自有的和租赁的。施工设备安全风险较大,机械伤害是建筑业五大伤害之一,卷扬机、塔吊、施工电梯等特种设备是施工企业安全生产管理的重点。

信息管理方面:由于建筑施工企业点多面广,项目分散,容易出现信息"孤岛"问题。而正是因为区域分散,就更需要通过信息化建设来缩短沟通和资料传递的时间,以提高工作效率。

过程管理方面:建筑企业具有以项目管理为核心的特点,其关键过程可确定为市场营销过程、设计过程、采购过程、项目管理过程、服务过程、安全绿色施工过程、人力资源管理过程、财务管理和基础设施管理过程。由于建筑业竞争性强,利润空间小,所以如何使过程成本最小化、最优化也就成了建筑企业的重要课题。

建筑行业属于高危行业,施工过程中,机械化程度低,交叉作业、室外作业、高处作业等安全风险大,对企业来讲,更要以人为本,关注员工的职业健康和安全。

经营结果方面:建筑产品的最高奖是鲁班奖,其次是各省市的优质工程奖。由于建筑行业的竞争性强,市场占有率和产值利润率指标都偏低,一般都为一位数。由于建筑产品的投资大,生产周期长,所以建筑企业的资产负债率指标较高,一般在 50% 以上。另外,应关注建筑企业的安全生产和产品安全指标结果,污染物控制和节能降耗等环境保护指标应达到法律法规要求。

2. 质量管理的现状

建筑企业质量管理工作受行业影响较工业企业要落后一步。建筑企业最早依靠操作者本身的手艺、技术和经验来保证质量,随着企业规模的扩大和施工面积的增大,大多数企业开始成立质量检验部门,制订了操作者自检、班组互检、检验人员专检和分项、分部、竣工工程质量评定等一整套质量工作程序,明确了各项检查与检验工作标准与方法,类似于工业企业的质量检验阶段,大致时间为 1900—1950 年。统计质量控制阶段是在 1950 年以后,而 W. Edwards Deming 和 Joseph Juran 在 20 世纪 40 年代和 50 年代就发展了统计质量控制原理,并在实践中得到了证明,特别是在日本,获得了极大的成功。20 世纪 80 年代,建筑企业引入全面质量管理,开展了全员、全过程、全企业和多种多样的质量管理活动,施工过程中大力开展群众性的质量管理（Quality Control，QC）小组活动、质量管理点控制、目标管理、质量奖惩等一系列保证质量的活动措施，相当多的企业尝试应用数理统计方法控制施工质量，直方图、控制图、因果图等被直接应用于现场质量分析，质量管理工作进入了全面质量管理的新阶段。尽管发展不平衡，但还是取得了很大成绩。

为了提高建筑工程实物质量，加强施工过程的监督控制，近年来，国家加强了质量控制和质量监督核查，实行了工程监理制度，对正在施工的项目派驻监理工程师，对工程项目的质量、进度、投资和安全进行现场监督管理。20 世纪 90 年代末，建设部确立 50 家试点单位，开展 ISO 9000 质量管理体系的建立、运行和认证工作，建筑行业掀起了 ISO 9000 热潮。据统计，截至 2012 年 12 月，全国具有施工资质的建筑企业中，90%的企业通过了 ISO 9001 认证，质量管理体系的建立、实施和保持，使建筑施工企业的质量管理工作走上了规范化、程序化和文件化的轨道，为质量管理的发展奠定了坚实的基础。

3. 中国建筑企业建立并实施卓越绩效模式的目的和意义

卓越绩效模式是一种先进的管理模式，中国建筑企业如果在恰当的时机加以正确应用，将有利于建筑企业管理水平的提高。中国建筑企业应用卓越绩效模式的目的具体有以下几点：一是引导企业追求卓越的绩效，提高建筑企业的核心竞争力和企业的管理水平，帮助建筑企业实现可持续发展，获得长期成功；二是提高中国建筑企业在国际市场中的地位；三是争创全国质量奖。全国质量奖作为中国质量领域的最高奖项，是企业管理能力和核心竞争力的一种证明，也是所有追求卓越的优秀企业的目标。中国建筑企业争取获得全国质量奖的过程可以激励和提高全员学习卓越绩效模式的积极性，不断创新管理理念和工作方法，从而为卓越绩效模式的建立和实施做出更大的努力，使企业的核心竞争力得到提高。同时，建筑企业本身、顾客、员工、供应商、分包商、合作伙伴和社会都能从中受益。本书希望通过研究卓越绩效模式在中国建筑企业的实施应用，为中国建筑企业提高管理水平提供范本，帮助建筑企业改善内部管理，提高建筑企业核心竞争力，使其更好地为中国经济建设服务。

（二）获全国质量奖的建筑企业

在 2001 年至 2015 年期间，获全国质量奖的建筑企业有 16 家。下面对其中的几家获奖企业实施卓越绩效管理模式的具体做法和取得的成效做简单的综述。

1. 中建一局建设发展公司

第八届亚太质量组织会议暨全国质量奖颁奖大会于 2002 年 9 月 17 日在北京国际会议中心隆重举行,中建一局建设发展公司作为唯一的建筑企业在会上荣获全国质量奖。这一结果充分表明,中建一局建设发展公司在质量管理领域走在了全国建筑企业的前沿。

（1）战略追求。

伴随着中国经济从计划经济到市场经济,再到全球化的进步,中建一局建设发展公司经历了阶梯式的发展阶段,从传统的管理逐步改进,到现在已发展为具有国际竞争力的卓越企业。

（2）管理创新。

一是建立"大服务"运作模式;二是推行"三化"管理,即管理的程序化、标准化和规范化,按照全面实施方针目标管理、全面预算管理、资金集中管理等方式开展完工百分比对比管理;三是创建精品工程生产线;四是打造人才生产线;五是探索实施信息化建筑,与知名大学合作申报"863"课题,是国内首家建立了比较完善的信息化办公系统的企业;六是重视企业文化建设,中建一局建设发展公司将文化建设提升到战略层次,并且重点发展,提炼企业几十年的文化精髓,引进国际先进企业的文化理念,从高层到员工全员参与,不断深化,形成独特的企业文化体系和价值观。

2. 中天建设集团有限公司

中天建设集团有限公司从 2002 年开始引入卓越绩效模式,经过努力,于 2004 年和 2007 年两次获全国质量奖。

（1）创奖过程。

中天建设集团有限公司于 2002 年开始了解、学习卓越绩效评价准则,确定了专门的副总裁和部门分管这项工作,并派各部门骨干参加全国质量奖评审标准培训。同年参加了初次申报工作。2003 年,确定一位副总裁为创奖分管领导,组建了由各部门负责人组成的创奖小组,制订了严密的创奖计划;派人参加国家组织的培训,请专家到公司培训及公司内部开展培训。同时,中天建设集团有限公司十分重视夯实内部管理基础工作,练好内功。收集国内外标杆、先进企业管理资料,进行比较学习。2003 年,中天建设集团有限公司获浙江省质量奖,2004 年,中天建设集团有限公司下发文件,进一步明确了创奖目的和意义,以及全国质量奖对提升管理的作用;同时分析了中天建设集团有限公司参与此次评奖的优势和劣势,以及获得全国质量奖的概率;并决定由集团公司总裁挂帅,由集团公司总工、工程管理部直接组织落实,由各部门、各公司经理上阵指导并指定专人配合。

(2)创奖体会。

①领导重视。中天建设集团有限公司在创奖过程的关键节点上,都由集团总裁亲自挂帅,做指示、做动员。对申报的材料亲自进行审核。各部门负责人亲自编写材料,以确保材料的真实性。公司领导把整个创奖过程看作公司的管理改进过程,在整个过程中不松懈。

②全员参与,强化培训。全国质量奖的创奖工作牵涉每个员工,要运用卓越绩效管理模式,就需要所有员工参与,并熟悉评奖标准。所以,中天建设集团有限公司除了专门组织培训外,还在许多会议的议程上增加全国质量奖评审标准培训。例如,公司总裁办公会议、经理会议、员工培训班上都进行了全国质量奖培训。经过培训学习,员工对本职工作及其与公司的战略规划之间的关系的认知更加清晰,工作更有效率。

③注重基础工作。要争取获得全国质量奖,主要是要做好公司的管理工作,使公司的管理更加规范、先进。按照全国质量奖的评审标准来指导公司的管理工作,使公司的管理模式尽量向质量奖的评审标准靠拢。例如,全面制订和梳理公司的管理制度及所有管理流程。同时,应实事求是地编写申报材料。充分挖掘企业的管理特色,在创奖的过程中,请大学教授、专家来公司上课、指导。

④争取双推荐。充分的准备工作和突出的成绩使中天建设集团有限公司得到了中国建筑业协会工程建设质量管理分会与浙江省质量协会的双推荐。

⑤精心组织现场评审。为了争取获得全国质量奖,为了迎接全国质量奖专家的现场评审,中天建设集团有限公司主要做了以下工作:

- 总裁亲自作现场评审动员报告,明确工作的重要性。
- 所有员工重新学习全国质量管理奖评审标准。
- 所有部门对本部门的工作做好电子文档记录,以便向评审专家汇报。
- 尽可能地挖掘公司的管理特色。
- 注重现场评审过程管理,以取得较好的评审效果。

3. 中铁建设集团有限公司

中铁建设集团有限公司和中天建设集团有限公司一样,也是从2002年开始导入卓越绩效模式的。导入卓越绩效模式后,他们认真地对企业进行了详细的诊断,在领导,战略,顾客与市场,资源,过程管理,测量、分析与改进以及结果七个方面逐项作了总结。他们认为,有好的战略和基础,有好的战略执行力,还远远实现不了企业的发展要求,要想使企业快速发展,还要有完善的战略调整、改进体系,他们运用 PDCA 的理念,定期对公司战略进行评审分析,对战略进行动态调整,保证战略的高度适用性。经过三年多的努力,终于在 2005 年荣获全国质量奖。

中铁建设集团有限公司紧紧围绕战略规划、战略调整、执行力度、精细化管理、社会责任,以及核心价值观,大力打造文化优势,即四大文化理念:以人为本,打造受尊敬、有尊严企业的发展理念;注重实践、注重结果、注重领导作用的管理理念;人格、勇气、能力三位一体的人才理念;堂堂正正做人、规规矩矩做事、清清白白从业的廉洁理念。同时坚持扁平化管理的优势。同时,其努力实行卓越绩效模式,表彰先进,淘汰末位,坚持过程管控。项目管理坚持"双百方针"企业标准的优势,即所建工程百分之百达到"结构长城杯"标准、百分之百达到文明安全工地标准。中铁建设集团有限公司在全国质量奖申报以及获奖后一直坚持对国家标准的学习,遵循 PDCA 的理念,使卓越绩效模式成为中铁建设集团有限公司的管理之根。

4. 青岛建设集团有限公司

青岛建设集团有限公司从 2003 年开始接触并导入卓越绩效模式,经过两年多的准备、改进、完善,在全体员工的积极努力下,在 2005 年获得全国质量奖。其董事局主席杜波说:"推行卓越绩效模式,首先要建立良好的企业文化,建立良好的企业文化是保证产品质量的基础。在企业文化建设中,要让所有员工成为质量员工,让质量成为每位员工的生活方式。"基于此,杜波还提出"不主动学习,就是放弃自己"的理念,制定了《员工教育培训管理办法》,设置专项教育培训经费,建立全员培训档案和考核奖励制度,建立远程教育系统,开设网上讲堂。每月月度朝会的最后一个议程,就是他带领全体员工齐声诵读公司价值文化体系。"诚信敬业、创造卓越、合作共赢、和谐发展"的声音响彻公司,并在每一个员工的心中生根发芽。获奖后,青岛建设集团有限公司将卓越绩效评价准则同原已通过的三大认证体系进行了整合。2006 年年初,青岛建设集团有限公司开始推行平衡计分卡方式,初步梳理了财务、顾客、内部运营、学习发展四个方面的工作指标,理顺了各部门的工作职责和工作流程。青岛建设集团有限公司按照卓越绩效评价准则,积极实施企业对标管理,不仅在集团公司内部确定标杆企业,组织对标学习调研,而且向国内其他优秀企业进行对标学习,提高自身的企业管理水平。

5. 深圳海外装饰工程公司

2005 年,深圳海外装饰工程公司获得全国质量奖。作为当年的一个小企业,深圳海外装饰工程公司多年来引进并实施卓越绩效模式,取得了显著成效,也得到了肯定。深圳海外装饰工程公司在创立初始就很清醒地认识到,要想做长做久、打造"百年老店",不仅要有健康的"肌体",而且要具备健全的"灵魂"。卓越的文化领导力既是推动公司长远发展的动力,也是加强管理、统一思想、铸造品牌、树立形象的必然选择。创建之初,公司就致力于打造企业文化。2003 年,原有的 12 个文化理念经过多次修改和完善,形成了以诚信、创新为核心,包括使命、愿景、宗旨、企业精神、核心价值观等 12 项内容的公司文化价值体系,从根本上体现了社会、顾客、股东、合作伙伴、员工与企业利益的和谐统一。从此公司建立健全了"市场为导向,业主为中心,服务为依托,管理为支撑,资源为保障"的企业发展机制,由此来实现"缔造卓越品质"的管理目标。深圳海外装饰工程公司也成了国内为数不多的建立了完整的企业文化体系的装饰企业。

1998 年至 2001 年,深圳海外装饰工程公司从一个管理粗放的装饰企业,转型为贯彻国际通用的质量、环境、职业安全健康标准的管理创新企业。2001 年,公司开始接触和研究卓越绩效模式,进而了解全国质量奖。2002 年,公司将创立全国质量奖设定为未来几年提升管理的大方向。2003 年,公司成为装饰行业内第一家通过"三合一"体系认证的企业,并全面推进卓越绩效模式,将申报全国质量奖列入公司的中期发展规划,专注于各项业绩的改进。2004 年,公司从行业特点出发,依据公司情况,着手将 ISO 9001、ISO 14001、OHSAS 18001 标准与卓越绩效评价准则进行整合和推进,创立卓越绩效管理体系。2005 年 9 月,与上海贝尔阿尔卡特、香港地铁等 9 个知名的大型制造业、服务业企业一同获得了中国管理领域的最高奖——全国质量奖,成为国内第一家获此殊荣的装饰企业。

6. 中交第二航务工程局有限公司

中交第二航务工程局有限公司于 2004 年导入卓越绩效模式,经过反复的论证,以顾客与市场为突破点,以顾客为中心,走向卓越之路。

2006 年,中交第二航务工程局有限公司荣获了全国质量奖。2009 年,中交第二航务工程局有限公司又通过了全国质量奖专家组的复评,再获全国质量奖。以顾客为中心的市场营销网络,要求强化以顾客为中心、以市场为导向的管理理念,为顾客提供个性化、差异化的增值服务,实现与顾客共赢。目前,中交第二航务工程局有限公司形成了总分公司与母子公司体系并存的组织架构,内部形成了分级授权、绩效目标层层分解落实的考核管理机制,通过管理流程的优化和组织架构的优化,实现了高效管理。

（三）卓越绩效模式在中国建筑领域的应用、研究现状

叶美芳（2011）在《中国建筑企业卓越绩效管理研究》一文中，分析了中国建筑企业应用卓越绩效管理的现状，指出了在实施卓越绩效管理的过程中存在的诸多问题。然后通过对国外建筑企业实施卓越绩效管理模式的现状分析，提出中国建筑企业需要和借鉴的成功经验。基于此，提出了中国建筑企业实施卓越绩效管理的建议，指出在实施过程中应注意的原则和要点，然后从多个方面给出中国建筑企业应用卓越绩效模式的具体措施。

部分学者基于绩效评价理论，分析了绩效评价与战略实施的关系以及中国建筑企业和卓越绩效评价准则的特点，提出了改进以后适合中国建筑企业的卓越绩效评价准则，并论述了卓越绩效评价准则在中国建筑企业的实施方法。他们研究了建筑企业战略实施中的绩效评价体系的建立和实施，并提出卓越绩效评价准则是以战略为导向的绩效评价机制，是化战略为行动的具体方式，是一个整合的战略实施评价的新框架。这些都是卓越绩效模式在中国建筑企业应用的较为有代表性的研究，但是他们多是从战略角度进行分析的，没有系统地提出中国建筑企业建立并实施卓越绩效模式的方法。

（四）国内建筑企业实施卓越绩效管理存在的问题

虽然中国实施卓越绩效管理的建筑企业逐渐增多，但达到卓越经营的企业仍然是少数，企业没有形成系统的、规范的、全面的方法或步骤，有的根据自身的特点对企业的管理模式进行改进，有的请咨询公司协助开展工作，有的则为了跟风或申报全国质量奖临时性地将卓越绩效管理模式套用到企业管理中，但并未深刻理解和贯彻实施。通过分析国内建筑企业应用的情况，总结出以下比较集中的问题。

1. 经营理念与管理行为不一致

某些建筑企业为了提升企业竞争力而导入卓越绩效管理模式，也有少数建筑企业为了申报全国质量奖而临时性地套用卓越绩效标准，并且聘用咨询公司总结提炼公司的经营理念、价值观和愿景等，然而在日常的管理工作中，无论是对顾客至上还是以人为本等卓越绩效基本理念的应用，都停留在理念层面上，而没有落实到制度层面上，更谈不上融入企业员工的行为中。例如，卓越绩效模式所强调的顾客驱动就是让企业将当前和未来的需求、期望和偏好作为改进产品和服务质量的动力，如果企业没有完善的用户满意度测评体系和制度，而只是应付性地做几个客户回访表，没有真正关注各种顾客群的普遍想法的，就无法了解顾客的需求、期望

和偏好,顾客驱动的理念也就无法落实到管理行为中。所以在总结提炼了公司的经营理念后,更重要的是能够在管理制度、流程、体系等方面将理念落实在管理细节上,真正地将经营理念和管理行为融合为一体。

2. 缺乏系统的整合能力

卓越绩效模式是从发达国家的先进企业的最佳管理实践的基础上,结合中国基本情况而有借鉴地引入的。企业是一个复杂的系统,卓越绩效模式从七个方面构建了企业管理的系统框架,并且各管理模块之间应是相互支撑、成系统的整体。例如,某些公司渴求快速成长而请不同的咨询公司进行文化提炼、战略、流程再造等方面的咨询服务,这样虽然各板块的管理能够快速地实现所谓的分项成果,但是没有系统地整合企业所需要的东西,因为不同的咨询公司有其自身的研究方法,不同的管理工具有与其相适应的应用背景,所以企业必须结合自身的发展阶段和行业特点,以系统的观点从卓越绩效模式的七个方面实现企业管理现状,螺旋式地提高企业管理水平,以不同的角度对企业进行自评,提升企业绩效和综合竞争力。

3. 缺乏全员学习和全员参与

由于建筑企业有很强的地域性,大多数建筑企业的管理模式都采用公司—分公司—项目或公司—分公司—办事处—项目部的管理模式,而且缺乏有效的沟通,没有将卓越绩效模式进行有效的贯彻和传播,某些企业只是卓越绩效领导小组在学习、导入、交流卓越绩效模式,并编写全国质量奖申报材料,而处于最底层的项目部成员都不知道卓越绩效是什么。卓越绩效模式的实施应该是企业的整体行为,应该涉及企业的每个业务以及从最高层领导到中层领导再到全体员工的全部。培训和制度体系的执行力是全员参与的基础,在企业内部以合适的形式做好全员培训工作和严格执行制度是全员参与卓越绩效模式的基本保证。

4. 普遍存在过程绩效缺失的问题

许多企业存在过程监控缺失的问题,经过对多个企业的调研,发现主要有以下几个原因:缺乏对过程绩效指标的设置和认识,过程绩效指标的考核程序不科学,将过程绩效指标与结果考核指标混为一谈。比如,有些建筑企业在工程项目施工管理中只规定项目的利润、安全这些主要的关注因素,而不从质量、安全、进度、生产率、节能降耗、环境保护、成本控制及其他效率和有效性因素设置项目管理的关键绩效指标,使项目管理的整个过程缺乏有效的考核而无法达到卓越的结果;再如,有些企业的员工满意度、忠诚度的测评指标的考核程序设置不科学,有关数据的收集方法和手段比较落后,统计指标不能反映顾客与市场的需求,造成过程监控不真实，从而产生误导的结果；还有些企业将过程绩效指标和结果考核指标混为一谈，过程绩效指标的设置是为了对过程的绩效进行有效的监测，以便于过程控制和过程改进，而结果考核指标是为了激励过程绩效达到某一发展阶段期望的水平而设置的组织绩效目标，两者不能混为一谈，监测结果也不能交换使用。

5. 企业自评不规范，未持续改进

国内大多数建筑企业导入卓越绩效管理模式，都将卓越绩效评价准则作为自我评价的标准。一般通过企业自评，找出改进机会，在此基础上制订并实施改进计划，实现企业的持续改进，但对于某些获奖企业来说，获奖以后对企业自身的自我评价的重视程度会逐步减弱，每次自我评价都草草了事，自然评价结果的应用性也不是很强，违背了基于事实的数据和执行，从而无法实现 PDCA 循环，使得企业的经营绩效难以持续改进。

6. 企业领导认识不够，无法引起全员重视

由于建筑企业领导对卓越绩效的理解和认识不够，导致执行力不强，很难引起企业的全面重视，战略、资源、决策、过程管理、知识管理等方面工作的落实受到影响。随着中国经济的发展，卓越绩效模式在中国推进，这为众多企业的发展提供了很多机会。有远见的企业领导会把握机会，使企业走向成功，但很多企业对卓越绩效的重视程度不够，缺少直接参与，缺乏基于数据和事实的战略决策和过程管理，难以将战略目标落实到全企业的日常工作当中。有些建筑企业在卓越绩效管理的实施发展到一定阶段后，形成了自己的文化和价值观，但由于缺乏对核心价值理念的系统提炼，或未在制度层面上落实价值理念体系，导致卓越绩效模式的作用并没有完全发挥出来，这与领导对企业发展方向、战略目标的指引缺失有分不开的关系。建筑企业高层领导的充分理解并愿意积极投入到卓越绩效管理模式推行工作中，是企业卓越绩效管理全面实施、追求卓越经营的重要保障。企业领导重视并全力支持企业的全面质量管理，是一个建筑企业通过卓越绩效管理获得收益的前提和根本保障。因此，建筑企业领导应在卓越绩效管理实施的战略规划，确立价值观、方向和目标，评估及改进等方面发挥作用。企业高层领导在组织所处的特定环境中，应明确顾客与市场的价值取向，并通过制定以顾客和市场为中心的发展战略，为组织谋划长远未来，重视企业如何正确地全面开展卓越绩效经营工作，监督指导员工的工作。目前许多建筑企业在追求卓越经营的过程中，缺乏对卓越的企业文化的倡导，对卓越的企业文化重视程度不高、理解不深刻，企业文化仅仅停留在理念层面上，这样是远远不够的。建筑企业要实现卓越经营，领导应该积极倡导

与之相适应的卓越的企业文化理念,并使其能够在企业制度层面上得以体现,从而形成上下同心的文化氛围,驱使全体员工重视卓越绩效并为实现企业的长远目标而努力。

7. 精髓领会不够透切,缺乏系统战略理念

在实施卓越绩效模式的过程中,不少建筑企业仅从企业的管理理念、管理方法方面提出卓越绩效模式,但并未具体说明如何实施卓越绩效模式,对于落实工作也没有做到位,存在核心价值观与评价准则相脱节,理念先进而行动落后的情况。企业强调体制创新,却仅从制度的理论上进行研究、改革,制定一系列规章制度,很少有企业将这些落到实处。这是企业提倡卓越绩效模式,却达不到卓越的经营绩效的原因之一。卓越绩效模式的核心是加强企业的顾客满意意识和创新活动,追求卓越的经营绩效,但有的建筑企业在实施卓越绩效模式的时候仅从企业的人力资源、成本控制等方面强化管理,忽略了顾客管理和创新活动,以顾客为中心的意识不强。有的建筑企业在战略制定中着重考虑企业自身现况及顾客需求等相对微观的因素,而企业要想在激烈的市场竞争中获得长期成功并走向卓越,不能只考虑和满足于当前的利益,要综合考虑各相关方的利益,才能保证企业的可持续发展。

在实施卓越绩效模式的过程中,许多建筑企业请咨询公司协助开展工作,但由于欠缺全局的、系统的战略眼光和系统整合能力,使得实施后企业的经营绩效未见显著提高。很多建筑企业渴求通过卓越绩效管理快速成长,希望能够找到通向成功的途径,使企业快速提升市场竞争力,以应对激烈的市场竞争所带来的一系列挑战;有的建筑企业甚至同时聘请多家咨询公司进行文化、战略、业务流程、市场、人力资源等方面的管理咨询。如果这些多头推进的管理咨询缺乏一个系统的视野、一个整合的平台和机制,各行其是,分别由各自的归口部门协助推进,其效果必然不理想,企业无法形成一个属于企业自身的运作模式和管理方法。

8. 员工执行力缺失,信息化和知识管理需加强

一部分建筑企业就战略缺乏有效的沟通,大多数员工甚至中层管理者都不清楚企业的战略究竟是什么,使员工执行力缺失。企业没有就战略进行有效的沟通和传播,战略就无法得到有力的执行;而如果不知道战略,就无法将企业的各项经营活动和员工的努力方向,统一到公司战略目标的实现。卓越绩效模式的实施是企业的整体行为,因为卓越绩效模式在企业的覆盖面上超过其他任何管理模式和方法,它覆盖了企业的全部业务范围,全部职能部门,全部生产、经营和管理的过程,涉及全体干部、员工,必须全员参与。要充分发动干部、员工,加深对实施卓越绩效模式重要性的认识,充分调动干部、员工参与实施卓越绩效模式的积极性和创造性,充分激发干部、员工的潜能,这是成功实施卓越绩效模式的重要保证。而国内的许多建筑企业并没有意识到员工执行力的重要性,导致卓越绩效模式实施结果不理想。

在实施卓越绩效模式的同时,企业应加强信息化和项目管理信息化建设。但目前中国建筑企业的信息化程度还不够高,这使得卓越绩效模式的有效实施受到限制和阻碍。有些建筑企业虽然已经建立了一定的数据库和信息管理系统,但在全面、准确、及时地收集信息,以及建立综合信息库并对信息进行有效管理等方面仍存在不足,企业的知识管理意识不强,导致资源浪费。随着现代建筑工程项目逐渐呈现出投资规模大、施工技术复杂、工期要求紧、项目参与单位众多、信息沟通复杂的特点,集成化管理和信息化管理已成为现代工程项目管理的发展趋势。通过信息化管理的实现,可以提高企业各部门的工作绩效。但由于中国建筑企业的信息化建设不够完善,使建设和管理各个阶段产生的大量信息和成果不能顺畅地、及时地传递和共享,影响了卓越绩效模式的落实。

9. 质量管理尚待加强,质量意识有待提高

许多建筑企业在实施卓越绩效模式时存在误区,只注重结果而不注重过程,把实施卓越绩效模式的目标定为获得全国质量奖,把能否获奖与领导的业绩相联系,并不重视企业质量管理和创奖过程,不重视创奖过程对提高企业管理水平、改善绩效的重要作用。必须改变这种观念,变重结果为重过程,通过创奖过程不断学习,全面加强企业质量管理,不断进行自我诊断和评价,发现问题,缩小与卓越经营管理水平的差距,提高企业的整体绩效。质量管理体系是实施卓越绩效模式的基础和条件,实施卓越绩效模式是全面质量管理的一种实施细则,是全面质量管理的具体化和标准化,对企业提高产品、服务、经营质量具有巨大的促进作用。中国建筑企业的全面质量管理意识还有待提高,缺乏改进质量、提高整体管理水平的内在动力。建筑企业不能只满足于当前的利益和生存,而应重视质量管理,提高建筑工程、服务、经营等的质量。

10. 评价结果利用不充分,未达到持续改进

目前,国内大多数建筑企业在认识上都将卓越绩效评价准则作为获奖标准和评价标准,但对于企业而言,评价和获奖都不是最终目的,企业的目的应是管理的改善和绩效的提升,以及企业综合竞争能力的提升。经营绩效是对企业进行评价的重点,通过评价,直接影响企业的经营决策和改进。企业的经营绩效评价指标体

系,应能反映顾客满意度、产品和服务质量、员工发展、供应商、财务绩效及履行社会责任等有关情况。但有些建筑企业往往过于关注经营绩效评价中的利润指标,对市场、顾客满意度、人力资源等指标未充分分析也未根据评价结果进行持续改进。卓越绩效评价准则作为自我诊断和评价的标准,提出了管理提升的方向,但并没有提出企业应该如何进行管理提升和绩效改善。因此,建筑企业应根据自身的评价结果进行改进和提升,寻找适合自己的方式和方法。卓越绩效模式同时指出,无论是制定企业长远发展战略,还是提升企业的运营效率,都必须通过构建完善的业绩改进体系来进行。而国内多数建筑企业并未达到根据评价结果进行 PDCA 循环,使得企业整体绩效无法达到持续提升。

三、国外企业应用卓越绩效模式现状

卓越绩效发展至今几十年间经过了多次修改和变革,由最初的质量管理、绩效管理扩展至企业管理模式和方法,现已被许多企业广泛应用。通过分析国外建筑企业及其他行业的企业实施卓越绩效模式走向卓越的成功案例,得到其中的经验和启示,将他们的成功经验分享给广大建筑企业,为中国建筑企业实施卓越绩效模式提供参考。

（一）国外企业实施现状

在分析国外获得卓越绩效质量奖的建筑企业及其他类型的优秀企业实施卓越绩效模式的总体情况的基础上,总结其中值得中国建筑企业学习的成功经验,并从领导、战略、管理等方面得出对中国建筑企业的启示,为中国建筑企业实施卓越绩效模式提供学习的依据。

1. 总体情况

卓越绩效模式在日本、美国及欧洲已被广泛应用,许多企业在实施卓越绩效之后,取得了良好的经营结果,并有一部分企业获得了戴明奖、波多里奇国家质量奖、欧洲质量奖等奖项。

（1）质量奖获奖情况。

美国历届总统都很重视波多里奇国家质量奖,自从国家质量奖创立以来,每年总统都要亲自出席颁奖仪式并发表热情洋溢的讲话,充分肯定美国国家质量奖对美国经济的促进作用,大力倡导美国企业参与国家质量奖的评奖,不断改进、不断提高,追求优秀的业绩。2010 年,波多里奇国家质量奖从 83 个申报组织中评选出了美德瑞达公司、雀巢普瑞纳宠物食品有限公司、佛里斯·尼克尔斯公司、K&N管理公司、斯图特集团、爱德维科特医疗中心撒玛利亚医院、蒙郡公立学校等 7 个组织。其中,美德瑞达公司已是第二次获奖,佛里斯·尼克尔斯公司是首家获得波多里奇国家质量奖的工程和建筑类公司。波多里奇国家质量奖的独特之处在于它表彰的是整个组织的共同努力,从而系统地推动组织在各个方面实现卓越。根据美国标准技术研究机构跟踪研究,获得波多里奇国家质量奖获奖的企业在产品和服务质量、顾客满意、市场占有率、劳动生产率、利润率等方面都取得了卓越的业绩。获奖组织向人们展示了团队协作精神和共同的愿景,不但能够带领组织取得成功,而且推动了整个国家在创新和经济竞争力方面的提升。

(2) 企业实施现状。

目前,卓越绩效模式正日益成为一种世界性标准,在许多国家和地区得到了广泛的应用。国内外卓越绩效模式的评价准则及其实施的条件日趋完善,完全可以为建筑企业实施卓越绩效模式提供借鉴。在三大质量奖中,以美国的波多里奇国家质量奖最有典型意义和代表性,其评奖标准和办法为大部分国家和地区的质量奖(包括中国质量协会设立的全国质量奖)所借鉴。

国外企业实施卓越绩效模式,不完全是为了获得质量奖,而是通过创奖过程不断学习,对企业进行定期或不定期的自我评价,发现企业与最高经营管理水平的差距,明确进一步改进的方向,追求企业的卓越绩效。这与国内企业形成鲜明的对比。美国波多里奇国家质量奖的创奖过程一般都是五六年,有的甚至十来年;日本戴明奖一般要七八年,最长的要 10~12 年。企业在实施卓越绩效的同时,都在为实现奉献给客户不断提升的价值、推动企业总体绩效的不断改进、增强企业的竞争力的目标而持续努力。

2. 国外建筑企业实施现状

重点分析具有代表性的获得日本戴明奖的鹿岛建设公司和第一个获得美国波多里奇国家质量奖的建筑类企业佛里斯·尼克尔斯公司的应用情况和成功经验。

(1) 日本鹿岛建设公司实施情况。

在众多的国际知名工程承包商名单上,日本鹿岛建设公司是最值得借鉴和学习的能够保持基业长青的公司之一。鹿岛建设公司一直重视质量管理和追求卓越经营,于 1982 年获得日本戴明奖。鹿岛建设公司是日本最大的建筑企业,也是全球最大的建筑企业之一,曾一度成为世界上最大的建筑企业。自创立开始,企业已经持续经营了将近 180 年,并且以蓬勃的生机继续发展。鹿岛建设公司善于创新,能积极把握机遇;重视技术研发,使企业在技术上保持领先地位,使企业竞争实力提升;注重以企业综合能力提升竞争力。实施卓越绩效管理的过程中,鹿岛建设公司尤其注重质量管理、客户管理、技术研发、综合能力提升等方面。

为满足客户对质量、成本、工期的各种要求,鹿岛建设公司以"更好、更省、更快"为目标,评价每个人所从事的工作,提高工作质量。这种追求,使鹿岛建设公司于 1982 年获得戴明奖。在日本,能够获得戴明奖是极高的荣誉。包括鹿岛建设公司在内的许多日本建筑企业,在日本国内一般采用单一法人模式(这与中国有很大不同),这种模式的最大好处是有利于企业内部资源的合理配置,最大的弊端在于企业经营的所有风险全由企业承担。对于采用单一法人模式的公司来说,需要有很强的质量管理能力,才能确保公司的持续发展。鹿岛建设公司在这方面无疑是走在行业前列的。鹿岛建设公司认为:"彻底地置身于建设市场之中,为客户着想是至关重要的。"即企业要始终着眼于社会经济的变化、客户需求的多样化和技术上的革新动向,站在客户的立场上,迅速提供价廉物美、安全可靠的商品。这一思想,应通过企业的全面质量管理活动,贯彻到施工部门,且渗透到设计和营业部的业务之中。为适应更广泛的客户对建筑物的要求,鹿岛建设公司配备了完备的技术开发体制。其技术研究作为工程建设活动的中枢,支撑着从规划到设计、施工等所有部门的业务。鹿岛建设公司成立了鹿岛建筑技术研究所,进行建筑材料和工程技术等方面的研究。鹿岛建设公司的研究工作都具有中、长期计划,研究范围不限于土木建筑工程领域。为准确实现客户的多方面要求,鹿岛建设公司实行灵活的技术开发体制,调动各部门人才的积极性,采取强有力的措施,发挥全企业的综合力量,开展各种领域的基础科学和应用科学的研究。企业内部各部门互相配合,推动新技术诞生的方式已成为鹿岛建设公司技术开发的一大特点。

鹿岛建设公司认为,随着社会经济结构的变化,社会对建筑业的要求也逐渐趋于多样化,能够负责完成从调查、规划到设计、施工、维护的所有业务的一揽子承包工作,才能最大限度地发挥企业所拥有的技术、专利和健全的质量管理体制的优势,顺利地调节和疏通各工序之间的联系,并有利于降低成本,提高信誉。因此,鹿岛建设公司决定发挥优势叠加力量,形成自己特有的综合能力,建立以项目前期调查规划、设计、施工和维护等为一体的工程总承包项目管理机制。鹿岛建设公司从提供最佳项目解决方案着眼,提供的服务既有传统的施工总承包服务,也有单一责任的定制化的设计、建造服务,还有复杂的城市开发和地区性开发服务。

（2）美国佛里斯·尼克尔斯公司实施情况。

佛里斯·尼克尔斯公司是 2010 年美国波多里奇国家质量奖的获奖者之一，这是工程和建筑类企业第一次获得美国国家质量奖。企业坚持"创新的方法、实际的结果、出色的服务"的使命，坚持"道德、质量、责任、增值、持续改进、创新、职业发展、相互尊重、回报社会"的核心原则，为实现"成为客户和员工的首选之企业"的愿景不断探索和实践。佛里斯·尼克尔斯公司成立于 1894 年，位于德克萨斯州，是一个咨询公司，提供工程、建筑、环境科学、规划、结构服务和项目管理等方面的服务，参加了许多美国国内外政府和公共事业项目的建设。实施卓越绩效模式的过程中，佛里斯·尼克尔斯公司注重顾客、战略、过程、企业文化、员工发展及社会责任等方面的管理。

佛里斯·尼克尔斯公司有着强有力的能力来建立长期的客户关系，企业维系的 42% 的客户有着 30 年以上的合作关系，71% 的客户有着 10 年以上的合作关系。为了保障持续的、长期的客户关系，企业坚持"刺猬原则"，组织聚焦一件事情并做好它：在客户服务中做到最好，形成长期共赢的关系。企业的客户多数涉及政府和公共环境设施，他们的行为会影响政策、规划以及许多市民的福利。因此，企业在为客户提供服务时坚持"聚焦于项目的目标、制定战略以满足目前的需求及预测未来的需求、提供高质量和及时的建议、建立相互信任的关系、设置优先级以满足客户的需求"的使命。

佛里斯·尼克尔斯公司建立了完整的年度战略规划流程，以辨识关键聚集领域的指标、关键行动及平衡计分卡的衡量。在战略规划流程制定中，引入了全企业各领域人员的参与。公司建立了一个被称为"棒球接球"的流程，以自上而下的瀑布式的计划体系，一直分解到部门、小组和个人，由此来保证资源的投入，以及员工共同承诺的战略能得以实施。此外，企业有高度的社会责任感和职业道德，是一家深知感恩重要性及如何回报社会的企业。2009 年，企业员工和管理层志愿者小时数接近 7000 小时，比 2007 年的水平增加了大约 1800 小时。企业的员工仅在 2009 年为慈善组织"联合之路"的不留名现金捐献就达到近 20 万美元。佛里斯·尼克尔斯公司被评选为 2009 年达拉斯-福特·伍兹地区"25 家对慈善事业最有贡献的公司"之一；2010 年，被《达拉斯早报》评为最强道德观的"2010 年最好工作单位二十佳"。

佛里斯·尼克尔斯公司坚决支持创新型文化，注重员工的发展。这个文化包括追求卓越技术团队项目、每年的创新项目奖励活动以及为客户提供的年度创新报告。近几年,企业在德克萨斯州工程公司委员会举办的卓越工程奖评选中,每年都至少获得一个金奖、三个铜奖。另外,企业重视对员工的培养、关注员工的职业发展,企业的员工满意度和参与度的调查分数在过去三年中都达到或超过了 4.6 分(总分 5 分),远超行业的平均水平。企业建立了个人职业发展计划流程和内部培训项目以及佛里斯·尼克尔斯大学,鼓励员工并帮助员工实现其职业发展目标。如果员工对自身的继续教育有兴趣,企业则提供 100% 的学费、书费和与职业相关的课程的所有费用。企业也因此获得了在员工满意度、职业发展和员工参与等方面的荣誉。例如,2007 年,获得由美国人力资源管理协会颁发的"最适合工作公司奖",美国培训和发展协会将其评为"学习型公司";2009 年,该公司被评为"40 个最适宜工作的市政工程公司"之一,还获得了"最佳发展奖";2010 年,获得"最佳工作环境奖"等。

(二)国外企业的经验及对中国建筑企业的启示

通过以上对国外建筑企业及其他企业应用卓越绩效模式的情况分析,吸取其中的成功经验,得出对中国建筑企业应用卓越绩效模式的启示。

1. 企业领导有远见,政府高度重视

国外的政府、企业及社会都十分重视卓越绩效模式的发展。美国政府每年投入 500 万美元作为波多里奇国家质量奖的奖金,私人企业和民间组织投入的资金超过 1 亿美元。每年都有来自美国企业、大学、政府部门、咨询机构等的专家,作为志愿者从事质量奖的评审工作。在国家质量奖获奖的组织中,每位企业最高领导者都会积极地参与对全面质量管理的努力,如前面提到的日本鹿岛建设公司就是一个很好的例子。在公司开展如何提高效率的活动中,鹿岛建设公司的总裁池永辉之亲自参加了为期一周的质量培训,他用自己多年在小钢厂的亲身体会和受益,对全面质量管理的概念做了介绍,他推动了整个公司的质量管理工作和卓越绩效管理。波多里奇国家质量奖有着强大的鼓舞作用,它激励美国企业为荣誉和成就而战,同时给予付出非凡努力的企业以应有的回报。波多里奇国家质量奖由美国总统颁发给获奖企业,它已经成为美国质量的倡导者,它在组织之间传达着这样的信息,采用波多里奇卓越绩效模式所获得的利润和收益远远超过他们的预期。

2. 以战略驱动绩效,注重自身管理

国外获得质量奖的企业在实施卓越绩效模式的时候,都会制定长远的战略,并根据自身的特点制订完善的行动计划。企业领导比较注重企业战略在未来发挥优

势、克服劣势、把握机遇的关键作用。在战略策划过程中许多企业不同程度地兼顾了国家、行业及竞争环境等宏观因素及长期趋势的影响,也重点考虑了企业自身现况及顾客需求等相对微观因素,并将战略规划具体分解为年度计划,并通过对年度计划执行情况的考核进行具体落实,保证主要战略绩效目标的实现。如2002年获奖企业摩托罗拉公司设立了质量总监和质量委员会来推动卓越绩效模式的实施,要求所有部门、员工提交实时的经常性的质量推动计划,把任务落实到具体的实施活动中。很多企业根据所属行业特点和具体条件,建立了数据和信息管理系统,对收集到的相关数据和信息,进行选择、整理、分析和整合,用于检测企业日常运作、评定各项绩效指标的完成情况及修正战略行动计划。企业领导把对组织绩效的评定当作掌控企业经营状况和寻找决策支持的重要手段,并在履行社会责任方面发挥了一定的作用。结合本行业特点和内外部环境,经过长期的运作,逐渐形成自己的价值观、发展方向和绩效目标;建立以守法经营、诚信履诺为核心的职业道德规范和自律机制。

3. 重视顾客满意度,以顾客为中心

一个企业的质量和行为要由顾客来判断,以顾客为中心是一个非常重要的战略性观念,许多成功的建筑企业都注重顾客管理,他们会进行顾客满意度调查,倾听顾客的声音,根据反馈意见进行改进,满足顾客需求。企业根据自身的管理理念和经营现状,从顾客的需求、期望出发,分析、确定顾客满意的关键影响因素,针对产品和服务的特点通过细分市场划分目标顾客群,采用多种途径建立较为稳定的客户关系。同时,不断完善投诉流程和相应的管理办法,通过各种方式定期或不定期测量顾客的满意程度,获得可用于改进的信息,将其作为制定整改措施的依据。如2008年获得卓越绩效奖的北美嘉吉谷物加工公司,为了让客户感到满意,注重探索和了解客户的需求,发明和创造满足客户需求的解决方案,并在客户需要的时候为其提供所需要的产品和服务。又如2009年获得卓越绩效奖的霍尼韦尔公司运用六西格玛管理技术和持续改进模式,将顾客和公司的业务需求整合进所有的设计项目中,提供对顾客有价值的产品和服务,运用这种方法,提高了生产效率和推动了革新活动,产生了每年2350万美元至2700万美元的成本节约,并提高了顾客满意度。质量、价格、交货及时性、售后服务等都是顾客所关注的,但只有在某一领域做到最好乃至极致的企业才会成为目标顾客的首选,从而使企业摆脱价格战的漩涡,在激烈的市场竞争中走出困境。这需要明确的顾客价值定位,而这恰恰又是广大中国企业所缺乏的,企业应采取各种方式与相关合作方建立长期良好的合作关系,实现优势互补、利益共赢。

4. 鼓励全员都参与,重视知识管理

为了在企业全面实施卓越绩效模式,让全体员工都了解自己该如何操作以及企业的战略目标,获得卓越绩效奖的企业基本都建立了较为完善的工作系统和绩效管理体系。多数企业制订实施了员工教育、培训和职业发展计划,以此调动员工的潜能和主动性。如霍尼韦尔公司为进一步拓展项目实施的范围,利用教育培训体系,为超过 20000 名工程师进行了系统的、多层次的培训。为提高员工的积极性,企业建立健全各种财务制度,落实资金监管工作,保证资金的及时供给;不断完善和实施基础设施的维护制度及更新改造计划,提高对环境和员工健康安全的防护能力;根据工作规划配备了相应的信息管理设施,形成较为有效的经营管理网络。同时,借助计算机网络、专业论坛、简报、经验交流等各种有效途径,方便员工及相关方获取和传递、分享各相关信息与知识,并根据测量和分析的结果,开展各种改进活动,促进企业绩效的提高。

很多企业认识到知识资本已经超过了实物资本成为企业关注的焦点,人力资本是一切资本的源泉,建筑企业也不例外。所以必须不断地培育和保护人力资本,员工头脑中的潜在知识如专有知识、经验、技能和创造力等都是企业应重视的资本,加强知识管理可以为企业创造更多的利润。这些知识资本的快速传递,可以使员工互相学习,提高知识的利用率和员工的整体绩效。国际上许多卓越的建筑企业的信息化建设和管理已上升至知识管理层面,他们注重经验和知识的总结与分享,在信息沟通的效率、知识共享的广度和技术升级的速度上具有相当大的优势,而中国开展信息化建设的企业,大部分还停留在一般的事务处理和信息处理阶段。

美国福陆公司将员工的智慧、经验和知识的凝结看作公司的核心能力,公司通过各种信息化手段加强员工之间显性知识和隐性知识的积累、共享、融合与升华。福陆公司投资开发的管理信息系统创立了在线知识社区,共享市场信息、工程信息、管理知识等。瑞典斯堪斯卡公司也通过建立项目数据库、成立项目支持部和知识共享机制等方式,促进个人经验和知识在公司范围内传播,使个人能力发展为公司整体能力。

5. 获奖企业树标杆,分享成功经验

在国外,获得质量奖的企业为其他企业树立学习的标杆,他们都会欣然与众多组织分享其绩效战略和工具,这对于卓越绩效模式的发展有很强的推动作用。广泛宣传获奖组织的卓越绩效战略是波多里奇国家质量奖的主要宗旨之一,这样可以使其他组织根据自己的需求进行修改、效仿。波多里奇国家质量奖项目本身要求获奖组织参加年度的颁奖典礼及本地的庆典活动,向感兴趣的组织提供其绩效战略和工具的一些基本资料,回答媒体的提问等。获奖组织的管理者自己可以决定投入多少时间和精力在公共活动上,如应邀的演讲、巡回访问等。向大众和企业推广质量改进意识是波多里奇国家质量奖项目的最主要目的之一,获奖组织可以向公众发布其所获奖项及在广告中使用波多里奇国家质量奖。这些经验和启示值得中国建筑企业在实施卓越绩效模式时借鉴和学习,根据自身的特点加以改进和提升,达到卓越的战略目标。

第二章　卓越绩效模式在中国建筑企业的导入

本章通过总结中国获奖建筑企业导入卓越绩效模式的经验和过程中的不足，阐述建筑企业在导入卓越绩效模式时的基本原则和路径，以期给准备实施卓越绩效模式的建筑企业提供参考。结合建筑企业管理的特点、卓越绩效模式的特点及国内外建筑企业和其他企业实施卓越绩效管理的经验和教训，提出中国建筑企业实施卓越绩效管理的原则和要点方面的建议。

第一节　建筑企业卓越绩效模式导入原则

建筑企业推行卓越绩效模式改善企业管理的过程中，由于受人力资源、财力资源的限制，要循序渐进，选择适当的范围和适当时机，在能力许可范围内推行卓越绩效模式，待相关条件具备以后再全面推行，这样会取得更好的效果。由于建筑企业自身对评价标准的理解不同，各个企业拥有的资源不同，在实施卓越绩效管理的过程中可能会遇到一些问题，为了减少或避免这些问题出现，本章结合中国建筑企业及其管理的特点，借鉴国内外企业实施卓越绩效管理的成功经验，对中国建筑企业实施卓越绩效管理模式提出如下原则性建议。

一、结合自身情况，明确工作思路

卓越绩效模式的评分体系，不仅评价企业管理方法的先进性，而且关注各管理方法相对企业发展阶段的适用性。因此，中国建筑企业应根据自身所处的不同发展阶段和建筑行业特性，谋求适合自身发展的管理方法。另外，卓越绩效模式更加强调企业所采用的管理方法的成熟度和有效性，即企业所采用的管理方法应该具备一定的成熟度和有效性，并且各管理模块之间应是相互支撑、系统整合的。建筑企业推行卓越绩效模式的首要前提是对照卓越绩效标准和国内外建筑企业的先进水平找差距,明确工作思路,进行总体规划并广泛发动。在实施卓越绩效模式时,建筑企业应当制订战略目标和战略规划,进行战略部署,并对其进展情况进行跟踪。建筑企业的战略管理可分战略分析、战略选择、战略部署、战略调整等四个过程进行。

二、总体规划部署,分步有序实施

卓越绩效模式内涵丰富,涉及面广,是一种综合的企业管理方式。对照卓越绩效标准和国内外同行业的先进水平,寻找差距,进行总体规划部署,是建筑企业有序实施卓越绩效模式的首要前提。有了科学的战略规划,企业才能在瞬息万变的市场中抓住机遇,推动企业经济效益的持续增长。在中国建筑企业推行实施卓越绩效模式时,可采取以下步骤:①精心策划,广泛发动,全面规划。制订建筑企业实施方案,有计划、有目标、分阶段地稳步推进,广泛宣传卓越绩效模式的相关概念,及实施卓越绩效模式的重大意义,引导企业领导和员工充分认识实施卓越绩效模式的重要性,并积极参与到推进实施卓越绩效模式的工作中来。结合建筑企业管理上现存的问题,制定相应的管理办法和整改措施。②掌握内涵,深入实施。深刻领会卓越绩效标准的要求,推进标准实施细则,做好调查分析,进行自我评价,持续改进,追求卓越经营绩效,由重视管理体系过程的符合性,转为注重追求管理体系绩效的卓越性,实现符合性管理向卓越管理的升华。③检查总结,考核验收。对前两个阶段的工作进行全面总结,巩固并扩大成果,实现卓越绩效管理模式工作目标。企业对照标准组织自我评价,编制自我评价报告,对实施卓越绩效模式工作进行全面总结,对实施效果优秀的部门进行奖励,申报全国质量奖。

三、发挥领导作用,强化卓越意识

建筑企业领导应高度重视卓越绩效,通过领导的带头作用,带动其他管理者和员工,全面强化卓越绩效意识。要通过建立明确而实在的质量和卓越绩效体系,强化企业的卓越绩效意识,运用形式多样的方法与员工进行有效的沟通,将企业的卓越绩效理念真正落实到各项规章制度和业务流程中,通过制度和规范使员工产生共鸣,将建筑企业卓越绩效理念融入与员工息息相关的每个行为体系中。明确一位领导具体负责本部门实施卓越绩效模式的推进工作,形成健全的管理网络,为卓越绩效模式的推进提供组织保障。

四、重视员工发展,全面落实工作

员工的满意度直接影响着建筑企业的生产经营活动,员工落实工作是建筑企业实现卓越绩效的基本前提。分层次对全体员工进行卓越绩效模式、全面质量管理和 PDCA 循环等基础知识的培训,只有充分的培训才能取得全体员工充分的理解、支持和参与。依照卓越绩效评价准则的要求,从七个方面(领导、战略、顾客与市场,资源,过程管理,测量、分析与改进,结果)完善制度,明确职责,理顺职能,优化过程,将卓越绩效标准的各项要求分解、落实到每个部门和个人,做到人人有职责,人人有指标。在全面推进卓越绩效模式的过程中,建筑企业应关注交流沟通、员工参与和授权、绩效评估与奖励、职业发展与培训、工作环境、学习和知识更新、管理支持等影响员工态度的关键因素,并进行深入调查和认真分析。积极为员工创建良好的工作环境,搭建充分展示他们自身才华的平台,鼓励和支持员工以多种方式实现职业发展、技能提高等学习目标,最大限度地提高员工的积极性和参与度。广泛探索、整理开展各项经营管理活动的有效方法,明确方法的广度和深度,确定进行学习和共享的途径,并对建筑企业经营管理的各方面进行整合,实现各个过程之间的融合互补,提高企业整体经营绩效。

第二节 建筑企业卓越绩效模式导入路径

建筑企业属于劳务密集型企业,与其他行业企业相比,标准化生产、企业管理水平、品牌知名度、市场占有率等相对落后,因此建筑企业导入卓越绩效模式必须找到一个合适、便利、高效的路径。企业可以根据卓越绩效模式的基本框架,在原有的管理体系基础上,将 ISO 9001、ISO 14001 和 GB/T 28001 等体系和六西格玛、品管圈(Quality Control Circles,QCC)、合理化建议等有持续改进功能的方法融入其中,建立一种适合企业自身管理体系的特色导入路径。卓越绩效模式导入步骤如图 2-1 所示。

1. 领导决策

卓越绩效模式是对企业经营管理进行全方位覆盖的管理框架和综合方法,因此,导入卓越绩效模式作为企业"一把手工程",其意义重大。

第一步：领导决策

第二步：评价准则培训

第三步：建立推进和评价组织

第四步：自评师培训

第五步：撰写组织概述

第六步：策划和制订自我评价计划

第七步：实施自我评价

第八步：制订并实施改进和创新计划

第九步：下一学习循环

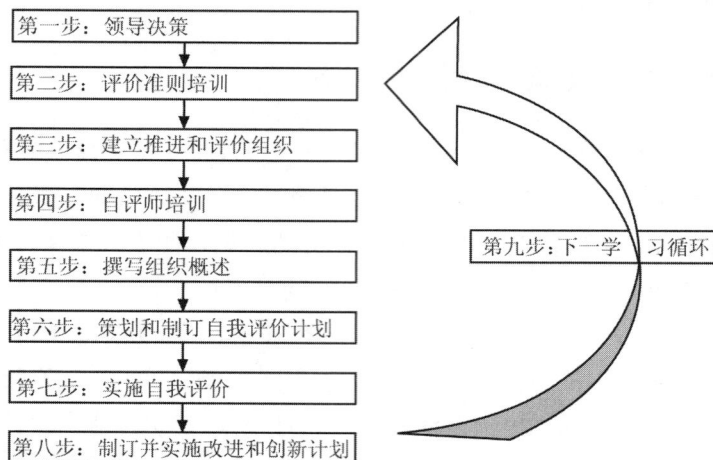

图 2-1　卓越绩效模式导入步骤

首先，高层领导应当高度重视、亲自参与和承诺导入，对各种资源的分配进行协调，对参与人员进行激励。这一步的关键是要解决对卓越绩效模式是否适用的疑虑以及导入的时机问题。

卓越绩效模式是在卓越组织的最佳管理实践的基础上提炼出来的，是使追求卓越的理念落地的基于诊断和整合的方法论。无论企业处于什么样的发展阶段，正确导入卓越绩效模式都会对企业管理水平的提升起到非常大的促进作用，会使组织追求卓越的步伐更加稳健快速，应对动态的竞争环境取得成功的概率加大。而导入卓越绩效模式的关键是要以正确的路径，结合企业及其所处行业的特点正确导入。因此，企业不必担心管理基础薄弱不适合实施卓越绩效模式的问题，相反地，管理基础薄弱正给卓越绩效模式提供了更能发挥作用的改进空间。所以，已经有很多企业包括大多数建筑业企业认识到，迟导入不如早导入，慢导入不如快导入。

其次，领导要重视开展建筑企业质量文化的建设。企业文化是建筑企业可持续发展的有力保障，它是推动企业发展的动力，决定着企业的兴衰。建筑企业要对企业文化进行梳理和提炼，构建具有企业自身特色的企业文化体系。质量文化是企业文化的重要组成部分，它是以质量为中心，建立在物质文化基础上，与质量意识和质量活动密切相关的企业的物质活动和精神活动的总和。中国建筑企业经历了长期的粗放型增长，面对日益增长的市场竞争压力，建筑企业应当努力提高企业和员工的质量文化素质，通过员工培训、建立学习型组织等措施，向员工灌输企业的质量文化。建筑施工过程中的隐蔽工程除了依靠一些法规和措施外,更需要施工人员较高的质量意识和自觉性。因此建筑行业的特殊性决定了建筑企业质量文化建设的重要性。企业质量文化的建设要以人为本,其实质是人的建设,特别是对于劳动密集型的中国建筑企业来说,只有不断地提高员工队伍的素质,才能不断地提升企业质量文化的先进性。

最后,领导要确定标杆企业。建筑企业要根据卓越绩效模式的要求,积极实施对标管理,向建筑行业中先进的企业学习。学习标杆企业成功的管理经验,在对标管理中不断创新,在创新中不断提高。

另外,通过问卷调查了解员工对标准的理解程度也很重要。企业在对员工进行卓越绩效评价准则的培训以后,可以进行一次对员工和领导的问卷调查,了解他们对评价准则的理解程度,同时找出企业存在的问题。针对员工和领导的调查问卷,可以根据卓越绩效评价准则的七个类目提出相应的问题。问卷调查结束后,企业相关部门或者邀请的专家对收集到的调查问卷进行分析,找出存在的差距和问题。

2. 评价准则培训

在做出导入决策之后,安排卓越绩效评价准则的培训,主要对象为中高层领导和推行卓越绩效模式的骨干人员。培训的目的是使基层骨干人员、领导层对卓越绩效评价准则的标准内容、评价方法、意义和框架等有一个基本、系统的认识,为后面的自我评价奠定坚实的基础。中国建筑企业要成功建立并实施卓越绩效模式,离不开高层领导的大力支持和积极参与。高层领导要统一认识,坚持实施卓越绩效模式,并要鼓励全体员工学习.采用科学的方法对企业的中高层以及基层人员进行标准的宣贯和培训,使企业全体人员对卓越绩效评价准则加深理解、提高认识,对世界先进的企业经营理念和管理方法有更为深刻的认识。特别是要让企业的中高层领导和参与实施卓越绩效模式的主要人员参加卓越绩效评价准则的导入培训,使其了解卓越绩效模式的框架和基本理念,学习国内外卓越企业的实践经验,发现本企业在运营中存在的问题和差距,解决自己在管理过程中的困惑,同时为以后的企业自我评价打下基础。卓越绩效评价准则的全员培训,加强了各部门在导入过程中的沟通,让企业全体人员知道自己该做什么,采用什么方法去做,要达到的目标是什么。

3. 建立推进和评价组织

建立卓越绩效领导小组或推进委员会以及强有力的跨职能项目组和综合协调

机构。跨职能项目组应由 8～15 人组成,包括生产运营、办公室、质量与技术、企业管理、人力资源、市场与销售、发展与规划、财务等职能部门的领导或骨干。

综合协调机构常常设在企管部门、人力资源部门或质量部门,也可以建立专门的卓越绩效推进办公室。项目组成员对组织的运营和所处的内外部环境要有深刻的理解,要具有较丰富的专业知识和实践经验,有较强的沟通和文字、语言表达能力,并要参加卓越绩效模式的自评师培训,掌握自评技巧,获得自评师资格。

4. 自评师培训

自评师是一批进行自我诊断评价的骨干,其来源主要是跨职能项目组成员。培训的方式是多样的,可以采用派出去参加外部权威机构举办的自评师培训班的方式,也可采用请外部专家进来培训的方式。自我评价就是建筑企业自觉地根据卓越绩效评价准则,对企业的各项活动和结果进行全面、系统地评审,实现自我改进,达到卓越的目的。自我评价的过程关键是要发现改进的机会,因此建筑企业要根据本企业的特点,采用适当的方式开展自我评价,提高实施卓越绩效模式的效率。建筑企业可以请外部的专家给予指导和培训,帮助企业发现优势和改进机会。自我评价是包括评价、改进和创新、分享的学习循环。建筑企业进行自我评价,应当通过评价,找到企业改进和创新的机会,并由此排出先后次序,配置相应的资源实施改进,获得成效以后在企业内进行分享和推广,然后再回到新的学习循环。对于中国建筑企业来说,应当根据企业自身的状况和特点选择恰当的方式开展自我评价。中国的一些中小型建筑企业的管理水平相对较低,可以首先通过编写组织概述发现其关键过程和结果,找出存在的潜在差距,针对发现的问题直接制订并实施改进计划。然后,根据企业自身的状况,选择、采用简易评价表在企业内进行较深层次的评价。当经过努力,企业的经营管理水平和核心竞争力有了极大的提高以后,再通过卓越绩效评价准则进行系统评价。对于一些大型国有建筑企业或管理水平相对较高的建筑企业,其管理体系较为成熟完善,则可直接按照《卓越绩效评价准则》(GB/T 19580—2012)的评价方法和评分指南进行系统的自我评价,形成全面的自我评价报告。

5. 撰写组织概述

组织概述显示组织成功运营的关键影响因素和所面临的挑战,是组织的一张快照。卓越绩效评价开始于组织概述。撰写组织概述可以使组织更加关注其关键过程及结果,能够识别出潜在、关键的差距。根据从中识别出的不足或问题,可以直接制订并实施改进计划。

6. 策划和制订自我评价计划

（1）确定进行自我评价的准则和合适区域。自我评价的准则可以是全面的准则，如《卓越绩效评价准则》（GB/T 19580—2012）以及其他的质量奖模式；也可以是简易的准则，如组织概述、《质量管理体系业绩改进指南》（GB/T 19004—2011）中的"附录 A 自我评定指南"以及其他调查表类的评价准则。自我评价可以先选择 1~2 个过程及其结果或者少数几个部门，做自我评价的试点，然后逐步推广开展，也可以全面开展。其开展范围既可以是所有过程和整个组织，也可以是一些过程或组织的一个部分（如一个部门、一个分公司或项目部）。

（2）以卓越绩效模式推进项目组为主体，选择自评师，建立自我诊断评价组。聘请外部顾问指导或参与有时候很有必要，其意义在于：用外界的眼光看问题，对思维的激发有促进作用；与领导层访谈比较方便；聘请的都是学识渊博，经验、阅历丰富的顾问，对自评师的培养工作起到一定作用。

（3）自我诊断评价计划的制订，包括评审员、评价内容、评价时间、场所和分工的确定。以访谈、查核对象为主线，兼顾评价内容的系统性，将同类别的过程和结果安排在一起，可以提高评价效率。

7. 实施自我评价

根据自我评价计划，遵循卓越绩效评分指南和评价方法，逐步进行定量及定性的评价，确定改进机会、优势及分数，列出最显著的改进机会、最重要的优势，按卓越绩效评价标准，逐项对企业实际运营情况进行评价，写出评语。编制综合性的自我评价报告和逐项评价报告，在定性评价的基础上，进行定量打分，编制评分表。

在自我评价中，要获得有价值的信息，评价对象应覆盖企业的主要部门和各个层次。因为有时候我们会发现，不同层次的员工对企业的努力方向有不同程度的理解，对他们的直接领导者的行为也有不同的看法。自我评价过程应当注意由于过分重视分数而忽视了自我评价的实质的问题，避免过于乐观，重在发现改进机会。不应将自评分数与绩效考核挂钩，否则会阻碍对改进机会的挖掘。

8. 制订并实施改进和创新计划

在完成自我评价后，召开自我评价汇报会，向高层领导报告自我评价的过程和结果，讨论以下两个问题：①进一步创新变革、分享推广和发扬光大的可能性，以及组织的巩固措施及其最重要的优势；②如何配置人力、物力资源，以及组织的优先次序及其最显著的改进机会。

9. 学习循环与质量奖申报

组织经营管理的成熟度每经过一个循环,就会得到一次提升。一般地,一次学习循环为 1～2 年。同时,还可以对评价方法本身进行评价和改进。一个经营管理基本成熟并达到国际平均水平的等级分数是 500 分。判断组织具备获得全国质量奖的基本标准是自评分数达到 500 分以上,达到该项标准,可以撰写申请报告,申报质量奖。申报后如果不能入围现场评审或者入围后未能获奖,则需要继续进行学习。卓越绩效模式要求通过建立一个系统并对其进行持续改进,使组织的绩效得到综合提高,而不是仅仅使其质量得到提高。自我评价仅仅是一种分析、诊断和评价活动,并没有让组织的经营管理水平得到直接提高的作用。因此,建筑企业必须制订相应的改进和创新计划。并且建筑企业的持续改进要坚持在所有层次实现,包括质量管理体系、施工中采用的工艺及建筑工程产品等。建筑企业经过自我评价以后,形成自评报告,发现改进机会,开展持续改进。实施持续改进分为计划、实施、检查、处理四个阶段,遵循 PDCA 循环原理。持续改进是一个不断创新、周而复始的过程,活动呈现螺旋式上升趋势。根据卓越绩效模式的要求,建筑企业要建立顾客驱动的经营理念,关注顾客要求的变化,为达到顾客满意的目的必须持续改进工作。

第三节　卓越绩效模式实施要点

中国建筑企业在实施卓越绩效模式的过程中,为避免犯其他行业企业实施卓越绩效模式过程中常出现的错误,同时结合建筑业和建筑企业管理的特点,应重点注意战略伙伴、知识管理、项目管理信息化建设、施工管理等方面的一些主要问题,领会卓越绩效管理的精髓,达到卓越的效果。

一、以顾客为中心,发展战略伙伴

顾客驱动是卓越绩效的核心价值观之一,了解业主的需求和期望,不断提升业主满意度,可以提高建筑企业的整体绩效。建筑企业在实施卓越绩效时,应着重考虑如何真正做到应用科学的方法和过程把握业主的期望和建筑市场的需求,与业主实现互赢,建立长期的战略合作伙伴关系。这也是提高建筑企业核心竞争力的有效方法。因此,建筑企业要坚持以业主和市场为中心的基本原则,进一步强化顾客和市场意识,站在业主的立场上,关注其需求。建筑企业在制定经营战略时还要充分考虑各项影响因素,要均衡地考虑所有利益相关方的需要,使房地产开发商、材料及设备供应商、劳务分包公司及其他合作伙伴、员工和社会等关键利益相关方整体价值最大化,建立并完善与战略规划和发展方向相适应的相关方关系,尤其注重建立良好的战略合作伙伴关系,寻求共同改进和提高。随着国内区域建筑市场的相互交叉和国际建筑市场的不断扩张,中国建筑行业市场竞争日趋激烈,顾客资源和市场占有情况成为决定建筑企业生存与发展的关键因素。建筑企业在实施卓越绩效模式时,顾客与市场的管理如图 2-2 所示。

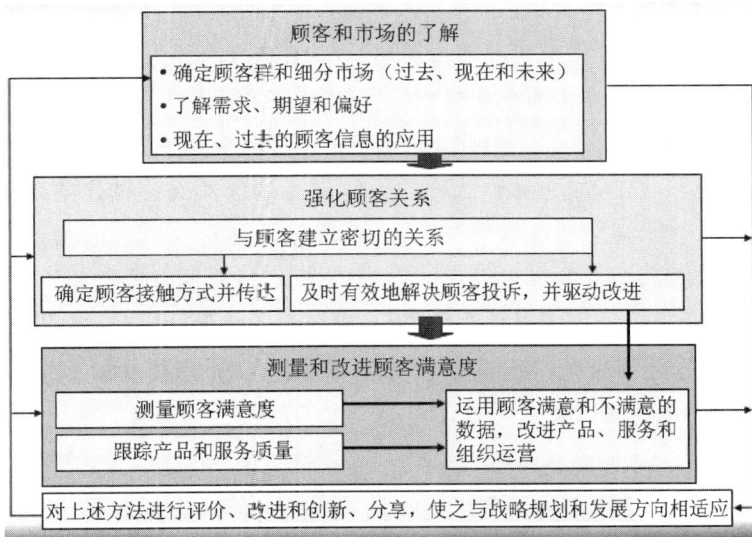

图 2-2　顾客与市场的管理

二、注重知识管理,加快信息化建设

信息化是建筑企业实现项目集成管理、提高管理绩效的重要手段,也是建筑企业转变生产方式的技术支撑,同时为企业与各合作方提供信息交流的平台,信息化程度将影响卓越绩效管理模式实施的效果。企业应着眼于高起点和长远性,对信息化建设进行系统规划,在现有信息化建设基础上逐步建立和完善综合信息库,构建可以提供跨地区、跨部门甚至跨公司整合实时信息的企业管理信息系统。充分运用信息技术优化业务流程和管理模式,减少企业内部的非增值活动,降低成本,改进绩效,不断提升企业信息化水平。同时,作为利用组织智力或知识资产以创造更大价值的过程,建筑企业知识管理的重要性日渐为国内外企业所认同,企业应尝试和探索知识管理。建筑企业应注重知识管理,注重经验和知识的总结与分享,通过各种信息化手段加强员工之间显性知识和隐性知识的积累、共享、融合与升华,争取在信息沟通的效率、知识共享的广度和技术升级的速度上占据优势。

三、强化过程管理,建立系统的管理程序

实施和推进卓越绩效管理模式,不断优化过程管理,查找不足,持续改进,确保各项工作有效开展。建筑业的最大特点就是单件产品价值大,关乎每个人的生活质量、家庭关系乃至财产安全,事关重大,过程管理须重视。建筑企业的经营结果或价值创造都是通过过程来实现的,过程管理决定了建筑企业的施工质量、项目管理质量和服务质量等,是实现企业卓越经营绩效和竞争优势的驱动因素,也是企业核心竞争力的重要组成部分。因此,建筑企业在追求卓越的道路上应重视过程管理的策划、实施和改进,加强对确认后的价值创造过程及支持过程的设计,有效利用新技术和新方法,建立系统的管理程序,最大限度地提高过程的增值性、敏捷性和系统性,不断提高企业的过程管理能力,努力提高过程的有效性和效率。

建筑企业的过程管理应与企业的使命、愿景和战略保持一致,并具有适应内外环境和因素变化的敏捷性。建筑企业实施卓越绩效管理模式时,其过程管理的PDCA 循环如图 2-3 所示。

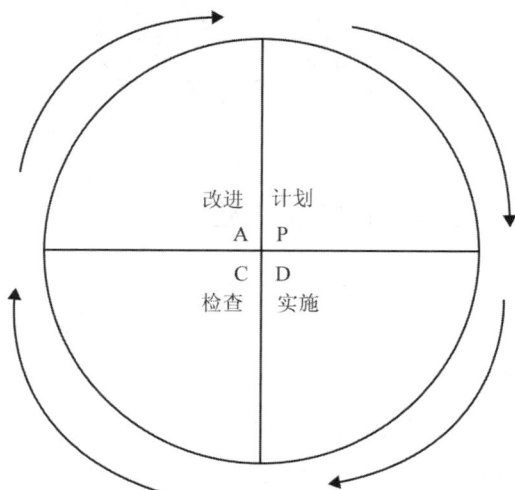

图 2-3　过程管理的 PDCA 循环

第四节 中国建筑企业实施卓越绩效模式的具体措施

针对建筑企业管理的特点,借鉴国内外企业实施卓越绩效模式的成功经验,根据《卓越绩效评价准则》(GB/T 19580—2012)的要求,本书提出中国建筑企业实施卓越绩效模式具体措施方面的建议,为建筑企业提供参考。建筑企业实施卓越绩效模式时,领导层应明确卓越绩效模式的意义和目标,以及领导在实施卓越绩效模式中的作用,提高卓越经营意识;管理层应掌握卓越绩效模式的系统理论和方法,深刻理解卓越绩效标准的内涵以及推进卓越绩效模式的方法、步骤;操作层应结合卓越绩效标准的实施,落实管理职责,深化岗位规范、岗位职责和操作规程,保证员工充分理解卓越绩效模式的管理理念,促进卓越绩效模式深入推进,取得实效。

一、整合建筑企业资源

建筑企业应为确保战略规划和目标的实现,为价值创造过程和支持过程以及持续改进和创新提供所必需的资源,企业应整合人力资源及财务、基础设施、相关方关系、技术、信息等企业内外部资源,在卓越绩效管理实施的过程中加强对企业资源的管理,优化项目间人才、设备、资金、技术等资源的配置。

1. 建立人力资源管理体系

人力资源是企业实施卓越绩效模式的最重要的战略资源。建筑企业应将人力资源管理与企业的战略目标和行动计划整合起来,将西方先进的人力资源管理理念与中国国情、建筑行业特点和建筑企业实际结合起来,建立以人为本的人力资源管理系统,增强人力资源管理中不同部门和地区之间的有效沟通和技能共享,以构建优秀的员工队伍、挖掘员工潜力、改进员工绩效、提升员工素质、保障员工权益等。结合企业文化完善用人机制,导入绩效考核机制,建立员工培训教育体系,重视员工的学习和发展,充分发挥企业员工的潜能,营造员工自身能力发挥和发展的良好环境,维护全体员工的权益,使全体员工满意,调动全体员工的积极性。

2. 制定财务资源管理制度

随着建筑业和建筑企业的迅速发展,承包工程逐渐增多,对建筑企业财务方面的要求也越来越高。因此,企业应当根据战略规划和发展方向确定资金需求,制定科学的财务管理制度,保障资金供给,合理融资,提高资金周转率。应实施财务预算管理,在执行资金预算管理时充分考虑收入与支出的实际,做到合理调配资金,将资金的实际使用情况与计划相比较,及时采取必要的措施,适时进行调整。企业应建立内部资源的有效配置和共享机制,加强财务资源特别是资金的集中管理,降低融资成本,提高资金使用效率;继续加强公司的财务控制力,建立起统一的投融资政策、分配政策,强化预算控制和业绩考核,控制非生产用资本性支出。

建筑企业在融资过程中,应区分企业短期资金需求与长期资金需求,降低融资成本;通过多种渠道进行融资,扩大企业资本,壮大实力;施工活动中所需的进口的施工机具及施工项目所用的进口材料和设备可积极利用出口信贷,特别是卖方信贷,虽然融资成本稍高,但可以减少对流动资金的占用,降低企业资金的压力。进行财务资源整合,是建筑企业持续、稳定经营,不断发展壮大的重要保障。

3. 加强技术和设备资源管理

建筑企业所采用的技术、标准以及拥有的设备资源是其综合实力的重要表现,应加强技术管理和设备管理,进一步提高建筑企业在建筑市场的竞争力。通过积极开发和引进国际先进技术、标准以及施工机械设备,提高自身的技术改进和创新能力。通过自主技术创新和联合技术开发,以及对工程建设的技术总结和积累,逐步形成企业的核心技术、企业技术标准及工法等技术上的优势。整合企业拥有的专利和技术资源,通过循序渐进的改进和发展,逐步增强企业的市场竞争力。

随着中国国民经济的快速发展与建筑产业的不断进步,建筑施工机械化水平不断提高,建筑施工机械设备的需求也逐年加大,特别是在一些大型基础建设施工领域,许多新技术、新工艺的应用都以新设备为依托,机械设备在大型、重点工程中发挥着决定性作用。建筑企业应根据建设施工和企业发展的需求购置或租赁机械设备;重视设备的维修保养,制定并实施设备的维修和预防性维护保养制度,按规定进行机械设备的日程维修与大修;采用计算机辅助手段,对设备进行状态检测和故障诊断,减少机械事故的发生;制订和实施设备更新改造计划,不断提高设备的技术水平;预测和处置因机械设备而引起的环境和职业健康安全问题,减少安全隐患。

4. 整合企业外部相关方资源

建筑企业应当建立与战略规划和发展方向相适应的相关方关系管理体系,整合企业外部资源。尤其应注重与业主、材料设备供应商及合作伙伴建立良好的战略伙伴关系,推动和促进双向交流,共同提高过程的有效性和效率,达到共赢的目的。在面对如今供大于求的建筑市场时,建筑企业只有深刻地理解顾客的需求和期望,才能在过程和服务中不断提高服务质量,提高建筑产品质量,才能赢得更多的客户。对客户的承诺要坚决兑现,推行顾客满意度战略,客户至上,合作共赢,客户的口碑是最有效的营销,要时刻关注客户需求。面对客户精益求精的要求,建筑企业只有做好客户服务工作,令客户满意,才有可能给企业带来更广阔的市场。通过加强建筑企业外部资源的整合,帮助工程建设相关方改进绩效管理,有利于企业业务发展及客户管理、经营绩效的提高。

二、提高建设项目管理能力

在卓越绩效模式实施的过程中,建筑企业应注重提高工程管理和项目管理能力,重视过程管理,从而提高成本、工期、质量控制水平和管理水平,提高竞争力。建筑企业的项目管理,即施工项目管理,是以高效益地实现目标为目的,以项目经理负责制为基础,对项目按照其内在逻辑规律进行有效的计划、组织、协调和控制,以适应内部及外部环境并组织高效益的施工,以实现项目目标和使企业获得良好的综合绩效,是建筑企业管理的生命线。实施卓越绩效模式的建筑企业的项目管理,企业应以项目管理全寿命期为主线,注重过程管理,结合项目管理的九大领域,对关键对象进行分层管理,建立有可持续性价值的项目投资策略,实行项目风险抵押责任制管理模式,强化过程控制。

1. 建立可持续的项目投资策略

项目是建筑企业变革的载体,建立可持续的项目投资策略,其主要目的是提供企业高层领导对企业整体投资的统一视图,依据项目评估的关键绩效指标与企业资产的投资回报率,综合决定项目的优先次序。可持续性的项目投资策略,可以使企业管理层把企业的发展战略和投资规划与项目管理真正结合起来,使其发生"聚变反应",确保项目选择与建筑企业发展战略保持一致。

2. 实行项目风险抵押责任制管理模式

项目风险抵押管理模式以风险共担、利益共享为前提,将项目管理责任与个人利益捆绑运行,可以充分调动员工的积极性,项目工期、质量、安全、投资等各方面管理更加有序,成本进一步降低,顾客满意度逐年提升,并促使一大批项目管理人才脱颖而出。

3. 强化项目管理过程控制

建筑产品,不仅仅是一个居住使用的商品,更是一个记载历史、承载文化的载体,所以要加强建设项目过程控制,建品质工程。以 ISO 9001、ISO 14001、OHSAS 18001 三大管理体系为基础,以卓越绩效模式为指引,对项目管理各环节实施过程进行控制。同时,加强过程考核监控,实行管理流程化、标准化、规范化的精细化管理运行机制;也可单独或结合使用六西格玛方法、精益生产法或价值流绘图法等方法,帮助企业开展工程管理工作。

三、重视建筑企业文化建设

卓越绩效模式强调企业文化的作用,企业要实现卓越经营,领导应该积极倡导与之相适应的卓越的企业文化理念,并使其能够在企业制度层面上得以体现,从而形成上下同心的文化氛围,驱使全体员工重视卓越绩效模式并为实现企业的长远目标而努力。

1. 重视企业文化的作用

随着国内外建筑市场竞争的日益加剧,中国建筑企业在经过长期粗放型增长后,应将工作重点集中到构建企业核心竞争力、推行工程总承包和项目管理、鼓励企业做大做强上,而构建适合企业状况的企业文化正是建筑企业做大做强的必要保证。建筑企业的特殊性也决定了其企业文化管理的重要性。企业文化是企业的灵魂,也是企业的核心竞争力,谁重视并拥有良好的企业文化,谁就能持续、健康地发展。作为劳动密集型的建筑企业,生产力构成中人的因素比例较大,建筑企业劳动者的个人质量意识、协作意识和责任意识都直接对产品质量构成影响,大量隐蔽工程除靠有限的把关措施外,主要依靠员工的负责精神和自觉性,这就决定了企业文化建设在建筑企业中的重要意义和地位。另外,建筑企业管理中的流动性、分散性和不确定性等因素,使得简单依靠组织机构的固定管理模式难以满足卓越绩效管理的要求,因此必须重视企业文化的建设。

2. 建立卓越绩效的企业文化体系

通过建立以以人为本为核心,以质量文化、技术文化、信用文化为主要内容,以顾客为中心的卓越企业文化体系,使建筑企业在生产过程中逐渐通过企业文化这只"无形的手",把企业发展的内在要求转化为企业员工为之奋斗的目标,为企业的发展提供强大的精神动力,帮助企业完善制度构建,规范员工行为,使企业建设更多的精品工程,塑造企业品牌形象。建筑企业的文化建设是一个长期的过程,需要企业上下团结一致共同努力,并以此为基石,培养蓬勃向上的企业精神,树立良好的企业形象,形成以人为本的建设工地文化氛围,加强企业诚信建设,唯有这样企业才能适应国内外建筑市场竞争的需要,并积极参与到国内国际工程承包的市场竞争中,使建筑企业不断追求卓越。

四、加强建筑企业信息化建设

信息化是当今世界经济和社会发展的大趋势,信息管理对于建筑企业至关重要。信息化是建筑企业实现项目集成管理的重要手段,是建筑企业与其他参建各方协同工作的平台,是建筑企业转变生产方式的技术支撑,也是提高建筑市场透明度的有效手段。因此,建筑企业应重视企业信息管理。在信息化建设过程中,建筑企业应注重加强以下几个方面的做法。

（一）建筑企业领导应支持和参与信息化的建设

建筑企业领导作为信息化管理的主要使用者之一,须从思想深处对企业信息化和项目管理信息化建设有充分的认识,形成有效的信息化领导机制。建筑企业领导应该转变旧的管理观念,树立工程项目管理信息化意识并提高自身的信息化业务水平,正确认识工程项目管理信息化在提高施工速度、效率和安全可靠性等方面的重要性,在管理信息化及应用方面发挥表率作用。

（二）注重信息化建设投资与信息系统的开发

建筑企业应加大对信息化硬件和软件的投资力度,为信息化设立独立的资金预算,为信息化的建设、运行、维护工作提供资金保障。同时,加强对管理信息化专项资金的使用、管理情况的定期清理检查,确保专用资金的使用效果。在有资金保障的前提下,建筑企业应建立和运行与企业业务相关的信息管理系统,构建信息化平台,开发或购买办公自动化系统、企业资源规划系统、顾客关系管理系统、项目计划管理软件、微软项目管理软件、建筑施工 4D 管理系统等企业管理及工程建设相关软件,提高建筑企业管理效率和工程项目管理水平,为企业不断追求卓越创造条件。

（三）建立健全科学合理的信息管理制度

建筑企业信息化建设借助于现代的网络信息技术,使得企业的信息传递更加畅通。要使信息化发挥巨大的作用,还要以企业科学合理的卓越绩效管理体系作为基础,建立健全建筑企业信息管理制度,整合企业信息资源,加强知识管理。信息管理制度是建筑企业管理和工程项目管理信息系统得以正常运行的基础,通过建立健全信息管理制度,规范信息管理工作,并通过建立数据标准体系,促进信息化工作的规范化、程序化和科学化,实现企业管理和项目管理的集成化。同时,建筑企业还应注意与合作伙伴等外部的信息共享与交换,保证内部信息系统与外部系统的良好对接。

（四）配备和培养所需的信息技术人才

人才作为建筑企业信息化建设和实现的主体,建筑企业应为信息化的建设配备精通信息技术的专项人才,保障信息化的技术需求。建筑企业要加大对信息化的宣传教育,进而提高企业内部员工对项目管理信息化的认可度以及参与信息化的积极性。同时,建筑企业要为员工提供系统的培训,以便让员工掌握信息化软件及管理信息系统的应用,使信息化的实现得到全面落实。企业尤其要重视对工程项目管理人员的培训,加强建筑施工的过程管理。

五、建筑企业自我评价与申报质量奖

在企业全面实施卓越绩效模式之后,企业应进行自我评价,确定企业的优势,寻找改进机会,以实现持续改进和卓越绩效。当企业达到了全国质量奖申报的基本条件或卓越绩效评价结果超过 500 分时,即可申报全国质量奖。

（一）建筑企业自我评价

中国建筑企业在实施卓越绩效模式之后,为及时了解和掌握企业的优势与需要改进的机会,应适时地开展自我评价,为企业进一步提高实施卓越绩效模式的效果提供改进的依据,以便持续提高企业的经营管理水平。建筑企业可根据自身发展情况、企业管理情况等,选择合适的方式开展自我评价工作。经营管理相对比较成熟、完善的建筑企业,可以直接采用《卓越绩效评价准则》(GB/T 19580—2012)等全面的评价准则和评分系统,进行系统的评价。管理基础相对薄弱,又担心准则太复杂、太耗费时间的建筑企业,在初期可以通过撰写组织概述,对企业进行快速、概括的评价,确定企业经营的关键影响因素,识别出关键的潜在差距,直接制订并实施改进计划;之后,结合企业的实际情况,选择、采用简易评价表在企业内进行较深层次的评价;当企业的经营管理比较完善、成熟时,再全面采用《卓越绩效评价准则》及其评分系统进行整体、系统的评价。建筑企业进行卓越绩效模式自我评价时要把握两个层次的内容,一个是管理层的评价,另一个是基层员工的自我评价。要建立适当的评价体系,将两个方面的评价适当结合,以得到合适的评价结果。同时,企业应该注意,方法、展开、结果必须是相对应的,从方法到方法的应用再到产生的结果,应是一个系统的、连贯的、一致的过程。

建筑企业应当确定选择、收集、分析和管理数据、信息和知识的方法,充分和灵活使用数据、信息和知识,改进企业绩效。针对企业自我评价结果,找出企业管理中存在的不足和改进机会,逐项进行改进,并进入新的 PDCA 循环,实现企业的整体优化和持续发展,使企业的经营管理程度、核心竞争力、长远成功力持续提高。建筑企业绩效的测量、分析与改进如图 2-4 所示。

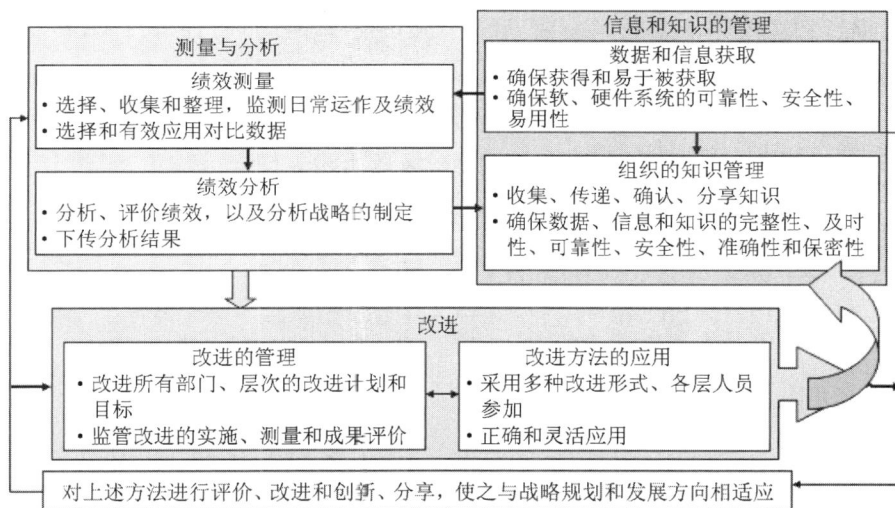

图 2-4　测量、分析与改进

建筑企业通过自我评价,使领导者清楚地认识到企业的优势和关键的改进机会,利用这些信息来实现更高的绩效。自我评价为企业提供了一种识别优势和改进机会的有效方法,有助于企业实施改进措施,追求卓越。只有在认识自我的基础上,发扬优势,改进不足,才能实现组织的整体优化和持续发展。而自我评价正是组织审视自我,明确优势和发现改进机会的一个有效方法。通过自我评价,挖掘建筑企业应对动态竞争环境的优势,增强自信心;寻找未来发展和成功的改进机会,使企业的改进过程和活动能针对最需要改进的地方。将建筑企业的使命、愿景与经营战略和实施过程、经营结果密切地联系起来。定期的自我评价,可测评企业经营管理的成熟度和卓越度,为衡量建筑企业在不同时期的进步提供方法。

（二）申报全国质量奖

当建筑企业达到了全国质量奖申报的基本条件或卓越绩效评价结果超过500分时，即可尝试申报全国质量奖。建筑企业应通过学习实践卓越绩效评价准则和获奖企业的成功经验与做法，不断提高自主创新能力和产品质量水平，积极参与国际竞争，为推动中国经济平稳较快发展做出新的更大贡献。全国质量奖申报材料由申报表、组织概述、自我评价报告、证实性材料及推荐意见组成。申报企业除递交文字材料外，还需递交一份含有所有申报资料的光盘。申请表内容按表格项目结合企业实际情况如实填写。根据《卓越绩效评价准则实施指南》(GB/Z 19579—2012)要求编写组织概述，限在3000字以内。自我评价报告对照《卓越绩效评价准则》(GB/T 19580—2012)的具体要求编写，用数据和事实进行评价说明，必要时可使用图表，报告文字要简练。由建筑企业所在地区的建设主管部门或质量协会对申报企业进行推荐，提出对申报企业的质量治理评价意见，评审中将优先考虑行业和地区双推荐的企业。因此，建筑企业应积极地及时地向当地建设主管部门和质量协会提交全国质量奖申报材料，增加被推荐的机会，争取行业协会与省质量协会双推荐。申报全国质量奖时，建筑企业应当描述其至少近三年的主要绩效指标数据，反映绩效的当前水平和趋势，并与竞争对手和标杆企业的数据进行对比，以明确企业在相关绩效方面的行业地位、竞争优势和存在的差距。各经营结果之间的递进关系如图2-5所示。

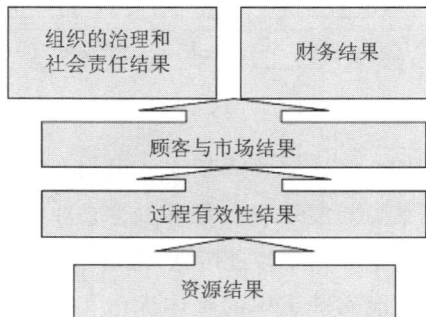

图 2-5　经营结果之间的递进关系

申报全国质量奖对建筑企业有重大的意义，可以促使企业改进关键绩效，取得经营的成功；寻找一个最经济有效的途径，获得外部的评价，找出企业的优势和改进机会；激励员工，提高士气；向标杆企业学习，提升竞争能力；分享获奖企业的最佳实践经验。外部专家团队会对每一个申请企业进行严格、客观的资料评审,对部分资料评审优秀的企业进行现场评审,评审企业的改进过程,加速促进企业改进的结果。建筑企业可以从评审委员会反馈的关于优势和改进空间的评价报告中得到学习和提高。全国质量奖评分体系共有 1000 分,其中结果占 400 分。对结果的关注,会帮助建筑企业测量最重要的绩效指标,改进关键的绩效,如经济绩效、顾客和市场的结果、过程的结果等。

第五节　卓越绩效模式实施方法分析

前文已经阐述了卓越绩效模式的内涵、核心价值观以及它与 ISO 9000 质量管理体系之间的关系。同时,我们也了解到,建立卓越绩效模式是提高企业核心竞争力的强有力的手段。然而,如何建立卓越绩效模式? 如何更好地理解卓越绩效模式的标准条款? 如何对照标准条款进行企业的自我评价? 运用什么方法才能成功地建立卓越绩效模式? 这些问题困扰着许多有意建立卓越绩效模式的企业。

一、建立卓越绩效模式可采用的方法和工具

建立卓越绩效模式的方法可以分为评价方法和达成方法两个方面。所谓评价方法是指对卓越绩效评价准则所涉及的条款在企业中的运用程度的评价,也就是评价企业在建立卓越绩效模式过程中是否按照标准的要求在进行,进行到什么程度,取得了什么结果,结果的趋势如何,等等。所谓达成方法是指企业通过运用一些质量管理的工具,使得企业具备建立卓越绩效模式的条件和获得卓越经营绩效的方法。卓越绩效模式没有明确规定要用什么样的方法去达成,但是,在卓越绩效模式的建立过程中,无论在管理理论和管理技术上都会运用一些主要的方法和工具。这些工具和方法可以帮助企业进行正确的战略分析、建立良好的顾客关系、建立有序高效的管理体系和测量指标,还可以帮助企业改善业务流程,实现物流、资金流、人力资源和质量管理的整合,获得良好的管理结果,等等。这些工具和方法不是对每个企业都硬性要求的,企业可以根据自己的实际情况进行运用,并可以进行创新,要知道"有效的才是适用的"。达成方法包括:

①SWOT 分析;

②平衡计分卡;

③标杆对比法；

④6S 管理；

⑤业务流程再造；

⑥质量管理小组活动；

⑦全面设备预防维护；

⑧顾客满意度测评；

⑨员工满意度评价；

⑩建立 ERP 管理体系；

⑪建立 ISO 9000 质量管理体系。

一般而言，卓越绩效模式的实施方法是评价方法和达成方法的统一运用。

二、卓越绩效模式评价方法分析

卓越绩效模式的评价方法不仅可用于组织向有关机构申请奖项，如国家质量奖、质量管理奖等，而且可以用于企业对组织的经营绩效做出自我评价。对卓越绩效模式评价方法的掌握，有利于企业更好地建立卓越绩效模式，获得良好的经营绩效。卓越绩效模式的评价方法应紧紧围绕卓越绩效评价准则的七个大的类目，也就是七大内容来进行，要依据卓越绩效评价准则的条款来进行。无论是哪个类目的哪个条款，组织都应该回答相应的问题。首先看有没有方法，方法的适合程度如何，方法是怎样由上而下沟通以及在各部门之间协调的，方法与组织的需要是否协调一致，同时还要看方法创新的证据。其次，要了解运用方法的过程是什么，也就是展开的程度如何。在方法展开时，应该重点评估两点：一是在组织的重要条款上，方法应用到了什么程度；二是组织所有相关的单位对于该方法的应用。最后，要关注结果，也就是组织的绩效，对结果的评价主要是从四个方面来进行的：一是关注当前的绩效，看企业目前的经营结果如何；二是关注相对（标杆或他人）的绩效，看自己在市场中的地位如何，以清楚地了解自己目前所处的位置；三是关注绩效改进的速率和范围，要了解企业做出改进所需的时间和在哪些方面可以进行有效的改进等；四是要清晰地把握绩效指标与重要顾客、产品和服务、市场、过程、行动计划等方面的联系，要符合企业在这些方面的绩效要求。同时，应该注意，无论是方法、展开，还是结果，它们都必须是相对应的，从方法到方法的应用再到产生的结果，应是一个系统的、连贯的、一致的过程。如果形成方法的信息是零散的、孤立的，我们就可以说这个企业没有系统的方法，那就更不用谈对方法的运用和由此而产生的结果了。

以卓越绩效评价准则中的"领导"为例,分析卓越绩效模式的评价方法。要评价高层领导的作用,就应该从高层领导确定的方向(愿景、使命、战略、目标等)开始。在这里,领导确定的方向应该是系统的,并且是有事实依据的,这些方向应该有一条清楚的线路由上而下传递,并且转化成具体的行动计划(战略部署)。针对这个方向,领导层应建立相应的机制,采取相应的措施来落实。这就需要各部门制订具体的长、短期目标和计划,这些计划和目标必须是与组织的长、短期方向相一致的。对领导方法、展开后产生的结果的评价,主要是对组织绩效及组织监管系统、高层领导的有效性进行评价,不但要评价绩效,而且要评价由此衍生出来的相关改善行动。如果组织的愿景、使命与核心价值观没有达到一致性,或者组织没有正式的机制系统地收集和分析员工反馈的意见,无法了解和改善领导成效,或者组织的目标、计划较为空泛、不具体,那就可以认定该组织在领导作用方面成熟度不高,有改善的空间。

无论是评价标准的哪一个条款,都应该结合绩效来进行。比如社会责任,就应该就企业履行社会责任、遵守道德行为规范和尽好公民义务所取得的结果进行评价,看企业为社区和社会做了多少工作,有哪些突出的成效,企业遵章守纪的情况如何,有关部门和机构对企业的评价如何,有什么荣誉和有利证明等。

结合结果来评价时,应该注意结果的可测量性:一要有确切的数据,二要显示一定的趋势,三要看与同行业组织平均水平比较的结果,四要注意与竞争对手和标杆企业的差距。

第三章　基于卓越绩效评价准则的建筑企业竞争力的实证研究

第一节　基于卓越准则[①]的企业竞争力评价方法的适用性分析

本书对竞争力评估的标准是以卓越准则为依据的,因此,在以卓越准则为基础建立竞争力评估标准之前,对卓越准则的本质及评估竞争力的适用性进行分析是必不可少的。

一、卓越准则的评价内容分析

1. 卓越准则的评价理念分析

思维决定实践,实践决定成果。管理理念从观念上决定了一个企业的成功,可以说,管理理念决定着企业的命运。人类在管理实践中,不断地认识管理活动的特征和规律,形成了丰富的关于管理的认识,即管理思想,同时,又以这种思想为指南,指导管理活动。在不同时代,基于当时的社会、文化环境和生产力水平,形成了在这个时期公认的、通行的、相互关联的思想观念、价值判断和行为准则,即核心理念和价值观。这种核心理念和价值观作为思想基础,影响管理者的认知和决策,指导组织的行为。

20 世纪初,为了提高钢铁企业的生产效率,泰勒通过一系列的钢铁搬运试验,将每项工作标准化,并对工人进行培训,极大地促进了钢铁企业效率的提高。泰勒的科学管理思想在其他企业也得到了广泛的使用,对当时整体企业生产效率的提

---

① 为表述方便,本章将卓越绩效评价准则简称为卓越准则。

高起了重大的作用。该管理思想的特点是注重对基层的管理,从企业角度出发来满足市场,但对人的关注不够。

20世纪80年代以来,逐渐形成了以管理变革、追求质量、以人为本、关注顾客的管理思想和理念。而卓越准则则是这些新的思想理念的体现,它正是在总结当代世界级领先企业在追求卓越实践的基础上产生的对当代管理的认识,相应地反映了这个时代管理的核心理念和价值观。它已经被公认为是组织提升竞争力的良好工具。卓越准则实际上描述和反映了世界范围内领先企业追求卓越的实践。这种实践形成了业内所认同并学习的典范或最佳惯例,被称为卓越绩效模式或卓越管理模式。它是基于卓越绩效核心理念和价值观的一套综合的、系统化的管理途径和方式。它从领导,战略,顾客与市场,资源,过程管理,测量、分析与改进以及结果七个方面勾勒出了组织经营管理的各个方面。其中,前六个方面为过程类目,组织经过一系列过程产出了结果,旨在强调卓越过程产生卓越结果。在这六个关键过程中,领导、战略、顾客与市场被称为"领导三要素",其强调高层领导在组织所处的特定环境中,通过制定以顾客与市场为中心的战略,为组织谋划长远未来,关注的是组织如何做正确的事。资源、过程管理和结果称为"结果三要素",强调如何充分调动人的积极性和主动性,通过组织中的人在各个业务流程中发挥作用和对过程管理的规范,高效地实现组织所追求的经营结果,关注的是组织如何正确地做事。可见,卓越准则是一个全面、系统的组织经营管理体系,其包括领导力、战略决策力、知识管理能力、过程管理能力等,这些能力相互作用产出了组织的经营结果,它们是组织竞争力体系的有机组成部分。组织的竞争力犹如被盛放在由这七个类目为"木板"所构成的"木桶"中,组织要保持高的竞争力,这个木桶的每一块"木板"都必须足够长。因此,卓越准则与竞争力在本质上是相同的,都体现了组织管理的系统性和动态性。

2.卓越准则的评价维度分析

(1)过程评价。

卓越准则将组织视为一系列过程追求结果的系统。过程是指组织所从事的旨在达成所期望的结果的一系列相互关联、相互作用的活动,是组织为实现其绩效结果所采用的方法。因此,结果是由过程决定的,要想获得所期望的结果,就必须注重过程。组织的关键过程包括领导,战略,顾客与市场,资源,过程管理,测量、分析与改进,这些是组织有效运作并取得成功所不可或缺的基本活动。卓越准则对这六个关键过程的评价,其实质上是对企业所拥有的部分能力的评价。在竞争力评价理论中,企业能力理论是其中一个占主导地位的理论。企业能力理论将企业看成是一个能力体系,强调资源之间的结合与整合之于企业竞争优势的关键意义。该理论认为,资源是生产过程的投入要素,资源几乎没有生产能力,是生产活动要求资源进行组合和协调,企业拥有的能力是企业长期竞争优势的源泉。从该理论来看,对竞争力的评价就要对企业所拥有的能力进行评价。而究竟哪些能力对竞争力发挥着巨大的作用,各个理论学派有着不同的看法。其中最具代表性的有基于技术和技能的核心能力理论、基于组织的企业能力理论、基于流程的企业能力理论、基于动态能力的企业能力理论等。

基于技术和技能的核心能力理论的主要代表人物是普拉哈拉德和哈默尔,他们指出,企业获取竞争优势的关键是培育和积累核心能力。核心能力是指组织中的积累性学识,特别是关于如何协调不同的生产技能和有机结合多种技术流派的学识。核心能力是企业有机组合的一组关键技术和技能的独特能力。

基于组织的企业能力理论的代表人物是钱德勒。他在对近代欧美企业管理史进行实证研究的基础上认为,企业发展的动力是组织能力。组织能力是企业在其历史发展过程中,充分利用规模经济和范围经济所获得的生产能力、营销能力和管理能力,是企业内部组织起来的物质设施和人的能力的集合。他认为,组织的能力来源于企业对三个方面的投资:一是对企业进行大规模生产设备的投资;二是为配合大规模生产,对全国乃至国外的营销、流通网络的投资;三是对管理的投资。

基于流程的企业能力理论,包括基于流程的协调与管理能力和基于流程再造的能力理论。前者是由波士顿公司的斯托克等人提出的,他们认为,企业应该管理它的基本业务流程,通过有效地管理这些流程,使之成为现实的竞争能力,即有效整合核心能力和管理业务流程能力才是实现企业竞争优势的关键因素。后者是由哈默和钱皮提出的,他们认为,企业的竞争优势来源于企业业务流程的关键环节,企业通过对业务流程进行改造可以提高其竞争优势。

基于动态能力的企业能力理论认为,企业最宝贵的资产是以组织知识为基础的能力,而如何发展和增强企业对企业赢得竞争优势具有关键作用。该理论主要用于研究企业用以积累影响学习和研究过程的概率和发展方向的机制。它强调开发业已存在的企业内外部独特的竞争能力来适应变化中的环境。

卓越准则的这六个关键过程体现了组织的领导能力、战略管理能力、对顾客需求的理解能力、市场营销能力、过程管理能力、资源管理能力以及学习改进的能力。这些能力在各竞争力能力理论中均得以体现。卓越准则是对过程的评价,既是对组织的部分能力的评价,也是对竞争力促成因素的分析和评价。

（2）结果评价。

与竞争力能力理论不同,竞争力资源理论认为,企业是一组资源的集合体,其侧重于从企业资源及其差异性来分析企业的竞争优势,不同企业在资源及其积累方面的差异性决定了各自竞争力的差异性。企业的资源既包括各种有形的资源,也包括各种无形的资源;既包括人力资源,也包括物力资源。具体而言,企业的资源包括企业用来开发、生产和分销产品或服务的所有财力、物力、人力和组织资源。笔者认为资源和能力是相通的,两者是在不同状态下的两种不同的表现形式,能力是资源的运动状态,而资源则是能力的静止状态。组织活动产生的结果形成了新的资源状态,这种新的资源通过组织的能力活动运作起来,进而又形成新一轮的经营管理活动。卓越准则对组织经营结果的评价包含产品和服务结果、顾客与市场结果、财务结果、资源结果、过程有效性结果和领导方面的结果。这些结果是企业在一定时期内经营活动的结果,同时也是企业现在所拥有的各种资源的现状的体现。顾客与市场结果包含以顾客为中心的结果和市场结果两个方面。其中,以顾客为中心的结果强调从顾客满意度和顾客忠诚度来进行评价,是对企业在一定时期顾客关系资源状况的评价。资源结果包括人力资源结果和其他资源结果。领导方面的结果是企业的关系资源的体现。产品和服务结果、过程有效性结果体现了企业的物力、技术、组织资源,以及与供应商的关系资源状况。因此,卓越准则对结果的评价实质上也是对组织资源的评价,即从资源角度对企业竞争力进行静态的评价。

3. 卓越准则的评价方法分析

卓越准则是对组织进行绩效评价的一个标准,它采用的是诊断性评价,从过程和结果两个方面,按照不同的要素进行评价,并设计出计分方法,进行评分。

在卓越绩效评价中,过程指组织针对标准类目中的条目要求进行应用并不断改进的各种活动方法,也即组织的各种能力。对于过程（能力）的评价,根据四个因素:方法（Approach）、展开（Deployment）、学习（Learning）、整合（Integration）。结果是指组织在实现条目要求方面的产出,也即能力的一种新的资源静止形式,用于结果（资源）评价的四个因素是水平（Level）、趋势（Trend）、对比（Comparison）、整合（Integration）。

能力是一个过程,是实现预期结果的活动。适当有效的方法对于结果的实现是至关重要的,组织的发展必须依赖能力的不断提高,而方法的改进对于能力的提高则起着关键的作用。同时,组织的成功不仅依赖于各个能力的独自发挥,还取决于能力之间的协调整合。卓越准则中的方法不仅评价方法的适宜性、有效性和系统性,而且对方法的改进进行评价。与此同时,还对方法与其他过程的协调性和整合性进行评价。因而运用方法、展开、学习、整合这四个要素对竞争力进行评价,不仅可以科学、系统地对组织现有的能力进行评价,而且可以对组织可持续发展的能力进行评价,因而,将其运用于竞争力评价是一种良好的方法。

资源是能力运动的静止状态,它是竞争力的直观静态的表现形式,因此,对资源进行科学的评价可以帮助我们最为直接地了解企业的竞争力。对资源的评价从水平、趋势、对比和整合四个因素进行。从水平因素评价可以从静态的角度反映企业资源的当前状况;趋势则反映了资源对于企业发展的潜力;从对比因素评价则通过与竞争企业和优秀企业的比较,明确自己在经营资源中存在的优势和劣势;整合则强调资源之间的整合和协调对于组织成功的作用。运用卓越准则对资源进行评价不仅可以系统地对资源进行评价,而且可以动态地反映企业竞争力。

综上所述,卓越准则在理念、评价要素、评价方法方面都适用于评估竞争力,因此,运用其对企业竞争力进行评价是可行的。

二、基于卓越准则企业竞争力的评价方法设计

世界经济论坛和瑞士洛桑国际管理发展学院于 1980 年创立的国际竞争力评价体系,对世界各国的竞争水平和实力给出了一个较为权威的评选标准。但他们的企业竞争力评价是针对某一国企业的整体的,并未深入企业个体层面。国内以金碚为主的竞争力研究专家们研究开发了一套企业竞争力评价体系,体系的核心产品是"中国经营报竞争力指数"。而该评价体系主要通过对上市公司的监测来反映整个中国企业竞争力的状况,并未深入企业个体的层面。以下从企业个体的层面设计出基于卓越准则的评价方法。

(一)企业竞争力评价的理念基础

正如价值观决定着一个人或组织的前进方向和行事准则一样,评价理念决定着评价的方法和评价的结果。不同的评价理念会导致不同的评价侧重点,进而导致不同的评价结果。本书的企业竞争力评价体系建立在卓越准则的九个核心价值观的理念之上。这九个核心价值观分别为远见卓识的领导、战略导向、顾客驱动、社会责任、以人为本、合作共赢、重视过程与关注结果、系统管理及学习、改进与创新。

（1）远见卓识的领导指的是组织的领导要以前瞻性的视野、敏锐的洞察力,确立组织的使命、愿景和价值观,营造组织和谐进取的环境,带领全体员工实现组织的目标。领导的战略前瞻能力在整个组织的运营中起着提纲挈领的作用,它在观念层面决定着企业竞争力形成的结果。

（2）战略导向指的是组织要以战略统领经营管理活动,获得持续发展和成功。战略导向是建立在组织的使命、价值观之上的,它是对领导前瞻能力的进一步分解,远见卓识的领导必须通过制定战略,定义和展开组织的使命、愿景,确定关键成功因素,设计关键绩效指标,预测和评审组织绩效,它和领导的战略前瞻能力一起统领着企业的发展。

（3）顾客驱动指的是组织要将顾客当前和未来的需求、期望和偏好作为产品、服务和经营管理改进与创新的动力,不断提高顾客的满意和忠诚程度。顾客是企业关注的起点,也是企业服务的终点,是企业绩效和质量的唯一的最终判定者,因此,企业必须时刻倾听顾客的心声,自始至终都将顾客作为组织运营的关键力量。

（4）社会责任指的是组织要为其经营活动和决策对社会的影响承担责任,促进社会的全面协调可持续发展。组织应注重对社会所负有的责任、道德规范,并履行好公民义务。领导应成为组织表率,在组织的经营过程中,以及在组织提供的产品和服务的生命周期内,要恪守商业道德,保护公众健康、安全的环境,注重保护资源。

（5）以人为本。员工是组织最重要的资源,组织的一切管理活动应当以激发和调动员工的主动性、积极性为中心,促进员工的发展,保障员工的权益,提高员工的满意程度。

（6）合作共赢强调组织要与关键的供方、顾客及其他相关方建立长期伙伴关系,互相为对方创造价值,实现共同发展。

（7）重视过程与关注结果。组织的绩效源于过程,体现于结果。因此,既要重视过程,又要关注结果;要通过有效的过程管理,实现卓越的结果。

（8）学习、改进与创新。培育学习型组织和个人是组织追求卓越的基础,改进和创新是组织持续发展的动力。在激烈的竞争时代,企业要想生存,必须不断地改进和创新。组织通过学习获得知识,运用知识启动改进和创新,通过改进和创新实现组织的不断发展,持续经营。

（9）系统管理。要将组织视为一个整体,以科学、有效的方法,实现组织经营管理的统筹规划、协调一致,提高组织管理的有效性和效率。组织是由一系列过程组成的系统,系统驱动行为,有什么样的系统,就会产生什么样的行为和相应的结果。因此,组织要以系统的观点来管理整个组织及其关键过程,实现组织的卓越绩效。

(二)企业竞争力评价指标体系设计

1. 评价指标体系架构及内在逻辑

指标体系是根据准则的评价要求设计的,指标体系总体上分为两个层次,即过程类(能力类)和结果类(资源类)。每个层次包括一个目标层和三个级别指标。目标层指的是要评价的类目。过程类的一级指标对应于准则的基本要求,二级指标对应于准则的总体要求,三级指标对应于准则的详细要求。这三级指标的关系是:二级指标是一级指标的细化,三级指标是二级指标的细化。结果类指标的一级指标即组织的五大绩效结果,二级和三级指标是每一大绩效结果的细化指标。

2. 评价指标体系的内容

根据评价指标体系设计的原则,并结合卓越准则的评价要求,本书从大的层次上,将企业竞争力划分为两个维度,分别是过程维度(能力维度)和结果维度(资源维度),建立相应的指标体系。结果类的指标体系反映企业竞争的结果,直观地反映当前企业竞争力的状态;而过程类指标(能力类指标)从深层次反映企业竞争力的促成因素,揭示企业竞争力形成的原因。本书基于 GB/T 19580—2012《卓越绩效评价准则》建立了基于卓越准则的企业竞争力的评价指标体系。

下面对该指标体系做进一步的说明,以便更好地对其理解和应用。

(1)过程类指标。过程类指标有 6 个。过程类指标反映组织的各过程的作为情况。企业针对每个指标回答其应对该指标的对策、展开情况、学习证据以及整合情况,一般采用书面材料形式,然后由评审员根据评价指南和评分系统进行评分。企业在回答相应指标时,要针对每一个指标从方法、展开、学习、整合四个维度进行描述,应说明过程的展开情况、学习证据以及整合情况。

(2)结果类指标。结果类指标的一级指标共有 5 个。有的一级指标是一个大类,则通过二级指标将其分类;而有的指标只包含单独一方面的绩效结果,则单独成类。由于行业不同、企业不同,其绩效结果具体指标的选择是不同的,因此,本指标体系仅仅提供了某一个方面结果指标所应着重体现的方面,在评价时,视各企业实际情况选择具体的评价指标。在对结果类指标进行回答时,要说明实际的绩效水平、改进的趋势、相关的比较数据以及与组织战略和顾客的相关性。

该指标体系不同于以往的企业竞争力评价指标体系,它给所有的企业竞争力评价提供了一个通用的评价模式。首先,它加入了对过程的评价。其次,它没有明确给定结果指标,而是根据指标所指出的各个方面选取对企业发展最为重要的指标。例如,对于 IT 企业,其产品和服务结果指标中,创新产品比率就是一个首要的、关键的反映企业竞争力的指标;而对于服务类企业而言,这一指标就相对较为次要;对于建筑企业,其过程有效性结果就包括中标率等,而这个指标对于别的类型的企业就不适用。

(三)企业竞争力评价程序

1. 组成评估小组团

评估小组团由 4～5 个卓越准则和竞争力评估方面的专家组成。

2. 企业上交评审资料

企业根据指标体系提供相应的资料。其中,提供过程类指标资料时,针对每个指标,按照完成该过程的方法、该方法的展开程度、如何完善该方法以及该方法的整合程度四个方面进行回答。提供结果类指标资料时,根据指标的要求选取相适应的具体计量指标,然后对各具体计量指标从两个方面提供资料。这两个方面是当前的水平和趋势,以及与同行业的竞争者和标杆对比的结果。

3. 独立评审

由各专家独自对企业提供的材料进行评审,根据评分系统确定每个一级指标所应得分的百分比。

4. 合议评审

合议评审是全体评审员以团队的形式对材料进行最终评审。对每一级指标的百分比进行讨论。若分歧大于等于 10%,应再次讨论直至取得一致,若仍有分歧,则由评审组长最终决定;若分歧小于 10%,则取中间值。

5. 得出竞争力分数

将合议评审的最终评审结果所确定的各一级指标的百分比区间,分别乘以各一级指标的相应分数,得出每个一级指标的分数。将所有的一级指标分数相加,所得之和即为企业竞争力的最终得分。

(四)企业竞争力评分方法

以下从评价方法、评分指南、评分原则和得分说明四个方面来说明企业竞争力的评分方法。

1. 评价方法

指标体系总体分为过程类和结果类两个维度,这两种不同类别的指标有不同的评分方法。

(1) 过程类指标。

对过程进行评估时,我们往往会通过选取一些结果指标来衡量过程运作的有效性。但是,仅仅对几个结果指标进行衡量并不能真实地反映过程的有效性。比如,一个球队在正常比赛中配合非常默契、非常团结,但可能因为球员受伤导致该场比赛失败,这就不能以结果的失败断定该场球打得不好。本书对过程评估采用卓越准则中的过程评估方法则很好地弥补了这个缺陷,实现了对过程的真正评价。

对过程类指标的评价主要从四个维度进行评价,分别是方法、展开、学习和整合。其中,方法的评价要点是:

① 组织完成过程所采用的方式方法;

② 方法的适宜性;

③ 方法的有效性;

④ 方法的可重复性。

展开的评价要点是:

① 所采用方法的展开程度;

② 方法是否持续应用;

③ 方法是否使用于所有部门。

学习的评价要点是:

① 通过循环评价和改进,对方法进行不断完善;

② 鼓励通过创新对方法进行突破性的改变;

③ 在组织的各相关部门、过程中分享方法的改进和创新。

整合的评价要点是:

① 方法与组织需要协调一致;

② 组织各过程、部门的测量、分析和改进系统相互融合、补充;

③ 组织各过程、部门的计划、过程、结果、分析、学习和行动协调一致,支持组织的目标。

(2) 结果类指标。

对结果类指标的衡量,不能只通过各指标某一时点的状况来对竞争力进行评判。拿两个学生 A 和 B 的考试成绩来说,假如 A 该学期的期中考试成绩次于 B,

但 A 与他自己前两次成绩相比，成绩提高了；相反，虽然 B 该次成绩高于 A，但他的成绩在倒退。这样来看，A 的竞争力并不比 B 差。因此，在用结果类指标对竞争力进行评判时，要动态地评价指标。而卓越准则对于结果的评估方法为我们提供了一个动态的科学的评估方法。对结果类指标主要从水平、趋势、对比和整合四个因素进行评价。评价的要点为：

①　组织绩效的当前水平；

②　组织绩效改进的速度和广度；

③　与适宜的竞争对手和标杆企业的对比绩效；

④　组织的结果指标与组织的重要顾客、产品服务、市场、过程和战略规划的要求相连接。

2. 评分指南

表 3-1 为过程类指标的评分指南，表中的 A、D、L、I 分别表示方法（Approach）、展开（Deployment）、学习（Learning）、整合（Integration）。卓越准则用方法、展开、学习、整合这四个要素评价组织的过程成熟程度，评价要点包括：①方法，即完成过程所采用的方法是否适宜、有效、可重复，是否以可靠的数据和信息为基础；②展开，即方法如何在整个组织中广泛、持续地应用；③学习，即方法如何通过循环的评价、改进、创新和分享而不断完善；④整合，即方法是否在不同的过程、部门协调一致、融合互补，以支持卓越绩效。

表 3-2 为结果类指标的评分指南，表中的 Le、T、C、I 分别表示水平（Level）、趋势（Trend）、对比（Comparison）、整合（Integration）。结果类指标用来评价组织在主要经营方面的绩效和改进，包括产品和服务绩效、顾客与市场绩效、财务绩效、资源绩效、运行绩效以及组织的治理和社会责任绩效。应与竞争对手或标杆企业的绩效水平进行比较并评价。结果的测量与在"组织概述"和"过程"评分项中识别的重要顾客、产品和服务、市场、过程和战略规划的绩效要求相连接。结果评分"四要素"为水平、趋势、对比、整合。水平维度评价经营绩效结果当前水平；趋势维度评价经营绩效结果是否具有良好的发展趋势和速度；对比维度评价经营绩效结果与竞争对手或标杆企业绩效对比是否具有一定优势；整合维度评价经营绩效结果是否为关键绩效，是否与过程管理成熟度具有必然的内在因果关系。

表 3-1　过程类指标评分指南

分数占比	过程
0%或5%	显然没有系统的方法;信息是零散、孤立的。(A) 方法没有展开或仅略有展开。(D) 不能证实具有改进导向;已有的改进仅仅是"对问题做出反应"。(L) 不能证实组织的一致性;各个方面或部门的运作都是相互独立的。(I)
10%,15%, 20%或25%	针对该评分项的基本要求,开始有系统的方法。(A) 在大多数方面或部门,处于方法展开的初级阶段,阻延了达成该评分项基本要求的进程。(D) 处于从"对问题做出反应"到"一般性改进导向"方向转变的初期阶段。(L) 主要通过联合解决问题,使方法与其他方面或部门达成一致。(I)
30%,35%, 40%或45%	应对该评分项的基本要求,有系统、有效的方法。(A) 尽管在某些方面或部门还处于展开的初期阶段,但方法还是被展开了。(D) 开始有系统的方法,评价和改进关键过程。(L) 方法处于与在其他评分项中识别的组织基本需要协调一致的初级阶段。(I)
50%,55%, 60%或65%	应对该评分项的总体要求,有系统、有效的方法。(A) 尽管在某些方面或部门的展开有所不同,但方法还是得到了很好的展开。(D) 有了基于事实的、系统的评价和改进过程,以及一些组织的学习,以提高关键过程的效率和有效性。(L) 方法与在评分项中识别的组织需要协调一致。(I)
70%,75%, 80%或85%	应对该评分项的详细要求,有系统、有效的方法。(A) 方法得到了很好的展开,无显著的差距。(D) 基于事实的、系统的评价和改进,以及组织的学习,成为关键的管理工具;存在清楚的证据,通过组织级的分析和共享,得到了精确、创新的结果。(L) 方法与在其他评分项中识别的组织需要达到整合。(I)
90%,95% 或100%	应对该评分项的详细要求,全部有系统、有效的方法。(A) 方法得到了充分的展开,在任何方面或部门均无显著的弱项或差距。(D) 以事实为依据,系统地评价和改进,以及组织的学习是组织主要的管理工具;通过组织级的分析和共享,得到了精细的、创新的结果。(L) 方法与在其他评分项中识别的组织需要达到很好的整合。(I)

表 3-2 结果类指标评分指南

分数占比	结果
0%或5%	没有描述结果,或结果很差。(Le) 没有显示趋势的数据,或显示了总体不良的趋势。(T) 没有对比性信息。(C) 在对组织关键经营要求重要的任何方面,均没有描述结果。(I)
10%、15%、20%或25%	结果很少;在少数方面有一些改进和/或处于初期的良好绩效水平。(Le) 没有或极少显示趋势的数据。(T) 没有或极少有对比性信息。(C) 在少数对组织关键经营要求重要的方面,描述了结果。(I)
30%、35%、40%或45%	在该评分项要求的多数方面有改进和/或良好绩效水平。(Le) 处于取得良好趋势的初期阶段。(T) 处于获得对比性信息的初期阶段。(C) 在多数对组织关键经营要求重要的方面,描述了结果。(I)
50%、55%、60%或65%	在该评分项要求的大多数方面有改进趋势和/或良好绩效水平。(Le) 在对组织关键经营要求重要的方面,没有不良趋势和不良绩效水平。(T) 与有关竞争对手和/或标杆进行对比评价,一些趋势和/或当前绩效显示了良好到优秀的水平。(C) 经营结果达到了大多数关键顾客、市场、过程的要求。(I)
70%、75%、80%或85%	在对该评分项要求重要的大多数方面,当前绩效达到了良好的卓越绩效水平。(Le) 大多数的改进趋势和/或当前绩效水平可持续。(T) 与有关竞争对手和/或标杆进行对比评价,多数到大多数的趋势和/或当前绩效显示了领先和优秀的水平。(C) 经营结果达到了大多数关键顾客、市场、过程和战略规划的要求。(I)
90%、95%或100%	在对该评分项要求重要的大多数方面,当前绩效达到卓越绩效水平。(Le) 在大多数方面,具有卓越的改进趋势和/或可持续的卓越绩效水平。(T) 在多数方面被证实处于行业领导地位和标杆水准。(C) 经营结果充分地达到了关键顾客、市场、过程和战略规划的要求。(I)

3. 评分原则

评审员在对每个指标进行评分时,要遵循以下原则:

(1)给每个一级指标进行评分时,首先判定哪个分数范围总体上"最适合"组织在该指标所达到的水平。总体上"最适合"并不要求与评分范围内的每一句话完全一致,允许在个别要素上有差距。

(2)组织达到的水平针对的是对四个过程要素、四个结果要素整体综合评价的结果,并不是针对其一个要素或对每个要素评价后进行平均的结果。

（3）在合适的范围内,实际百分数根据组织的水平与评分要求相接近的程度来判定。

（4）竞争力分数＝∑（一级指标分数×一级指标的百分比值）

4. 得分说明

将企业竞争力水平划分为四个层次：差、中、强、超强。每个层次对应一定的分数区间,每个分数区间都有相应的说明,从总体上说明企业现在所处的阶段,如表 3-3 所示。各个层次之间呈现层层递进的关系,它表明企业的竞争力并不是一蹴而就的,而是不断提升的,随着企业经营系统的不断成熟,其竞争力也不断地提高。

表 3-3　企业竞争力水平的等级

竞争力水平	得分	说明
差	0～<250	企业的过程缺乏系统有效的管理方法,企业还处于管理初期阶段,企业竞争力水平低下
中	250～<500	企业有了早期的系统有效的方法,但方法缺乏一致性,企业竞争力水平较上一层次有了提高
强	500～<750	企业的各个过程都有了系统有效的方法,方法具有一致性,部门之间的协调性好,企业经营系统开始趋于成熟,企业竞争力水平有了很大的提高
超强	750～1000	企业的管理系统达到成熟,方法实现了整合和创新,处于这一层次的企业竞争力超强,虽然一些结果指标可能会出现低于同等企业的现象,但其长期的生存发展能力却是非常强的

第二节　基于卓越准则的企业竞争力评价方法的特点

本节对原有的企业竞争力评价方法和基于卓越准则的企业竞争力评价方法进行了比较分析,发现了基于卓越准则的企业竞争力评价方法与原有的企业竞争力评价方法的共同点以及前者的特点所在,进而证明基于卓越准则的企业竞争力评价方法的适用性和优越性。

一、因素分析法

因素分析法对企业竞争力的评价主要采取由表及里的因素分析方式,即从最表面、最容易感知的因素入手,逐步深入内在的属性和因素。最表面、最容易感知的属性和因素可以作为企业竞争力的显示性指标,这类指标可以是能够直接反映企业市场地位的数值,直观地反映当前企业竞争力的强弱。因素分析法的基本要求是尽可能地将决定和影响企业竞争力的各种内在因素进行分解,并且揭示出来。

二、对比差距法

对比差距法,就是对企业竞争力的评价采取企业与企业直接比较的方式。如假定同类企业中最优秀的一家或几家企业的一系列显示性指标对竞争力具有明显影响,就可以通过本企业和最优秀企业的一系列显示性指标的比较来评估本企业在竞争力上存在的差距。这种研究方法主要涉及以下几个环节:选取对比指标;评估本企业与最优秀企业各指标的差距;进行综合汇总,评价本企业与最优秀企业之间的总体差距。这种方法与因素分析法的共同之处是都要进行详细的因素分析和统计数值的计算,不同之处是对比差距法是一对一的比较,可以进行多指标的直接对比,而不必进行数值的加总比较,因此可以避免确定各因素的权重过程中的主观因素。它适用于对单个或较少数量企业进行简单的竞争力比较分析。

三、内涵解析法

内涵解析法的特点是将定性分析和定量分析相结合,重点研究影响企业竞争力的内在决定性因素,对于一些难以直接量化的因素可以采取专家的意见或以问卷调查的方式进行分析判断。这种研究方法主要涉及以下几个环节:确定决定和影响企业竞争力的主要因素,并分析其因果关系;通过统计分析、专家意见、问卷调查等方式,分析企业竞争力的实际情况;深入进行企业核心能力的剖析,发现企业核心理念及其渗透性,以判断企业竞争力的强弱。这种研究方法的优点是可以深入企业核心能力的分析,具有深刻性,缺点是难以全面计量化,含有较大程度的主观性。

四、基于卓越准则的企业竞争力评价方法

基于卓越准则的企业竞争力评价方法体现了上述三种评价方法的思想,可以

看作是这三种方法的融合。该方法强调从过程和结果来对竞争力进行评价,结果类指标能直观地反映企业竞争力的状况。结果类指标包含财务、市场、顾客、过程有效性等方面的结果,其不仅反映了企业的显在竞争力,还反映了企业的潜在竞争力。过程类指标则是对企业结果产生的原因的分析,也即对竞争力产生原因的分析,从这个思路看,该方法运用了因素分析法。该方法的评价理念是世界级优秀企业的经营管理实践总结,其方法的实质就是与同行业的优秀企业进行比较。在对结果类指标进行评价时,其中的对比也体现了对比的方法。内涵解析法深入到对企业核心竞争力的分析,基于卓越准则的企业竞争力评估理念正是企业核心能力所在,其过程评价指标也正是对企业核心能力的评估。表 3-4 从评价理念、评价维度、评价方法和适用范围四个维度对这四种方法进行了比较。

表 3-4　企业竞争力评价方法比较

企业竞争力评价方法	评价理念	评价维度	评价方法	适用范围
因素分析法	无	市场、财务等内在决定因素	不确定	同行业企业之间的比较
对比差距法	无	显示性指标	一对一	几个企业简单的比较
内涵解析法	无	内在决定因素	专家意见、问卷调查	同行业企业之间的比较
基于卓越准则的企业竞争力评价方法	有	过程、结果	A-D-L-I Le-T-C-I	所有企业的比较

从评价理念看,因素分析法、对比差距法和内涵解析法均没有评价理念,而基于卓越准则的企业竞争力评价方法的评价理念则是世界级优秀企业的经营管理实践总结。从评价维度看,基于卓越准则的企业竞争力评价方法的评价范围最全面,既涉及企业竞争力的外部表现,也涉及企业竞争力的内在决定因素。从评价方法看,A-D-L-I 和 Le-T-C-I 的评价方法能够对企业竞争力进行动态的、系统的评价,真正实现对竞争力的过程和结果的评价。从适用范围来分析,基于卓越准则的企业竞争力评价方法从管理的角度来实现对企业竞争力的评价,这就为企业竞争力的评价提供了一个通用的评价模式,因此,它的适用范围较其他评价方法也更广。但基于卓越准则的企业竞争力评价方法也存在着一定的缺陷,主要在于该方法对评价主体要求比较高,评价程序比较复杂,主观性比较强。

第三节　基于卓越绩效模式的企业持续创新机制研究

创新是企业核心竞争力的重要来源,持续创新对企业的持续发展至关重要。本书在卓越绩效模式的理论研究基础上构建了企业持续创新机制框架模型,该模型包括创新动力、创新过程、学习能力、创新管理、创新环境五大部分。创新动力是来源,创新过程是核心,学习能力是基础,创新管理是手段,创新环境是平台,通过这五大部分的耦合和相互作用确保和促进企业的持续创新,实现企业的持续发展。在全球金融危机的冲击下,处于计划经济向市场经济转型期的我国企业面临着激烈的竞争。在动态的竞争环境中,大多数企业因为无法持续地创新而难以生存,企业需要通过持续创新来实现持续发展。因此,确保企业的持续创新能力具有重要意义。

欧盟于 1999 年资助立项"21 世纪的持续技术创新政策研究"项目,提出了持续创新的两个不同的定义:持续创新是创新过程或产品本身具有持续性目标的创新;持续创新是创新过程或产出具有改进环境质量目标的创新。前者基于经济管理科学领域,后者基于可持续发展理论。学者们对企业持续创新的概念、影响因素及机制构成进行了较多的研究,但是已有的研究很少从卓越绩效模式角度出发构建企业持续创新机制。

结合创新实践可以发现,中国大部分企业无法持续不断地实施创新,创新的持续性易受企业家更替的影响。因此,通过构建企业持续创新机制来强化企业的创新能力,降低企业家更替带来的影响,通过创新的持续发生实现企业的持续经营,进而促进社会持续稳定发展是很有必要的。

在企业持续不断地推出和实施创新项目的过程中,以诸多要素对创新过程产生不同的作用来实现企业的经济效益和社会效益,这些要素的耦合和相互作用形成了企业的持续创新机制,这种持续创新机制就是本书要研究的。

一、卓越绩效模式与企业持续创新的相关性分析

企业创新活动的动态性、系统性与卓越绩效模式的持续改进、全面管理相一致。卓越绩效模式和企业持续创新的相关性主要体现在以下五个方面:

（1）追求组织的可持续发展。组织的可持续发展追求经济效益的持续增长，同时重视企业对生态环境和社会的影响。卓越绩效模式通过强化组织创新来追求卓越的经营绩效，在通过创新追求卓越的过程中实现持续改进。卓越绩效模式在演进过程中，结合中国企业经营管理的实践，加入了可持续发展等内容。企业在追求卓越的过程中，通过鼓励创新来追求持续的经济效益，履行企业的社会责任，实现企业的持续发展。

（2）关注学习和知识。组织和个人的学习是卓越绩效模式的核心价值观，顾客驱动的卓越体现了企业必须通过产品创新、服务创新、管理创新、市场创新来不断满足顾客的现实需求和潜在需求。通过学习提高企业满足顾客现有需求的能力、对市场需求的分析预测能力，增加组织和个人的知识存量，把累积的知识作为创新的基础来支持创新，创新过程同样会增加知识的积累量，往复循环，改进组织绩效，实现持续创新。

（3）强调敏捷性。敏捷性是卓越绩效模式的核心价值观。企业的生存环境具有很大的不确定性，敏捷的反应体现了企业对动态环境的快速适应和主动应对。激烈动态的竞争环境使企业必须通过创新缩短从产品概念形成到商业化的时间。实现与竞争对手的差异化，缩短产品生命周期，在适应环境的基础上主动响应环境变化，培育环境管理能力，实现企业的持续生存。

（4）重视创新管理。企业通过创新实现有竞争力的产品和服务的产出，来满足企业利益相关者的需求。创新管理不仅是创新市场价值的实现，还包括将创新融入企业的日常工作中。领导者将卓越绩效模式的价值观融入创新的管理过程中，制定创新战略，构建有利于创新的内部环境，培养员工的知识运用能力，引导组织的创新，确保创新的持续性，而不仅仅只是某次创新。

（5）突出过程管理的重要性。ISO 9000：2000《质量管理体系基础和术语》中将过程定义为：一组将输入转化为输出的相互关联或相互作用的活动。卓越绩效评价准则中的过程管理，是实施持续改进和创新以提升组织的整体绩效，进而实现组织愿景的途径。过程主要是将输入转化为输出。无论是制造业、服务业，还是其他类型的组织，在追求卓越的过程中均是先识别为组织增值的关键过程，再思考如何对这些过程进行创新的。通过改进创新投入到创新产出的过程，来实现组织的绩效改进。

二、基于卓越绩效模式的企业持续创新机制框架模型

（一）构成要素

本书以卓越绩效模式的核心价值观为基础，从卓越绩效模式和企业持续创新的相关性出发，构建了基于卓越绩效模式的企业持续创新机制框架模型，如图 3-1 所示。

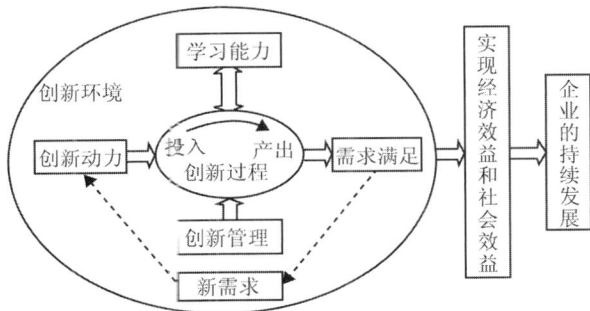

图 3-1　基于卓越绩效模式的企业持续创新机制框架模型

（二）构成机理

在持续创新机制框架模型中，创新过程居于中心位置。创新动力直接驱动企业创新过程，创新过程与学习能力和创新管理密切相关。企业通过学习为创新提供所需的知识，创新过程创造的知识又促进了创新的进行。同时学习能力能提升创新能力和环境管理能力；通过创新管理准确把握市场变化，制定创新战略，创造出新的产品和服务，确保创新市场价值的实现，新产生的需求成为创新动力，又会驱动企业推动和实施新的创新项目。知识、需求和创新不断循环，持续作用，形成企业的持续创新流。

（三）创新动力

创新动力是创新的来源，持续创新需要持续创新动力来驱动。研究表明，创新需要追求卓越的驱动力。顾客驱动的卓越是卓越绩效模式的核心价值观，促使企业推出和实施创新。创新依赖于市场需求和期望的变化，通过创新生产新的产品，满足顾客需求，新产生的顾客需求又会驱动企业创新，循环往复推动企业持续不断创新，实现企业经济效益的持续增长和企业的可持续发展。

创新动力包括内部动力和外部动力。从外部来讲,技术的迅速更新需要企业通过创新来提升企业的竞争力,顾客需求的变化使企业通过创新来满足当前和未来的需求,应对市场的变化,政府激励政策也会对企业创新产生一定的驱动作用。从内部来讲,企业高层领导的持续创新意识、企业的持续创新精神和持续创新文化、企业及员工利益均驱动企业不断地进行创新,通过满足顾客需求、创造利益相关者价值为企业赢得长期利益和信誉,实现企业的持续发展。中国社会主义市场经济体制已初步建立,企业家作用日益突出,创新的内部动力成为持续创新的主导驱动力,外部动力通过内部动力起作用。

（四）创新过程

创新是一个从投入到产出的过程,创新过程是企业实现持续创新的核心。追求卓越的企业通过对过程的改进和创新来创造卓越的结果。部分学者在卓越绩效模式的基础上,构建了企业技术创新能力模型,突出了创新过程[R&D(研究与开发)、制造、营销及相关支持过程]的重要性及内外环境的影响。企业在进行技术创新时,投入人、财、物等相关资源进行研发制造,产出新产品来满足市场需求,创造顾客价值。产品创新、战略创新、管理创新等均是从创新思想产生到实现的过程,在这个过程中会受到企业内部组织、人事的影响,受到企业外部政策、法律、经济的影响。因此,创新投入—创新产出的简化模型能表示企业创新的普遍过程。创新动力驱动企业创新,创新过程的有效性及其改进均需要以学习和知识为基础,需要以创新管理为实施手段,充分利用创新环境里的机遇,同时积极应对环境变化。

（五）学习能力

组织和个人的学习是卓越绩效模式的核心价值观。学习能力是企业竞争优势的重要来源,持续学习能力是企业持续创新的基础。企业通过学习来深入理解和接受卓越绩效模式的价值观体系,转变观念,创造知识,提升能力,为企业的持续创新和持续发展提供基础支持。企业通过学习主要提升两个方面的能力:创新能力和环境管理能力。在创新能力提升方面,持续创新要求有效获取和利用知识,通过学习从企业内外部获取新的知识,用于创新投入,在创新过程中同时进行知识创造,创造的知识又能进一步促进企业的创新。在环境管理能力方面,迅速变化的外界环境使企业必须具有高于环境变化的学习速度。企业通过学习来构建学习型组织文化,营造有利于创新的氛围,在对环境变化做出适应性反应的同时主动改变企业的竞争优势,培育环境管理能力。

学习分为组织的学习和个人的学习。通过组织的学习为顾客提供需要的产品和服务,通过个人的学习改善创新环境。学习和创新不断相互促进,通过持续的学习形成持续循环,通过创新来实现企业效益的不断增长。

（六）创新管理

创新管理是实现持续创新的手段。促进创新的管理是卓越绩效模式的核心价值观。在复杂动态的环境中,需要创新管理来实现组织的持续创新。企业持续创新过程中存在抑制因素,创新管理是促进持续创新的方法。创新管理并不只是创新项目的立项到完成的过程,也不只是投入到产出的创新过程。创新管理包括创新战略制定、文化重构、资源合理配置、风险管理等方面。企业领导者要以创新为导向,依据对市场和技术的趋势把握发现创新机会,制订创新战略目标和战略规划;构建有利于创新的文化,使创新成为文化的一部分,以文化驱动创新;构建柔性组织,确保资源的自由配置,充分利用知识资源;建立风险管理机制,根据所获信息来掌握外界环境变化,确保创新市场价值的实现。通过创新管理转变管理观念,使企业经营理念与追求卓越绩效保持一致。

（七）创新环境

企业是一个系统,创新的每个环节都与内外部环境相关。一方面,环境为企业的持续创新提供了平台支撑,有学者证实了国家科技政策和财政金融等相关支持政策在企业创新中的作用;另一方面,环境又是不确定的、动态的,需要企业具有灵活性和快速学习的能力。

企业持续创新受内外环境两个方面的影响。在外部,党中央、国务院做出的建设创新型国家的决策为中国企业的创新提供了良好的政策环境,政府制定的财政税收政策、专利法等为企业的创新提供了良好的平台支持。外部环境可分为政治环境、经济环境、社会环境、技术环境、法律环境。由计划经济体制向市场经济体制转型即是经济环境的体现。在内部,企业创新过程会受到组织结构、领导方式、文化氛围、制度等的影响。企业领导应构建柔性组织,促进信息流动,使企业能主动响应环境的动态变化;营造有利于学习和创新的氛围;建立激励制度,物质激励和非物质激励相结合,激发员工的创新热情;建立组织内的人事制度、责任制度、分配制度等,确保员工获得创新利益。

企业处于环境中,与环境的影响是相互的,企业在创新过程中要考虑对环境的影响,如环境保护等方面,履行社会责任,实现企业的社会效益。同时,动态的环境要求企业能够对环境变化做出敏捷的反应,在一定的程度上引导了市场环境的变化。企业通过持续创新来改进绩效,追求卓越,实现可持续发展。创新动力、创新过程、学习能力、创新管理、创新环境构成了企业持续创新机制的框架模型。另外,在该模型中,人是各部分的联结点。企业要充分重视员工的作用,建立员工培训体系和激励机制,充分调动员工的创新热情。在当今动态开放的环境下,通过构建持续创新机制来使企业持续不断地创新,实现企业的持续发展。本章在卓越绩效模式的基础上,提出了企业持续创新机制框架模型。创新动力引发企业创新。企业在创新过程中通过学习为创新提供知识资源,提升创新能力和环境管理能力。同时,通过创新管理确保创新价值的实现,通过知识与创新循环、需求与创新循环来保证企业创新的持续性,实现企业的经济效益和社会效益,促进企业持续发展。但是需要注意的是,创新的持续与否还与组织内的成员是否积极参与有关。

第四章　卓越绩效模式在建筑企业应用的案例研究

——以浙江永辉建筑工程有限公司为例

第一节　组织描述

浙江永辉建筑工程有限公司于 2002 年 6 月 18 日在浙江省丽水市松阳县注册成立。公司①成立之初主要承担房屋建筑工程施工总承包、建筑装饰装修工程专业承包以及水泥预制构件、金属门窗、栏杆加工等业务,注册员工人数为 8 人,注册资本为 1068 万元。公司现有员工 1200 人,其中高级工程师 12 人;注册资金 1.3268 亿元,固定资产 9600 万元。公司于 2002 年以 50 万元起家创建,现已有 2.24 亿元总资产,1.6 亿元净资产,是当地唯一一家国家房屋建筑工程施工总承包一级企业(注册资金 13268 万元)。公司业务发展已从县内拓展到县外,从省内拓展到省外,发展较快。目前,公司为全市纳税百强企业。多年来,先后获得了 40 多项省、市、县级"安全文明标化工地"称号。其中有 3 个项目还同时获得了浙江省"文明现场、和谐工地"竞赛"先进工地"称号。在此期间,市、县建设局在公司承建的项目施工现场举办了近 10 场质量安全观摩现场会。同时,公司在工程质量方面也取得傲人的成绩:先后获得了 16 项优质工程奖,其中有两个项目在 2014 年同时获得了浙江省"钱江杯"优质工程奖;公司在 2009 年获得了"浙江省质量安全管理先进企业"称号;在 2014 年公司还获得了建筑行业的第一个"松阳县政府质量奖"。公司在质量管理创新方面也有所进步:2013 年至今,公司的项目部质量管理小组获得了全国工程建设优秀质量管理小组二等奖、"浙江省工程建设优秀管理小组"称号和多项市级优秀质量管理小组活动一、二、三等奖等荣誉,还获得了 4 项国

---

① 为表述方便,本章将浙江永辉建筑工程有限公司简称为公司。

家实用新型专利。企业诚信品牌建设继续保持良好口碑,是省、市、县三级 AAA 级守合同、重信用企业,是省、市诚信民营企业和市劳动关系和谐企业。公司还连续多年被市政府授予"丽水市建筑业优秀企业"称号。

公司领导班子发挥总策划师和"领头雁"的作用,建立独具特色的企业文化,确定公司远大使命、愿景和宏伟目标,营造以人为本和诚信经营的管理理念及良好环境,打造绩效卓越、健康向上、肩负社会责任的新时代企业。公司一直把诚信守诺作为全体员工的行为准则,言必信,行必果。公司以实际行动诠释了"以人为本、以质为尊、建美好家园"的企业使命和"建一流队伍、创一流服务、树一流形象、争一流业绩、引领建筑业"的愿景。面对转型升级的社会使命,公司将本着"诚信、务实、创新"的企业核心价值观,全面推行精细化、信息化、标准化管理,向建筑业的领航者迈进。

一、组织的环境

(一)主要产品和服务及其交付方式

公司的业务范围包括房屋建筑、市政公用、地基基础、装饰装修、建筑智能化、钢结构等。公司通过开展各类业务的工程实践,取得了相应的关键施工技术,形成了较强的综合竞争能力。目前,公司在省内有杭州、丽水等分公司,省外有江西分公司。年施工能力超过 50 万平方米,正在稳步开拓省外市场。公司产品都直接交付给顾客(建设方)。公司的主要服务包括竣工验收后的保修服务。主要业务如表 4-1 所示,部分精品工程如图 4-1 所示。

表 4-1　公司主要业务明细

业务板块	顾客	投资主体
大型公建	政府投资单位或代表单位	政府投资主体
	强企及地产企业	知名企业
商业建筑	强企及地产企业	知名企业
民用建筑	政府投资单位、地产企业	知名企业
专业工程	政府投资单位、强企及地产企业	政府投资主体、知名企业
市政工程	政府投资单位或公用设施投资企业	政府投资主体

松阳县城南农民新村保障房A地块2号楼
浙江省标化工地、浙江省"钱江杯"优质工程

松阳县文化中心二期工程
浙江省标化工地、浙江省"钱江杯"优质工程

松阳一中科技实验楼工程
浙江省标化工地、丽水市"九龙杯"优质工程

松阳县职业技术学校教学大楼
浙江省标化工地、丽水市"九龙杯"优质工程

松阳万寿家园工程
丽水市"九龙杯"标化工地

图 4-1 公司的部分精品工程

（二）组织文化

在公司规模由小到大，资本迅速增长的同时，伴随着企业的成长，也逐步形成了公司独特的企业文化，它来源于企业管理和施工生产的实践经验，促进了公司的企业文化体系的形成。使命、愿景和价值观体现了公司未来的发展方向，也是公司文化的核心。企业文化体系如表 4-2 所示。

表 4-2　公司的企业文化体系

名称	内容
企业使命	以人为本、以质为尊、建美好家园
企业愿景	建一流队伍、创一流服务、树一流形象、争一流业绩、引领建筑业
核心价值观	诚信、务实、创新
经营方针	确保品质，诚信守诺
企业精神	求真、务实、开拓、创新、拼搏、奉献
经营理念	诚信为本，信誉至上
企业作风	以建造用户满意工程为己任
企业口号	做一项工程，树一块牌子，交一方朋友
企业标志	
人才观	人人是才，因你而精彩
管理观	没有人，什么都无法实现；没有制度，什么都无法持续
质量观	严守工程管理底线，确保工程质量
危机观	风险预控，警钟长鸣
发展观	稳中求进步，稳步增效益
市场观	巩固省内市场，稳健开拓省外新市场

（三）员工的基本情况

1. 公司员工结构

公司员工结构比例如表 4-3 所示。

表 4-3　员工结构①

结构类型		人数/人	占比/%
职称结构	高级职称	12	1.00
	中级职称	61	5.08
	初级职称	477	39.75
	在专业技术岗位的工作人员	650	54.16
资质结构	一级建造师	15	1.25
	二级建造师	61	5.08
年龄结构	50 岁及以上	102	8.50
	39～49 岁	328	27.33
	29～38 岁	523	43.58
	28 岁及以下	247	20.58
工龄结构	5 年以上	660	55.00
管理结构	管理人员	50	4.17
	研发人员	25	2.08
	经营人员	15	125
	财务人员	10	0.83
性别结构	男生	1020	85.00
	女生	180	15.00
学历结构	本科及以上	96	8.00
	大专	260	21.67
	中专及高中	528	44.00
	初中及以下	316	26.33

2. 员工的关键需求和期望

公司注重员工的自我发展,坚持以人为本的指导思想,努力打造员工施展才华的平台,并根据员工自身实际制订发展计划,提供个性化支持,不断提高员工素质。员工的关键需求如表 4-4 所示。

---

①　在计算百分比时,有时会因为四舍五入出现比例相加不为 100% 的情况,但这不影响数据的客观性。

表 4-4　员工的关键需求

员工类别	关键需求											
	薪酬	福利	安全措施	稳定工作	照顾家庭	生活环境	工作环境	工作氛围	学习培训	职业发展	荣誉成就	自我实现
一线作业人员	★	★	★	★	★	★	★		★			
专业技术人员	★	★			★	★	★		★	★		
引进高端人才					★	★	★	★	★		★	★
中层管理技术骨干					★	★	★		★	★	★	
高层管理人员					★	★	★		★	★		★

注：★表示强相关，空白表示不相关或弱相关。

（四）福利制度

公司于 2005 年制定了《员工福利分配办法》，并参照其他企业于每年 3 月份进行更新补充，确保员工福利分配的公平、公正和普及。工会按照《中华人民共和国劳动法》《中华人民共和国工会法》等，积极开展维护员工合法权益的活动，全程监督公司为员工缴纳基本养老保险、基本医疗保险等五项保险。公司严格执行《中华人民共和国劳动法》相关规定，迄今为止，公司没有发生过劳资纠纷事件。

（五）主要技术、设备

公司于 2010 年 5 月筹建了公司技术研发中心，拥有实验室，配备了先进的检测设备及精准的检测仪器。公司积极引进先进技术、技术标准，在企业内部建立了技术开发与技术标准相结合的管理机制。公司的关键技术及创新工艺通过工法、申请专利等形式进行推广使用。目前，公司已获得实用新型专利 4 项（见表 4-5），全国质量管理成果 1 项，省级质量管理成果 2 项，市级优秀质量管理成果 3 项。

表 4-5　公司专利

专利名称	专利号	专利类型
新型地砖	ZL201120312621.5	实用新型
复合保温砖	ZL201120495413.3	实用新型
建筑工程用模板	ZL201220328927.4	实用新型
一种波纹管集水井	ZL201320124887.6	实用新型

（六）法规和政策环境

公司的法规政策环境的主要内容如表 4-6 所示。

表 4-6　主要法规政策环境

类别	内容
公司治理	《中华人民共和国公司法》《中华人民共和国会计法》《中华人民共和国合同法》《中华人民共和国建筑法》《企业财务通则》《中华人民共和国环境保护法》等
保障员工权益与社会责任	《中华人民共和国工会法》、《中华人民共和国劳动法》、《中华人民共和国劳动合同法》、《中华人民共和国环境保护法》、《中华人民共和国安全生产法》、《中华人民共和国职业病防治法》、《中华人民共和国传染病防治法》、GB/T 19001—2008《质量管理体系要求》、GB/T 28001—2011《职业健康安全管理体系要求》、GB/T 24001—2004《环境管理体系要求及使用指南》、GB/T 50430—2007《工程建设施工企业质量管理规范》、JGJ 59—2011《建筑施工安全检查标准》等
产品标准的制定与执行	《建设工程质量管理条例》《建设工程安全生产管理条例》《建设工程施工现场管理规定》《建筑工程施工质量验收统一标准》《建筑地基基础工程施工质量验收规范》《砌体工程施工质量验收规范》《混凝土结构工程施工质量验收规范》《沥青路面施工及验收规范》《市政排水管渠工程质量检验评定标准》《给水排水管道工程质量检验评定标准》《给水排水管道工程质量检验评定标准》等

二、组织的关系

（一）组织机构和治理系统

公司严格按照《中华人民共和国公司法》和公司章程进行公司治理，设立股东会、董事会和监事会，公司股东由公司法人股东和自然人股东组成。公司的股东会、董事会、监事会和经营层构成了运转协调的法人治理结构，建成"产权明晰、责权明确、管理科学"的法人实体和市场竞争主体。公司组织机构和治理系统如图4-2所示。

（二）顾客群与细分市场

公司目前在全国重点区域设立了分公司。公司根据行业的特点，通过对市场的综合研究分析，从多角度对行业市场和顾客进行解剖细分，并根据公司的战略及自身的竞争优势，确定目标顾客和市场，如表 4-7、表 4-8 所示。

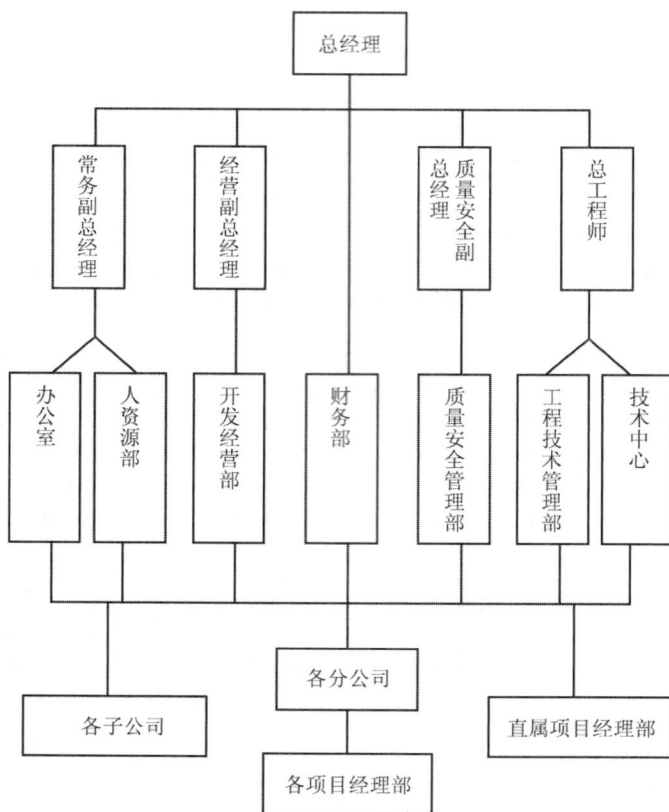

图 4-2　公司组织结构和治理系统

表 4-7　按地域细分市场

经济发展区域		杭州	丽水	江西
房屋建筑	大型公建	☆	☆	□
	商业建筑	☆	☆	☆
	民用建筑	☆	☆	☆
	工业建筑	☆	□	□
基础设施	市政工程	☆	□	□
专业工程	地基基础	☆	☆	☆
	装饰装修	☆	□	☆
	钢结构	☆	□	□
	园林绿化	☆	□	□

经济发展区域		杭州	丽水	江西
专业工程	建筑智能	□	□	☆
	机电安装	☆	□	□

注：☆表示项目数量较多；□表示项目数量一般。

表 4-8 按业务细分顾客

顾客分析	顾客	投资主体
大型公建	政府投资单位或代表单位	政府投资主体
	强企及地产企业	知名企业
商业建筑	强企及地产企业	知名企业
民用建筑	政府投资单位、地产企业	知名企业
工业建筑	政府投资单位、地产企业	政府投资、知名企业
市政工程	政府投资单位或公用设施投资公司	政府投资主体

不同的顾客群对建筑产品的质量、工期、造价、工程款的交付方式和服务有着不同的敏感度和不同的要求。重要顾客、一般顾客和间接顾客对建筑产品和服务的关注亦不同。公司根据不同的顾客群进行分类，将顾客对产品和服务的关注点分为九个关注要素，并将关注点对顾客购买决策的影响程度分为非常重要、比较重要、一般重要三个层次，从而使公司能有侧重、分层次地满足不同顾客的差异化要求，了解不同顾客对产品和服务关注点的差别，为关键客户提供个性化服务措施，具体内容如表 4-9 所示。

表 4-9 不同顾客对产品和服务关注点的差别

客户类别	重要顾客	一般顾客	间接顾客
企业信誉	※	※	☆
建筑质量	※	※	※
施工工期	☆	※	□
工程造价	☆	☆	□
工程款支付方式	☆	☆	□

续　表

客户类别	重要顾客	一般顾客	间接顾客
安全、文明施工、环境	☆	☆	☆
以往业绩	□	☆	□
顾客投诉反馈	□	□	※
回访与维修服务	☆	□	※

　　注：※ 表示非常重要，☆ 表示比较重要，□ 表示一般重要。

（三）关键的供应商和经销商

　　公司根据对供应商合同的履约情况，通过评分考核进行分级管理，力争与供应商建立合作共赢关系。推动双向交流，实现互信、互利，共同发展。供应商主要有物质供应商和分包商，物质供应商和分包商的类别及要求分别如表 4-10 和表 4-11所示。房屋建筑施工采用公开招投标形式，无经销商。

表 4-10　物质供应商的类别及要求

供应商类型		主要要求	合作关系
设备机械类	厂家	技术先进、质量保证、实力雄厚、售后服务优良	互惠、互信、互利、互赢、共同发展
	经销商	质量保证、交付及时、售后服务优良	
钢材、混凝土	厂家	实力雄厚、资源稳定、质量保证	
	经销商	质量保证、交付及时、性价比高、优质服务	
地材、装饰类	厂家	质量稳定、供应及时、资源充足、成本优化能力强	
	经销商	质量稳定、供应及时、售后服务优良	
水暖、电料类	厂家	质量可靠稳定、资源充足、供应及时	
	经销商	质量保证、交付及时、性价比高、优质服务	
零星材料类	厂家	质量保证、价格合理、供应及时	
	经销商	质量保证、价格合理、供应及时、优质服务	

表 4-11　分包商的类别及要求

分包商类型	分包内容	要求	分包类型	合作关系
土建类	土方工程、基坑支护、桩基检测工程类分包	具有相应资质及安全生产许可证,人员具有良好的技术及管理素质,具备良好的履约能力、履约信誉。机械设备满足要求,技术先进,性能稳定可靠,过程配合积极	专业分包、劳务分包	与分包商之间达成高层次的合作关系,在相互信任的基础上,建立双方为了实现共同的目标共担风险、共享利益的长期合作关系,实现双方长久的互利双赢、共同发展
	外墙涂料、门窗和栏杆供货及安装工程、幕墙、玻璃雨篷、防水工程类分包		专业分包、劳务分包	
	网架结构、膜结构工程类分包		专业分包	
设备工程	变配电高低压设备安装,供电接驳分包	具有相应资质及安全生产许可证,人员具有良好的技术及管理素质,机械设备满足要求,具备良好的履约能力、履约信誉	专业分包、劳务分包	
	消防工程、人防工程、电梯采购及安装、空调安装、停车场管理系统工程类分包		专业分包	
装饰工程	精装修、精装修卫浴设备采购、橱柜安装工程类分包	具有相应资质及安全生产许可证,人员具有良好的技术及管理素质,机械设备满足要求,具备良好的履约能力、履约信誉	劳务分包	
市政工程	室外道路工程、标识系统工程类、室外供排水工程、供热系统工程、泛光照明工程分包	具有相应资质及安全生产许可证,人员具有良好的技术及管理素质,机械设备满足要求,具备良好的履约能力、履约信誉	专业分包、劳务分包	

（四）与主要供应商和顾客的伙伴关系和沟通机制

公司本着"价值共创、市场共赢"原则与主要供应商和顾客建立合作伙伴关系,与上下游企业建立相互学习、合作共赢机制,双方发挥互补优势,先后与关键顾客和供应商建立长期战略合作关系。公司与顾客关系的建立如表 4-12 所示。公司与相关方的关系如表 4-13 所示。

表 4-12　顾客关系的建立

类别	识别顾客特征	顾客关注要点	顾客关系管理要点
重要顾客	政府机构； 政府投资单位或代表单位； 品牌地产企业	长期履约能力； 双方高层沟通是否畅通； 合作关系的改进	公司高层定期对接； 简化签约流程； 建立合作伙伴关系
一般顾客	强企； 地产企业	长期履约能力； 管理模式； 合作关系的改进	双方区域资源共享； 双方主管部门定期互访
潜在顾客	有重大投资计划需招投标的单位； 新进入市场的顾客； 竞争对手的重大顾客	履约能力； 综合实力； 合作关系	寻求合作； 提供附加服务； 提供优惠服务

表 4-13　公司与相关方的关系

相关方	与相关方的利益关系	总体关系
供方	扶持供方、互信共赢、发展战略合作	战略伙伴
顾客	确保工程产品及物资质量,确保交付使用得到顾客满意与支持	
银行	履行信贷合同条款义务,及时支付利息,获取银行资信、资金保障	
股东	绩效经营,获取效益,维护股东权益收益	
员工	维护员工合法收入,奖罚分明,确保人力资源充足	

第二节　组织面临的挑战

一、竞争地位

公司综合实力目前排名位于丽水市建筑施工企业的前列。公司的标杆企业是中天建设集团有限公司,主要竞争对手为浙江中邦建设工程有限公司、丽水中立建设工程有限公司。

二、竞争优势

公司在品牌影响力、自有资源、企业文化等方面占有明显的竞争优势,具体如表 4-14 所示。

表 4-14　公司成功的关键因素

关键因素	分析
决策层影响力	针对内部优势及外部机会,企业决策层审时度势,确定正确的企业发展方向并进行战略部署,是企业成功的先决条件
国家宏观经济政策	随着国家"十二五"规划纲要的发布,拉动经济发展的"三驾马车"之一——加大城市基础设施建设投资以及推进城镇化建设,给建筑业发展带来了新的机遇。随着中国城市化步伐的加快,农村人口不断向城市涌入,为保障中低收入家庭居住需求,国家相继出台了廉租房、公租房等保障房政策,政府加大保障性住房的建设力度,为企业的发展提供了沃土
品牌影响力	企业成立 13 年来,以良好的社会责任感、商业信誉和产品美誉度获得了市场的广泛认可,品牌影响力大
研发和技术领先优势	积极研发新型实用技术。已获得实用新型专利 4 项,全国质量管理成果 1 项,省级质量管理成果 2 项,市级优秀质量管理成果 3 项
自有资源	借助公司的优势,进一步增加银行的授信额度,保证资金链条完整;目前,自有项目占 80% 以上,外部市场发展空间较大,与重要客户建立长期战略伙伴关系,扩大了流动资金融资额度;公司充分利用信用等级向供应商开出商业承兑汇票等外源融资方式,确保资金供给;与政府的 BT(Build-Transfer,建设—移交)项目融资呈良好趋势
企业文化	企业文化是企业核心竞争力之一,企业学习力的竞争则是重中之重。近年来,公司极其重视对每位员工的继续教育,在对其进行专业技能培训的同时,加强管理能力训练。逐渐培养出一批训练有素、综合能力强、团结协作能力突出的管理团队

具体内容如下:

(1) 公司高度重视技术的开发与应用,并在技术方面形成了明显的优势。如在技术及标准方面,公司已有超长大体积混凝土及预应力混凝土结构施工技术、混凝土地下结构抗裂防渗技术、《混凝土工程施工工艺标准》、《地面工程施工工艺标准》、《屋面工程施工工艺标准》、《地基与基础施工工艺标准》、《建筑砌体工程施工工艺标准》、《给排水工程施工工艺标准》、《通风与空调工程施工工艺标准》、《建筑电气工程施工工艺标准》以及《工程创优指导书》等。公司还积极引进科技人才,现有员工1200人,其中高级工程师12人,一级、二级建造师达70多人。在施工中积极采用先进技术和先进标准,提高公司的技术创新能力。这些都有力地保障了公司技术能力的稳步提升。

(2)公司在设备管理方面投入大量的资金,使设备设施能很好地满足公司的发展需要。公司根据价值创造过程的要求,设备管理部门购置了施工升降机、塔式起重机、搅拌机、钢筋调直机、钢筋切断机、对焊机、钢管等各类机械设备及配件。同时,考虑到公司对项目实行内部承包制,各项目部又各自负责一些零散的辅助设备的购置、更新工作。公司还积极开展日常设备的维修与保养工作,使设备能很好地满足公司生产的正常运作。

(3)公司高度重视各项管理工作,使管理水平不断提升。公司立足大建设,以科技为动力,推进产业链的深度建设,力创名牌,实现"科学兴企、产业强国、造福民众"的崇高理想。实施区域性管理的市场划分。通过实施区域性管理,可以最大限度地缩短建设的管理链,减少管理层次和管理环节,从根本上杜绝内耗,从而有效地降低管理成本,优化管理,实现管理效益最大化。长期的、相对稳定的市场拓展,有利于形成相对的区域优势,保持建设品牌的持续性。外拓经营、内强管理;加强资金管理,严格执行会计制度,完善财务管理制度;加强项目部管理。

(4)公司高度重视质量工作,并取得了一定的优势。公司始终把质量安全当作关系企业生死存亡的首要工作来抓。公司、各分公司定期对各项目进行质量检查和巡检,确保工程质量。历年来,公司获得十余项省、市级优质工程奖荣誉,这是对公司质量管理工作的肯定和鼓励。

(5)公司坚持以人为本,不断培养和引进高层次、复合型管理人才和专业技术人才,提高了企业的竞争能力。公司坚持以人为本,不断强化聚才、育才、用才的人才理念,以公司良好的管理体制和机制造就人才,以公司的企业文化凝聚人才。通过不断地选拔和培养,造就了一大批高层次、高技能、高素质的技术、经营管理人才。同时,根据公司的人力资源开发战略,不断调整优化人力资源结构,建立起一个科学系统的人才网络库。公司将人才看作一种资源、一种资本,把人才作为企业发展的支撑点,把人才开发作为企业发展的关键。通过培训与学习,造就了一支优秀的具有现代经营理念的管理队伍,一支精通技能、兢兢业业的技术管理队伍,形成了年轻化、专业化、知识化的高效的人才梯队;培养了一批业务精通、竞争能力强的优秀项目经理和项目部管理队伍,多人获得省、市级优秀项目经理荣誉称号。

（6）公司高度重视质量安全管理，公司成立至今未发生一例质量安全事故，并获得了良好的社会形象。松阳一中科技实验楼工程、松阳三中学生宿舍楼工程、松阳县职业技术学校教学大楼工程、松阳县长松路延伸段道路工程、松阳县城南农民新村保障用房 A 地块 2 号楼工程、松阳县文化中心二期工程获丽水市建设工程"九龙杯"奖（优质工程）。其中的松阳县城南农民新村保障用房 A 地块 2 号楼工程、松阳县文化中心二期工程均荣获 2014 年度浙江省"钱江杯"优质工程奖。松阳县城南农民新村保障用房 A 地块 2 号楼工程、松阳县文化中心二期工程项目部的质量管理小组，分别荣获 2012 年度和 2013 年度的"浙江省工程建设优秀质量管理小组"称号。松阳县城南农民新村保障用房 A 地块 2 号楼工程项目部，还获得了 2013 年度全国工程建设优秀质量管理小组二等奖。

（7）公司经过多年的发展，取得了良好的市场地位。2013 年完成产值 4.21 亿元，比 2012 年增长 49％，上缴税收 1938 万元，比 2012 年增长 176％。其中，上缴本地税收 1463 万元，增长 203％。2014 年完成产值 5.13 亿元，比 2013 年增长 22％，上缴税收 2341 万元，比 2013 年增长 21％。其中，上缴本地税收 1628 万元，增长 11％，全面超额完成了年度的经营目标。2003 年 12 月，公司成为建筑行业为数不多的通过 ISO 9000 质量管理体系认证的企业，之后公司于 2005 年取得房屋建筑施工总承包二级资质。2012 年通过质量、职业健康、环境"三合一"的体系认证。通过 10 多年的发展，公司已经成长为一家拥有国家房屋建筑工程施工总承包一级、市政公用工程施工总承包二级、建筑装饰装修工程专业承包二级、地基与基础工程专业承包二级、电子与智能化工程专业承包二级、消防设施工程专业承包二级、建筑幕墙工程专业承包二级以及钢结构工程、园林古建筑工程专业承包三级资质的综合性施工企业。

（8）公司坚持以人为本的经营理念，关爱员工，赢得了员工较高的满意度和忠诚度。公司在扩展业务经营和各项管理工作时，始终不忘员工对公司发展做出的贡献。"以人为本，关爱职工"不是停留在口头上，而是落到实处。从 2013 年起，公司分批对项目经理及项目部管理人员办理基本养老、基本医疗、工伤、失业等各项保险。公司技术管理人员的工资收入也有所提高。

（9）公司高度重视公益支持事业，赢得了良好的社会知名度和美誉度。公司的发展离不开社会的支持，公司发展之后，反哺社会就成了公司的自觉行为。2006 年，松阳县政府倡导建立松阳县慈善总会，公司捐赠了 30 万元；2007 年，教师节前夕，当公司得知樟溪小学新教学楼刚刚竣工，缺少必要的教学设施时，捐款 7 万元为 9 个教室配齐了黑板、课桌凳等教学设施;2008 年,汶川发生大地震,公司积极组织全体员工捐款支援灾区;2009 年,樟溪乡举办全乡老年农民运动会,公司董事长代表企业捐赠了全部奖品;2013 年,雅安发生大地震,公司积极组织全体员工捐款支援灾区;2014 年,为响应松阳县人民政府整治水环境,保护母亲河,公司踊跃参与"五水共治"攻坚战,共捐款 120 万元,为恢复水生态环境,再现青山绿水,贡献力量。公司还与社区、武警、消防等建立了军民、警民互建关系,每年捐资改善武警、消防军营的工作生活条件。

（10）公司通过多年的努力,在行业内树立了良好的标杆形象,各项成绩喜人。多年来,先后获得了 40 多项省、市、县级"安全文明标化工地"称号。其中有 3 个项目还同时获得了浙江省"文明现场、和谐工地"竞赛"先进工地"称号。在此期间,市、县建设局在公司承建的项目施工现场举办了近 10 场质量安全观摩现场会。同时,公司在工程质量方面也取得了傲人的成绩:先后获得了 16 项优质工程奖,其中有两个项目在 2014 年同时获得了浙江省"钱江杯"优质工程奖,公司在 2009 年获得了"浙江省质量安全管理先进企业"称号,在 2014 年公司还获得了建筑行业的第一个"松阳县政府质量奖"。公司在质量管理创新方面也有所进步:2013 年至今,公司的项目部质量管理小组获得了全国工程建设优秀质量管理小组二等奖、"浙江省工程建设优秀管理小组"称号和多项市级优秀质量管理小组活动一、二、三等奖等荣誉,还获得了 4 项国家实用新型专利。公司在 2009 年获得"浙江省质量安全管理先进企业"称号,并连续多年被授予"丽水市建筑业优秀企业"和"松阳县施工安全生产管理优秀企业"称号。企业诚信品牌建设继续保持良好口碑,是浙江省诚信民营企业、建筑业诚信企业、纳税 AAA 级信用企业和守合同、重信用企业。

（11）改进设备,升级硬件,注重细节管理。在工程中引进了数字化管理新模式,即在现场安装实时视频监控系统、实行上下班实名制刷卡考勤制度、开通宽带网络并配备电脑、打印、复印一体机等。通过在施工现场重点监管区域安装视频监控系统,能实时、有效地对重点作业区域的施工动态和重大危险源进行监控管理,项目管理人员在项目部办公室也能全面地监控施工现场的作业动态场景,及时发现施工现场的安全隐患和违章行为,及时消除安全隐患,有效预防事故的发生。上下班的实名制刷卡考勤,使项目部的用工更加规范化和制度化,更利于管理员工工资、解决劳动纠纷等问题。还开通了宽带网络,并配置了电脑、打印、复印一体机等,使公司和项目部之间保持快捷的联络通信,更方便、更及时地落实、传达上级的相关文件和会议精神,并能通过互联网搜寻更多的土建知识,快捷地获取技术文献等资源。这些措施都大大提高了公司的安全管理水平,为确保工程的安全提供了强有力的保障。

（12）完善安全文明施工管理制度,实施安全生产目标管理。按行业主管部门的相关规定,结合公司、项目的实际情况,确定创建安全文明标准化工地的管理目标,不断完善安全文明标准化管理制度,明确各级安全文明生产责任制,以项目负责人为现场安全第一责任人,做到制度严明、职责明确。公司成立标准化管理领导小组,对安全文明生产责任制落实情况进行考核,企业和项目部同步实行员工安全文明施工与经济效益挂钩的管理办法,定期公开考核结果和奖罚情况,并同时在企业和施工现场张榜公布,从而使责、权、利一致,保证安全文明标准化管理工作得到有效落实。

（13）创办民工学校、强化安全教育培训,提高安全意识。为了更好地对施工人员进行定期的安全教育培训,公司要求每个创标工程必须在施工现场设立民工学校,并利用业余时间对全体施工人员进行安全教育培训。对新进场的施工人员均要求在上岗前先接受三级安全教育培训,合格后方可发放实名制考勤卡和岗位工作卡,做到人人持卡上岗,并为每一名施工人员建立安全教育培训档案。在安全员巡查过程中,不断对施工作业人员进行人性化教育。通过培训教育活动的开展,有效地提高了全体施工人员的自我安全保护意识。

（14）加强质量管理方面,成效显著。"安全源于质量,质量源于精细。"公司一直把质量标准化工作当成"生命工程"来抓。在工程质量上,坚持一把手抓到底、一把尺子量到底,不断完善工程质量管理制度,加大工程质量奖罚力度。公司还要求各项目部专门成立质量标准化管理小组,专职负责工程质量管理工作。项目经理每月组织召开一次工程质量会议.对质量标准化工作逐项评议,随时掌控质量标准化工作的进程。同时,严抓过程管理,对每一道工序都严格要求,并要求项目部各班组结合实际实施质量标准化自检、互检、专人检查等工作,通过班后、班前"两评估"和班中、班后"两验收",实现监督检查常态化、工程质量动态化,做到以工序质量促工程质量,由以往的管结果转变为管过程。

三、比较性和竞争性数据来源

公司积极参与建筑行业组织的活动。目前,获得标杆企业和竞争企业对比数据的渠道如表 4-15 所示。

表 4-15　标杆企业和竞争企业对比数据来源

数据	来源
国内同行业数据(标杆企业、竞争对手数据)	行业协会、行业活动
	国内杂志与网站(如:浙江省建设工程信息网站、《中国建筑业》、中国建筑网站、建筑时空网站、中国建筑协会网站)
	政府主管部门
	对竞争对手的跟踪、市场调查及日常收集

尽管信息获取渠道比较宽广、畅通,但由于受可比性数据具有获得性方面的制约,公司获取数据仍有较大的局限性。

四、战略挑战和优势

公司在当前和今后几年所面临的战略挑战集中于竞争地位的保持、可持续发展能力的增强和人力资源保障等三个方面,具体如表 4-16、表 4-17 所示。

表 4-16　公司面临的主要战略挑战

重要变化	面临的挑战	应对措施
关键业务	省内外建筑企业对公司业务形成冲击	加快"两翼"发展步伐,加快特级资质晋升工作,提高市场占有率
	房地产调控、金融政策收紧以及政府融资能力不足,降低了投资拉动作用	提高亿元以上项目数量,提高市场占有率
运营	建筑业企业生产模式、管理手段落后,成本较高,利润率较低	加快企业信息化建设,提高管理水平
人力资源	缺乏高级技术人才和管理人才,制约企业飞跃式发展	吸收高级技术人才和管理人才,稳定现有人员队伍,提高员工工资

表 4-17　公司的主要优势

类别	内容
内部优势	(1)重合同、守信用,提供优质服务,品牌美誉度高,在当地有强大的影响力。 (2)具有一定的自有资源。 (3)企业规模较大,与地方政府关系良好,市场开拓能力较强。 (4)流动资金充裕,资金调控能力强,满足工程建设需要。 (5)拥有一支经验丰富、执行力强、凝聚力高的管理团队。 (6)以房屋建筑总承包为主,市政公用工程总承包、装饰装修工程、钢结构工程等专业承包共同发展。

续 表

类别	内容
外部优势	(1)世界经济形势好转,中国经济持续稳定增长。 (2)国家和省"十二五"规划纲要的实施和"西部大开发"战略部署,为公司提供了良好的发展机遇。 (3)倡导科学发展观,建设健康、环保、节约、和谐的社会,为公司提升新理念、提高建筑产品质量提供了强大的驱动力。 (4)建筑行业法律法规日趋完善,为公司发展提供一个良好的环境。 (5)国家为保证"居者有其屋",加快保障性住房建设,给企业带来新的发展机遇。 (6)建筑项目交付方式不断创新,施工总承包、工程总承包、BOT(Build - Operate - Transfer,建设—经营—转让)模式及 BT 模式大量涌现。

第三节 绩效改进系统

一、改进的总体方法

公司以 GB/T 19580—2012《卓越绩效评价准则》、GB/Z 19579—2012《卓越绩效评价准则实施指南》、GB/T 28001—2011《职业健康安全管理体系要求》、GB/T 50430—2007《工程建设施工企业质量管理规范》、ISO 9001、ISO 14001 等为标准,逐步引进以全联动模式为核心的绩效评价体系,引入持续改进、追求卓越的绩效模式,如图 4-3 所示,评价、改进和提高整体绩效,并根据国内竞争环境的变化,抓住机遇,不断推进创新,实现公司的愿景。

二、组织学习与知识共享

公司十分重视建设学习型组织、知识型团队。公司致力于推动全价值链信息化,通过选择、收集、整理各类知识与信息进行知识积累,对知识进行分类管理,建立情报、体系和内部运营三部分组成的知识库,形成以知识库为中心的、多层次共享的知识管理系统,实现从高层领导到员工,以及供应商、顾客、合作伙伴等相关方的知识共享机制;构建文化平台,通过企业文化的构建,提炼组织精神;坚持不懈地开展专业技术培训、顾问讲座等全面提升人力资本和知识资本的活动,提高组织的学习和应变能力。公司的知识传递与分享系统如图 4-4 所示。

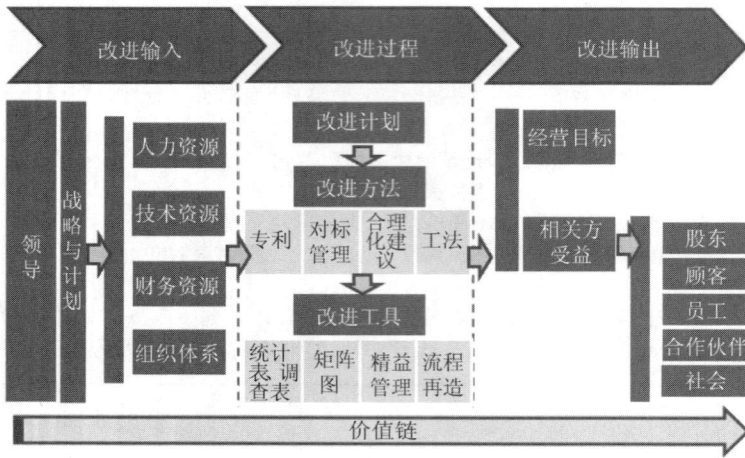

图 4-3　改进绩效模式

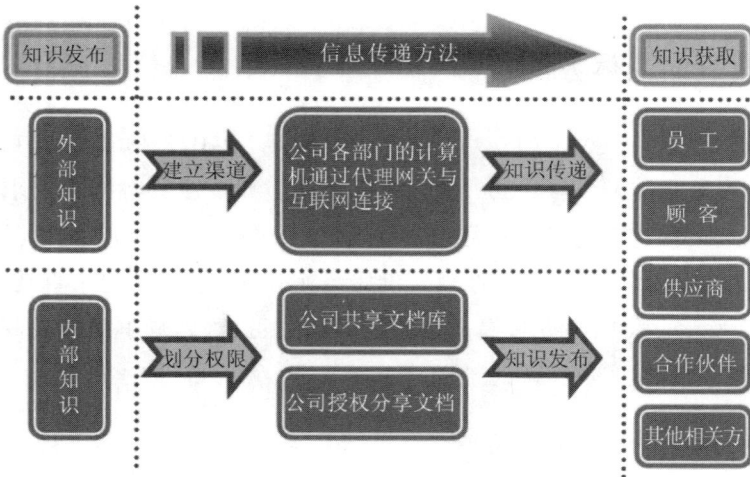

图 4-4　知识传递与分享系统

第四节 自评报告

本部分内容以浙江永辉建筑工程有限公司为例,深入分析卓越绩效模式在建筑行业中的应用情况及效果。本部分内容是根据 GB/T 19580—2012《卓越绩效评价准则》中的"4 评价要求"来编写的。

4 评价

4.1 领导

高层领导的引领和推动是公司持续成功的前提,组织治理是公司持续成功的保障,而履行社会责任是公司持续成功的必备条件。

4.1.1 高层领导的作用

公司通过由总经理、副总经理、人力资源部主任组成的管理委员会集体决策公司的价值观、发展方向、目标,保持对客户及其他相关方的关注,营造授权、主动参与、创新、快速反应和学习等方面的经营环境,完善公司的管理,主持评审公司的管理业绩,对公司管理业绩进行民主评议,并履行各方面的社会责任。

4.1.1.1 确定组织的使命、愿景和价值观

(1) 公司的发展阶段。

追溯公司的发展历史,公司大致经历了四个阶段,如表 4.1-1 所示。

① 初创阶段。公司前身是"松阳县永辉建筑工程有限公司"。公司成立初期,凭着朴实肯干和吃苦耐劳的优良传统,受到用工单位的一致好评,因此工程任务逐渐扩大,开始了资本积累的第一步。

② 形成阶段。2002 年,公司进行合并兼重组改制,成立新的股份制公司——浙江永辉建筑工程有限公司。经过五年的艰苦努力,公司已发展成为初具规模的建筑企业。

③ 发展阶段。在党的富民政策的指导下,为办好诚信企业,领导审时度势,果断地做出选择:想要发展,必须顺应时代潮流,以顽强拼搏的精神,从资本运营、人才招聘、技术力量上入手,把"质量是企业的生命"列为主题,提出"用户至上、诚信为本、质量第一、一丝不苟"的诚信准则。2012 年,公司取得国家房屋建筑施工总

承包一级资质。在业务扩大,技术不断提高的情况下,公司全体人员共同努力,资本积累增多。2013 年,公司增资扩股注册资本达 13268 万元。公司提出"每建必优"的企业建设方向,以"质量第一、信誉至上、精诚合作、追求卓越"为理念,在做好固定顾客的同时,拓展省外区域市场,发展客户。

④ 升华阶段。2014 年是公司发展历程中的一个历史性转折点,董事会通过对社会政治和经济环境进行分析,结合公司经济实力和人员状况,及时抓住公司发展的大好时机,决定在建筑领域的基础上,拓展经营领域,为公司的发展拓宽道路。具体内容如表 4.1-1 所示。

表 4.1-1　企业发展历程

发展阶段	发展情况	主要内容
初创阶段	朴实肯干,吃苦耐劳,迈出积累的第一步	质量第一,信誉至上
形成阶段	更名为"浙江永辉建筑工程有限公司"	团结、合作、超越、共赢
发展阶段	国家房屋建筑施工总承包一级资质;注册资金 13268 万元	打造百年企业
升华阶段	步入相关多元化的战略发展阶段	诚信经营为顾客,精心施工创一流,奉献社会出精品

(2) 公司文化的发展。

在公司规模由小到大,资本迅速增长的同时,逐步形成了公司独特的企业文化,它来源于企业管理和施工生产的实践经验,促进了公司的企业文化体系的形成。使命、愿景和价值观体现了公司未来的发展方向,也是企业文化的核心,为公司制定战略和战略目标提供了依据。

① 公司文化的三大识别系统。

● 理念识别系统(Mind Identity System,MIS),主要包括企业的愿景、使命、核心价值观。

● 行为识别系统(Behaviour Identity System,BIS),主要包括员工手册、廉洁自律制度。

● 视觉识别系统(Visual Identity System,VIS),主要包括视觉识别手册、企业标识、现场标准化图集。

② 公司文化的组织与运行。

公司本着"诚信经营、诚实做人,注重品牌、关注细节,财散人聚、凝聚团队,艰苦创业、勤俭节约,勇挑重担、敢于担当"的企业文化精髓,成立了企业文化领导小组,负责企业文化的研究与宣讲。在领导小组的领导下,以项目为中心开展企业文化建设工作。项目部既是企业文化建设的主阵地,也是企业文化建设的主力军和组织保障。

在企业文化建设管控模式上,公司实行主要领导"一肩挑"和行政人才"一岗双责制"。在施工层面,施工员兼任工会小组长,负责上传下达、组织动员、思想教育、情况汇报等企业文化建设工作,使企业文化真正在基层一线落地生根。

在企业文化建设保障方面:①坚持企业经营管理与企业文化建设"双报告、双布置、双考核"的运行机制。公司每年召开职工代表大会,进行年度工作报告和文化工作总结报告,即"双报告";既布置经营方面的工作,也布置企业文化建设工作,即"双布置";公司对所属部门、成员企业年度经营结果和企业文化建设执行同步考核,考核结果直接与领导层及全员绩效收入挂钩,即"双考核"。②建立保障机制,企业文化建设经费纳入年度预算,有计划地对企业文化建设软硬件进行投入,为企业文化建设提供必要的资金支持和物质支持。③完善绩效考核制度。把企业文化建设作为企业绩效考核的一项内容,与成员企业的经营绩效同步进行考评。④执行"一把手工程",是公司企业文化建设的领导保障。

4.1.1.2 畅通内外沟通渠道,与各相关方达成共识

为及时有效地传播企业文化和战略规划,形成积聚各方的强大合力,公司高层领导率先垂范,带头实践核心价值观,将企业文化理念融入生产经营、施工管理、工程项目、竣工服务以及企业的一言一行中。对内提高全体员工的企业文化认同度和综合素养,促进经营管理和业绩水平提升;对外提升公司和品牌知名度,塑造业内一流企业形象,建立比较完善的内外部双向沟通机制,达到了与各相关方谋求和谐发展、互惠共赢的良好效果。具体内容如表 4.1-2 所示。

表 4.1-2　企业文化和战略规划传播、沟通方式

沟通对象	沟通内容	沟通形式	频次	效果评价
员工	公司愿景、使命、价值观、精神和理念,战略规划,员工行为规范	员工意见箱、员工大会、文体活动、员工培训课、公告栏、邮件	经常或定期开展	员工满意度调查

续 表

沟通对象	沟通内容	沟通形式	频次	效果评价
顾客	公司愿景、使命、价值观和精神,市场观、服务观、质量观、施工生产经营理念,战略规划	客户座谈会、客户走访、高层互访、品牌文化共建等	经常或按年开展	顾客满意度调查
供方等相关方合作伙伴	公司愿景、使命、价值观和精神,效益观、伙伴观等理念,战略规划	聚会、电话、信函、商品交易会、走访、高层互访等	经常或按年开展	相关方评价
董事会	价值观、发展方向、施工生产经营状况、内外部环境的变化、发展目标与对策、投资者关注的其他问题	投资交流会、现场调研、高层领导演讲、座谈会、投资者热线电话、电子邮件、公司网站、公司宣传册等	随时或定期开展	董事会反馈意见
社会	公司愿景、使命、价值观、精神和理念,安全观、环保观、道德观、公益观和法律观,视觉识别系统、品牌识别系统	地市、省、国家级各类媒体	随时发布	社会反馈意见或新闻媒体反映

4.1.1.3　营造诚信守法的环境和有利于改进创新、快速反应的环境

(1) 遵纪守法,诚信经营。公司始终恪守"诚信为本,信誉至上"的经营理念,努力与社会各方构建诚信互利、平等共赢的合作伙伴关系,在取得良好的经济效益与社会效益的同时,创建了一个"诚于内、信于外""诚实守信、诚信兴业"的诚信企业形象。自觉遵守国家法律、法规,宣传贯彻国家、行业等适用的法律法规,确保员工懂法、用法、守法。

公司聘请法律顾问,对公司的生产经营过程进行指导。依法纳税,守合同、重信用,获得了"松阳县工商企业纳税大户"称号。

推进诚信经营,并影响相关方。公司把文化交流作为对外交流的重要内容,潜移默化地影响着合作伙伴。建立了供应方、分包方的评价制度,入选时要详细审查其资源、诚信记录,合作中要做诚信记录,并定期评价,对不诚信者予以警示和淘汰。

积极接受相关方评价,董事长、总经理等高中层领导多次被评为"浙江省工程建设优秀职业经理人""丽水市优秀企业经理"。企业屡次获得"浙江省建筑业诚信企业""浙江省工商企业信用 AAA 级守合同、重信用企业""丽水市建筑业优秀企业"等多项荣誉。

(2) 公司采用扁平化的组织结构,领导之间、职能部门组织结构之间进行充分的分权和授权。

①职能授权。公司通过部门职责和岗位说明书进行授权,包括财务授权、经营授权、人力资源授权、项目授权、质量安全授权。分权给各职能部门,保证公司的正常和有效运作。

②专业授权。专业授权包括采购授权、分包授权、招投标授权。采购授权是按照采购管理办法进行授权的,小宗材料采购由项目部自行决策,大宗材料采购须经公司工程部审核、分管经理批准。分包授权是通过签订分包合同进行授权的,由项目部制订分包计划,经公司审核通过后,通过招标的方式选择劳务公司并签订合同。招投标由总经理进行书面授权,经营部具体负责招投标工作。

(3) 激励员工,主动参与。公司着力完善民主参与、管理、决策和监督机制,坚持职工代表大会公开制度,积极推行自主管理和命运共同体,增强员工的归属感和责任感。制定并实施了《职工代表大会制度》,就施工生产及职工生活福利等方面广泛征求职工意见,并提交大会,经讨论形成决议后统一部署实施。每年定期或不定期地开展评优选先、知识竞赛、职业技能比赛、科技创新、合理化建议征集等活动,并及时进行评比表彰,给予相应的物质与精神奖励,充分调动员工参与管理、改进工作的积极性和主动性。

(4) 鼓励创新,创造价值。创新是公司发展的主旋律,近年来,公司通过制定《绩效考核制度》《QC 小组活动管理办法》《科技创新奖励实施办法》《企业工法、专利管理办法》,采取工程创优、组建 QC 小组、信息化建设、业务流程再造等措施推行技术和管理创新机制,提升创新成效。建立快速反应机制,提前介入,缩短工程开工准备时间,提高工程质量,满足顾客要求。公司积极推广和应用建筑业十项新技术,并结合工程自身的实际情况,总结改进施工方法,形成自己的有效、专有、实用的技术,取得了实效,使企业的工程质量、施工能力在竞争中处于有利地位。具体内容表 4.1-3 所示。

表 4.1-3　建筑业十项新技术应用情况

工程名称	十项新技术应用
松阳县文化中心二期工程	六大项目、七小项目
松阳县城南农民新村保障用房 A 地块 2 号楼工程	八大项目、九小项目
松阳县城北保障用房 4 号、5 号及 6 号楼工程	四大项目、五小项目

（5）快速反应，确保市场份额。公司在快速反应方面主要从市场、安全、服务等方面进行具体的细分，并采取了相应的措施，建立的快速反应机制如表 4.1-4 所示。

表 4.1-4　快速反应机制

分类		内容
组织保障		建立对市场、施工、生产经营、技术质量、安全系统的快速反应机制、顾客服务体系
具体措施	市场方面	成立战略委员会，适时根据国家宏观调控政策对市场进行快速调整
	生产经营方面	由项目部负责生产调度，在项目生产经营工作中及时、快速处理和解决生产经营问题
	技术质量方面	成立技术中心，制定完整的质量管控制度和评优制度
	安全方面	成立安全生产管理领导小组，制订应急预案，及时、快速处理和解决安全生产问题
	服务方面	成立投诉服务处理小组，急事急办，特事代办，快速响应顾客与市场需求
	信息化系统	引进信息化管理系统，做到只要有网络，不受时间、地域的限制，随时随地均可办公

（6）创建学习型组织，营造全员学习氛围。公司高层领导历来重视人才的教育培养，提出了"人人是才，因你而精彩"的企业人才观，创造各种机会，提供各种条件，培养、造就、重用人才，打造学习型组织，以每个员工的成才和发展来促进企业的成功与发展。

在管理层面，公司积极营造学习氛围，制定了员工学习鼓励政策；组织人才素质提升的培训,每年定期开展理论培训和专业知识培训等活动,提高管理层人员的知识素养和水平,培育全面发展型的人才。

在员工操作层面,严格执行新员工岗前培训制,对新进员工进行安全教育和技术培训,每年定期或不定期举办岗位技能比赛,采取标准理论培训和现场指导相结合的方式,确保每位员工对于各自岗位和领域知识的及时掌握和更新,并形成"比、学、赶、帮、超"的良好氛围,为一线员工提供理论学习和提升的空间。学习型组织活动如表 4.1-5 所示。

表 4.1-5 学习型组织活动

组织形式	组织活动时间
管理层不定期地参加住建部、住建厅、中国建筑业协会组织的政策、法律法规及业务培训	按住建部、中国建筑业协会会议安排
经理、总裁研修班,现代企业管理方法培训,国际项目经理资质认证培训	按培训计划
领导力、执行力、管理力、职业素养能力培训	按培训计划
总工程师、工程师定期专题技术讲座,技术研讨会	按培训计划
新政策、新规范、新技术、新定额培训	按主管部门文件
执业证书、注册类证书考前培训及继续教育培训	按主管部门培训计划
内部在职培训,外部聘请培训人员	按年度计划
施工技术管理人员参加再教育	按年度计划
建筑施工五大岗位、特殊工种作业人员岗位培训	按年度计划
职工技能比赛	每两年一次
新进员工岗前培训	员工进场前
外出考察学习	3月初,11月底

除了以上培训,公司还通过外派员工、委托培养等方式对员工进行培养,同时鼓励员工自学并给予一定奖励,如专业知识学习、学历进修、函授、考取资格证书等,报销顺利获取学历、资格证书员工的所有费用。

4.1.1.4 质量安全方面职责

公司为落实质量安全管理责任,成立了质量安全管理小组,制定了质量安全生产责任制度,明确质量安全部门的岗位职责,并成立跨职能的安全生产管理领导小组,由公司总经理担任安全生产管理领导小组组长。公司董事会与公司总经理签订质量安全责任状,公司与项目部签订质量安全责任状。总经理是公司质量安全第一责任人,项目经理是项目工程质量安全第一责任人,项目部成立以项目经理为组长,项目工程师、施工员、专职质检员、专职安全员参加,监理单位参与的质量安全检查领导小组,进行定期的质量安全隐患排查治理。

4.1.1.5 推进品牌建设,提高产品质量和服务水平

公司遵循"质量第一、信誉至上、精诚合作、追求卓越"的经营方针制定了系统化的精品工程规划,明确品牌建设的关键过程。沿着"创精品、树形象、赢市场"的品牌发展之路,推进建筑业十项新技术的应用,不断进行科技创新。强化标准化施工和绿色施工,促进企业文化进步,推进品牌建设。

(1) 创建精品工程。以鲁班奖的高标准要求,制订创优策划书;获得浙江省建设工程质量最高奖——"钱江杯"优质工程奖、国家级质量奖——国家优质工程奖、国家建设工程质量最高奖——鲁班奖,打造国家"绿色施工示范工程"。

(2) 积极推广建筑业十项新技术进行科技创新。积极推广建筑业十项新技术,在新技术推广应用和引进消化吸收的基础上,结合工程特点积极开展技术创新和科技攻关活动。创建"新技术应用示范工程",总结开发省级、国家级工法及专利,提高公司的科技含量。

(3) 强化标准化、绿色施工促进企业文化进步。通过应用新技术成果形成工法和成套技术,纳入企业技术标准,公司施工项目严格按照《施工工艺标准》的要求,开展标准化施工。创建适合南方多雨气候的领先部品体系。按《绿色施工评价标准》,倡导绿色施工。

(4) 秉承公司优良传统,以企业优秀的文化底蕴做支撑。在品牌建设中,公司重视品牌资源的集成和文化影响力的集聚。公司已于 2014 年编制了 CI(Corporate Identity,组织识别)标准图册——《建筑施工现场安全文明施工标准图集》,在施工现场全面导入 CI 形象策划,并把 CI 覆盖到生产管理全过程,并不断优化和完善企业行为规范,向社会公众展示企业独特的文化理念。

4.1.2 组织治理

4.1.2.1 组织治理需考虑的关键因素

1) 管理层的责任

只有工作职责明确,才能强化责任意识。公司建立了完善的管理体系,董事会是最高决策机构,决定公司一切重要决策,高层领导由董事会任命。

总经理依照公司章程和董事会会议处理公司重大问题,负责检查和督办决议的执行情况。公司实行总经理负责制,副总经理和项目经理向总经理负责,副总经理按职责分管对应的职能部门,形成各权利相关方之间的管理格局,符合《公司法》及企业管理章程。公司除有严格的制度外,主动接受各级、各界的监督,公司得以迅速发展。

2）经营责任

公司高层领导接受董事会任命,实行总经理负责制,聘用合同中明确经营责任,每年签订目标责任状,每年进行考核,企业经营绩效与高层领导薪酬挂钩,每年举行一次中层领导对公司高层领导的民意测评,分别对管理层的经营、创新、廉洁、协作等四个方面进行无记名表决。

3）法律和道德责任

公司股东会审议通过的公司章程中对高层领导的法律、道德责任制做了明确规定。公司确定由工会组织对管理层进行民主监督,保持合法经营,依法纳税,诚信为本,履行法律和道德责任。

4）财务方面的责任

公司严格按照国家颁发的《中华人民共和国会计法》《企业会计准则》《企业财务通则》以及相关法律法规的要求,建立健全各项财务规章制度,包括资产管理、资金管理、开具发票管理、成本核算管理、固定资产管理、周转材料管理、年终资产清查盘点工作管理等,强化内控制度,按季度组织编报财务报表。各项费用支出严格按审批程序进行。依法实行会计互相监督,建立比较完善的会计核算机构与财务管理体系,规避财务管理的风险。

5）内外部审计的独立性

在内外部审计方面,公司成立审计室,配备了相关的审计人员,制定了《内部审计管理办法》,在总经理的领导下独立行使内部审计监督权。按照财务管理、财产管理的真实性、合法性、合规性,监督检查各项目部承包指标的完成情况,检查评价内控制度的落实情况及专项审计等工作,出具审计报告,并对提出的整改意见进行跟踪落实。

在外部审计方面,公司委托会计师事务所对公司财务收支和有关经营活动提供财务报表审计且出具无保留意见报告,所委托的事务所具备外部审计的独立条件。

6）经营管理的透明性及信息披露制度

经营管理是企业的精髓所在,为保证各相关方的利益,经营管理需要透明。为此,公司制定了经营管理制度、信息披露制度。披露制度包括披露的方法、原则及范围,通过信息披露,在保护股东最大利益的前提下,保护各相关方利益。信息披露的传递方式如表 4.1-6 所示。

表 4.1-6　信息披露的传递方式

范　围	投标阶段			施工阶段				竣工阶段		财务信息	
	投标信息	中标信息	合同信息	安全信息	质量信息	进度信息	环境健康	回访	维修	产值	年终绩效
董事会			1 2 3	1 2 3	1 2 3	1 2 3	1 2 3			1 2 3	1 2 3
高层领导	1 2 3 8	1 2 3 5 8	1 2 3 8	1 2 3 5 8	1 2 3 8	1 2 3 8	1 2 3 8	1 2 3 8	1 2 3 8	1 2 3 8	1 2 3 8
职能部门	1 2 3	1 2 3	1 2 3	1 2 3	1 2 3	1 2 3	1 2 3	1 2 3	1 2 3	1 2 3	1 2 3 10
员工			1 2	1 2 3	1 2 3	1 2 3	1 2 3			1 2 3	1 2 3 10
供方				2 4	2 4	2 4	2 4				
顾客	2 4 5 10	2 4 5 10	2 4 5 10	2 4 5 10	2 4 5 10	2 4 5 10	2 4 5 10	2 4 5 6 10	2 4 5 6 10		
社会				2 4 7	2 4 7	2 4 7	2 4 7	2 4 7	2 4 7		2 4 7

信息披露传递方式:1. OA 系统　2. 公司网站　3. 报表　4. 公告　5. 电话通知　6. 传真　7. 媒体　8. 短信平台　9. 通报　10. 书面通知

7）股东及其他相关方利益的保护

公司在追求企业发展的同时，十分注重对股东、顾客、合作伙伴、员工和社会等各方的利益保护。因此，取得了社会和顾客的回报，产值逐年增加，利润也随之增加。股东及相关方利益保护内容如表 4.1-7 所示。

表 4.1-7　股东及相关方利益保护

相关方	利益保护内容
股东	股东是公司存在的基础，近三年，公司平均资产保值率达到 124％，利润逐年递增，结果表明，股东最直接的利益得到了保障
顾客	通过对十项新技术的应用，严把材料质量关、工序到位关，提高了优良率，持续创造精品工程，战略伙伴相继扩大
合作伙伴	对主要合作伙伴实行技术、资金和人力支持，实现合作共赢
员工	重视维护员工的合法权益，建立职工代表大会制度，凡涉及员工切身利益的方案议案都必须通过职工代表大会讨论，严格执行《中华人民共和国劳动法》，公开员工的绩效薪酬分配结果
社会	公司坚持按标准化工地施工，奉行绿色施工，做好环境保护工作，减少对周围环境的影响。编制了《安全文明标准化图集》。近几年来，未发生重大安全事故，工伤率控制在 2‰ 以内

4.1.2.2　对高层领导的绩效管理

卓越绩效评价准则要求对公司的高层领导开展绩效评价，并且高层领导和治理机构要运用这些绩效评价结果改进个人、领导体系和提高治理机构的有效性。

为了对高层领导的绩效进行评价，公司建立了董事会、员工、顾客三个方面的绩效评价体系，如表 4.1-8 所示，公司高层重视对领导团队的评价，及时改进高层领导体系工作。

表 4.1-8　高层领导绩效评价

评价层次	评价形式	评价方法	评价指标	评价结果	识别薄弱环节	改进机会
董事会	年终业绩考核、年度项目责任状	定量评价	高管绩效指标、责任状指标	按考评结果计发绩效工资，是否续聘	绩效完成情况	根据经营绩效和需要，对高层领导的分工和职责进行调整

续　表

评价层次	评价形式	评价方法	评价指标	评价结果	识别薄弱环节	改进机会
员工	民主评议	定性评价	述职报告，德、能、勤、绩	优秀、称职、不称职	个人分管业务存在的问题	根据员工评议，高层领导对存在的问题提出改进措施，员工代表评议审定
顾客	第三方调查	与同行对比	顾客满意率调查	调查报告	公司业务存在的问题	根据调查报告，高层领导对客户进行座谈走访，落实改进建议

4.1.3　社会责任

企业在致力于自身发展的同时，还要积极主动地履行社会责任，以更具社会责任感的组织行为增强其竞争优势，致力于成为卓越的企业公民。

4.1.3.1　公共责任

公司一向以服务社会，回报社会，遵守国家法律法规，打造绿色施工示范工程为社会公共责任。公司始终把教育事业、慈善事业作为支持的重点。

1）履行公司运营和服务过程的责任

高层领导始终把质量安全、环境保护、节能降耗、资源综合利用等作为最基本的责任。公司确定安全生产、环境保护、能源资源利用、公共卫生及职业健康等四个方面的相关影响指标、风险识别。根据国家行业标准，确立内控指标、测量方法、控制过程及方法，具体内容如表 4.1-9 所示。

2）积极预防、消除隐患

公司通过市场调研、数据分析、政府访谈及顾客满意度调查等得出，目前公众关注的主要是环保、节能。其中环保越来越受到公众的关注。公司采取的主要措施是大力推行绿色施工。公众隐忧产生原因及措施如表 4.1-10 所示。

表 4.1-9 公共责任控制

表 4.1-10　公众隐忧产生原因及措施

公众隐忧类别	产生原因	应对措施
环境污染	噪声、固体排放物、水污染	制定文件进行控制； 按环境管理体系标准管理； 进行环境影响评价； 分类封闭运输到指定的倾倒场所
能源消耗	电、水等	构建企业三级节能管理体系； 推广利用节能新技术、新材料、新设备、新工艺
资源综合利用	增加生产成本，浪费能源	有效控制能源消耗，响应节能、节水、节电的方针
安全生产	人员伤亡，财产损失，影响社会稳定	按职业健康安全管理体系管理； 签订安全管理责任状； 制定安全生产检查制度； 完善企业应急预案； 实施三级安全教育； 严格执行《建筑施工安全检查标准》(JGJ 59—2011)
公共卫生及职业健康	食物中毒、传染病、职业病	对公共卫生工作坚持"以防为主、防治结合"的方针，实行分工管理，综合治理，减少员工及社会的担忧

3）满足法律法规要求及相关风险的关键过程及指标

公司根据法律法规和强制标准的要求，确定关键过程和关键指标，具体内容如表 4.1-11 所示。

表 4.1-11　满足法律法规要求的关键过程及关键指标

法律法规要求	关键过程	关键指标
质量	满足合同要求，定期回访保修，结构终生保修，防水 5 年，其他两年	合同履约率 100%
安全	死亡、重伤、火灾、轻伤控制	死亡率为零；重伤、重大事故为零；轻伤率≤2‰
环保	环境污染排放控制	环境污染排放达标

公司在产品、施工方面的关键过程及关键指标如表 4.1-12 所示。

· 108 ·

表 4.1-12　产品、施工方面的关键过程及关键指标

要求	关键过程	关键指标		
		2012 年	2013 年	2014 年
产品	优质工程/%	5	8	10
施工	合格工程/%	100	100	100

4.1.3.2　道德行为

随着公司业务和规模的扩大,公司编制了员工手册,监督公司在管理、施工建设过程中对顾客、合作伙伴、员工落实诚信、遵守道德的情况,并针对不规范处提出合理化建议。2005 年,公司荣获"浙江省建筑业诚信企业"称号,并每年都获得信用评价优良企业的荣誉。公司自成立以来从没有发生过拖欠员工工资现象。公司以诚信赢得了相关方的认可。

公司根据内外部职能的不同,制定了基于内部和外部不同职能的相关方道德监测体系,如表 4.1-13 所示。

表 4.1-13　相关方道德行为监测体系

监测对象	监测过程	监测部门	测评方法	测评结果
员工	工作行为	人力资源部	效能测评	重大经营活动无违规违纪现象,员工履约率达 100%
		工会	监督	
公司合作伙伴	履行合同情况	项目部	合同	全面履行合同
顾客	履行合同情况	经营部	合同	
公司外部	施工生产经营活动的规范性	税务部门	税务检查及评价	依法纳税
		银行	银行信用评价	AAA 级
		审计部门	内外部审计	审计报告真实
		建筑主管部门、安全监督局	诉讼、举报、行政主管部门监管	近三年无违法违纪记录

4.1.3.3　公益支持

公司历来重视企业文化建设,管理层在长期的经营实践中认识到,创造利润固然重要,但责任比利润更重要。高层领导积极参与公益事业奉献爱心。多年来,公司积极投身社会公益事业,通过多种形式、多种渠道为公益事业贡献力量,赢得了

良好的口碑。公司在制订公司年度计划时列出公益事业专项投入金额,并随公司效益同步增长。

公司的发展离不开社会的支持,公司发展之后,反哺社会就成了自觉的行为。具体如下:

2006 年,公司向松阳县慈善总会捐款 30 万元;

2007 年,公司向松阳县樟溪小学捐款 7 万元;

2008 年,公司向四川汶川地震灾区捐款 20 万元;

2009 年,公司向松阳县樟溪乡农民运动会捐赠全部奖品;

2013 年,公司向四川雅安地震灾区捐款 5 万元;

2014 年,为恢复水生态环境,再现青山绿水,捐款 120 万元,积极参与"五水共治"攻坚战。

公司还与社区、武警、消防等建立关系,每年捐资改善武警、消防军营的工作生活条件。

4.2　战略

公司秉承"工程精品、品牌响亮、业绩一流"的宗旨,坚持"一年比一年大,一年比一年强,一年比一年优"的愿景目标,坚持"全力承建提交精品工程,不断创造企业和社会财富"的企业使命,坚持"务实创新、诚信经营、规范管理、安全发展"的核心价值观,积极谋划公司的战略。从而实现战略意识不断增强,经营管理模式及机制体系日趋成熟的既定目标,促进公司核心竞争力和综合实力的不断提升。

4.2.1　战略制定

公司战略规划编制领导小组统筹负责战略的制定、管理和调整等工作,办公室具体负责对公司内外信息的全面捕捉筛选和细致的调查研究。

4.2.1.1　战略制定过程

1) 规范、严谨的编制流程

在战略制定的过程中,编制人员采用了 SWOT 分析法、波特五力分析法等先进方法,对所有内容进程进行综合预测和科学分析,再在公司内部分层次征求意见,并邀请专家论证,最后经总经理办公会议讨论审议后确定,保证既定战略科学合理、有效可行。战略编制流程及战略管理的基本任务分别如图 4.2-1 和图 4.2-2 所示。

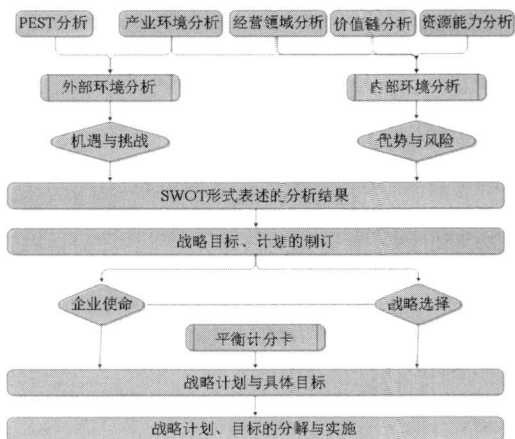

图 4.2-1 战略编制流程

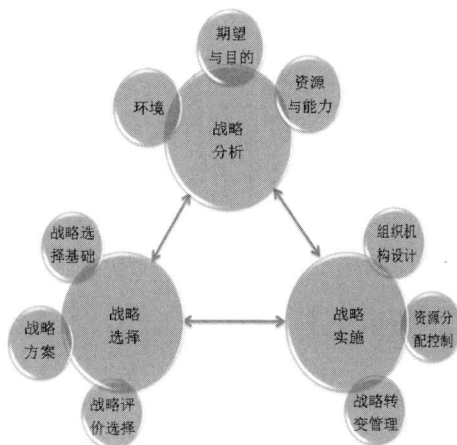

图 4.2-2 战略管理的基本任务

2) 战略规划编制领导小组的组成

公司战略规划编制领导小组中,总经理任组长,常务副总经理任副组长,公司副总及各职能部门的负责人任组员,小组邀请有关专家对战略编制、管理的全过程进行指导。战略主要制定过程及参与者如表 4.2-1 所示。

表 4.2-1 战略主要制定过程及参与者

主要制定过程	总经理办公会议	战略规划编制领导小组	办公室	各部门	特邀专家	员工代表
信息收集	—	L	M	C	C、P	C、P
战略分析	—	L	M	C	C、P	P
战略备选方案拟定	L	P	M	C	C、P	C
战略方案评审	L	?	M	P	C	C
战略方案确定	S	L	M	C	C	C
职责说明	S:审批;L:领导、决策;M:组织管理;P:参与活动;C:提供意见					

3) 科学收集和分析有关数据及信息

每年年末要完成各类关键数据及信息的收集和整理,为 PEST 即[Politics(政治)、Economy(经济)、Society(社会)、Technology(技术)]分析法、波特五力分析法、关键成功因素分析法及 SWOT 分析法等多种方法进行内外部环境系统分析提供数据、信息支持。

①数据及信息的收集、整理。

为确保战略策划信息的完整性和准确性,公司利用行业投资咨询分析报告、行业统计报表、专业报纸期刊、行业会议、互联网、走访、调查座谈会等多种途径收集信息,对相关信息进行科学整理、分析和筛选,将收集到的数据及信息按照外部信息和内部信息进行分类,具体如表 4.2-2 所示。

表 4.2-2 关键因素收集与分析法

信息类别	关键因素	内容	信息来源	分析方法	责任部门
外部信息	顾客和市场的需求、期望以及机会	区域市场占有率、顾客满意度	互联网、座谈调查会	波特五力分析法	各职能部门
	竞争环境及竞争能力	区域建筑产业规模、材料价格、管理经验、品牌知名度、垂直产业链	行业投资咨询分析报告、行业统计报表、互联网	SWOT 分析法、波特五力分析法	各职能部门
	企业潜在风险(经济、社会、道德、法律法规等)	经营、市场、安全管理、财务	专业报纸期刊、行业会议	PEST 分析法、波特五力分析法	各职能部门
	国内外经济形势变化	国家及区域宏观经济形势、产业政策、银行信贷、通货膨胀率、汇率	互联网、专业报纸期刊	PEST 分析法、关键成功因素分析法	办公室、财务部
内部信息	影响产品、服务及运营方式的重要创新或变化	决策层影响力、BOT 或 BT 经营模式、业务范围、区域范围	互联网、专业报纸期刊、市场调研	SWOT 分析法、波特五力分析法	各职能部门

信息类别	关键因素	内容	信息来源	分析方法	责任部门
内部信息	资源方面的优势和劣势	人力资源、融资渠道、大宗原料供应商垂直产业链、企业自有资源、办公自动化设备资源	互联网、专业报纸期刊、行业会议	SWOT 分析法、关键成功因素分析法	各职能部门
	调整资源配置，提高竞争力	产品市场占有率、用户满意度、员工接受再教育机会	调查座谈会	SWOT 分析法、波特五力分析法	各职能部门
	组织特有的影响因素（包括品牌、合作伙伴和供应链等）	品牌影响力、合作伙伴商业信誉、供应商履约能力	调查座谈会	关键成功因素分析法	经营部、质安部、技术部
	可持续发展要求及相关因素	国家的地方发展规划、"十二五"期间及今后的市政建设、基础设施投入等	互联网、专业报纸期刊、行业会议	关键成功因素分析法、SWOT 分析法、PEST 分析法	办公室
	战略执行能力	绩效考评	调查座谈会	SWOT 分析法	办公室、人力资源部

②数据分析。

● PEST 分析法。

公司战略规划编制领导小组对已收集的有用信息运用 PEST 分析方法对影响公司战略的关键因素——政治、经济、社会、技术进行分析研究，如图 4.2-3 所示。

● 波特五力分析法。

利用波特五力分析法将大量不同的因素汇集在一个简便的模型中，以此分析公司的基本竞争态势，如图 4.2-4 所示。波特五力模型中，竞争的主要来源为供应商、顾客的议价能力，潜在进入者的威胁，替代品的威胁，以及同行业公司间的竞争。

政治环境：
（1）国家、浙江省、丽水市政府扶持建筑业发展。
（2）建筑业法律法规不断完善。

经济环境：
（1）"十二五"期间及今后的建筑业依然为国民经济的重要产业，预计国家投资将保持平稳增长。
（2）"十二五"规划期间及今后的城镇化和基础设施建设不断完善。
（3）银行信贷政策不断出台。

PEST分析法

技术环境：
（1）行业准入门槛偏低，竞争激烈。
（2）信息产业化要求越来越高，对企业提出新的挑战。
（3）国家倡导绿色建筑，新技术含量越来越高。

社会环境：
（1）企业垫资和拖欠工程款数额逐渐增加。
（2）逐渐重视品牌价值，企业对安全管理及环境污染的社会责任感越来越强。
（3）BOT、BT模式不断涌现。

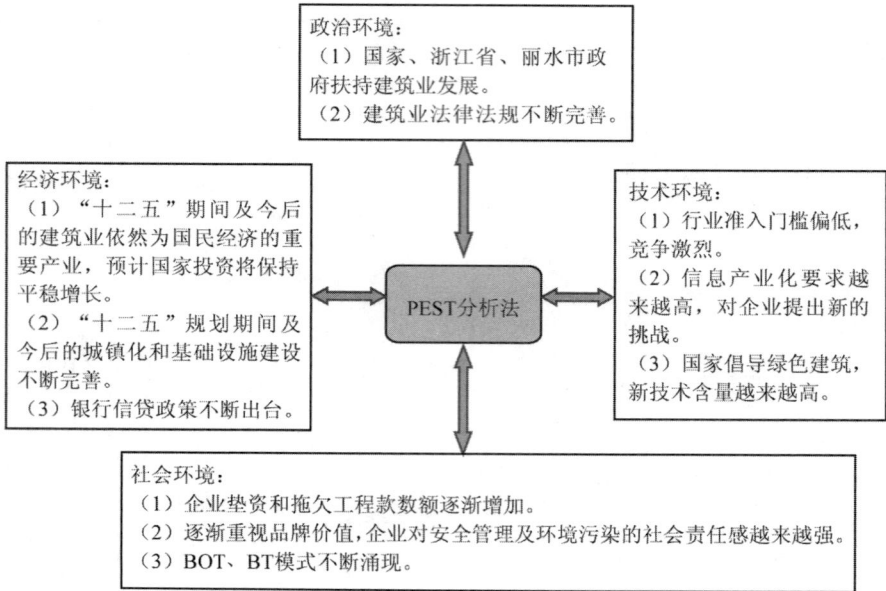

图 4.2-3　PEST 分析

	潜在进入者的威胁(强)：随着城镇化和基础设施建设的实施，省内外具备较强资金、技术和管理实力的建筑企业涌入市场，竞争更加激烈。	
供应商的议价能力(中等)：主要建筑材料供应市场为完全竞争市场，专业分包市场发展日趋规范化，但随着国内CPI指数的上涨，建筑施工成本压力加大。	加强成本控制，推进精细化管理。实施"走出去"战略，扩大业务经营，提升品牌影响力。	顾客的议价能力(强)：目前建筑市场为甲方市场，竞争非常激烈，在议价方面顾客具有绝对优势。
同行业公司间的竞争(强)：外进国企及大型民企在争夺高端市场中竞争能力较强，中低端市场被低成本的中小企业占据。	强化一级总承包能力，提升企业综合管理水平，提高核心竞争力。强化专业能力，积极探索新的经营模式。	替代品的威胁(中等)：随着国内建筑市场的不断成熟，BT等新型承包模式的出现对企业发展提出新的挑战。

图 4.2-4　波特五力分析

● 关键成功因素分析法。

根据所列入的众多关键因素,运用关键因素分析法从中选取决策层影响力、国家宏观经济政策、品牌影响力、自有资源、企业文化五项优势资源,作为影响成功的关键因素进行分析。

● SWOT 分析法。

在 SWOT 分析中,公司首先在优劣势方面进行了分析,主要是着眼于企业自身的实力及与竞争对手的比较;机会和威胁分析方面,将注意力放在了外部环境的变化及对企业可能产生的影响上。具体分析如下:

优势(Strength):

(1)在公司经营管理中,始终坚持"以质量求效益,以质量树品牌"的宗旨,始终高度重视品牌与诚信体系建设,为公司的健康发展确立质量诚信品牌。

(2)公司全面建立了质量、环境、职业健康安全三位一体的管理体系,并进行了有效的质量管理创新。

(3)"人才资源是第一资源、第一要素、第一推动力"的人才观及公司人才团队的素质和力量全面增强提升。

(4)公司是当地唯一一家国家房屋建筑工程施工总承包一级企业(注册资金13268 万元)。共拥有以下资质:国家房屋建筑工程施工总承包一级、市政公用工程施工总承包二级、建筑装饰装修工程专业承包二级、地基与基础工程专业承包二级、电子与智能化工程专业承包二级、消防设施工程专业承包二级、建筑幕墙工程专业承包二级以及钢结构工程、园林古建筑工程专业承包三级。多项专业承包共同发展。

(5)公司业务发展已从县内到县外、从省内到省外,涉及劳务、建材、物业等业务,经营领域不断拓宽,经济效益不断提升,核心竞争力日益增强。

劣势(Weakness):

(1)从市场的准入条件和自身的竞争实力来看,要进军一、二线城市和高端建筑市场的竞争力明显不足。

(2)在推广应用行业新技术,促进企业提高技术装备水平,提高工程承建技术,资本密集型业务能力,以建筑体系集成化和部件生产标准化、工厂化为重点,大力推进低碳建筑、职能化建筑,节能减排,绿色施工,信息化管理等方面,还有大量工作要做。

(3)劳动密集型向科技型转变,粗放经营管理向精细化管理转变,促使项目经营转型为集约经营,推动施工总承包向工程总承包和向现代建筑业服务业转变,任重道远。

(4) 公司组织机构和技术管理人员配置与现有的业务规模和发展趋势及现代建筑企业的技术管理不相适应,现有的专业管理人员的数量不足,层次普遍不高,尤其缺少中层骨干专业人才。

(5) 领导观念、机制体制、创新团队、经济实力和企业集约策划运营能力,在市场化程度提升的过程中和在经济规模效益质的提高中,亟待提高。

机会(Opportunity):

(1) 建筑业是国民经济的支柱产业,也是民生基础产业,产业关联度大,带动性强,市场空间大。

(2) 国家大力推进城镇化建设促进新型经济发展的大政方针已成定局,各级政府纷纷制定政策措施,强化推动新型城镇化建设及基础设施建设的积极行动已经显现。

(3) 国家对基础设施的投资增速不减,建筑业占 GDP 的比重将持续上升。

(4) 中国的经济建设导向正在从量的扩张转为质的提高,科技创新、生态文明、依法治理、常态发展正在对各行各业提出新的要求,建筑行业也一样,集约、低碳、绿色、智能、标准化、精细化、工业化、BT、BOT、BIM(Building Information Management,建筑信息管理)、"BIM＋互联网"等一系列新标准、新规范、新模式正在进入建筑业施工领域。

(5) 从长远来看,加快国强民富、民族复兴的步伐,离不开基本建设,而搞建设离不开建筑业。

(6) 从经济效益来看,相对房地产,建房虽不及卖房的利润丰厚,但空间广阔,没有"库存",风险较小,可以稳扎稳进,做大做强。

威胁(Threats):

(1) 建筑业至今仍采用以政府管理为主、以市场机制调节为铺的模式,国有企业还是行业的绝对主流。

(2) 国有资本占据主导地位,很大程度上降低了市场竞争活力。

(3) 准入门槛和进入壁垒有增无减,行业垄断、地域壁垒一直未能破除,市场开拓承揽项目难度增加。

(4) 强手林立,竞争激烈。本地建筑企业弱肉强食,相互拼杀,外地企业对一些大型利好项目虎视眈眈。

（5）各地具有一定实力的建筑企业已纷纷"走出去"，利好市场正在被瓜分。

（6）政府投资资金不到位，企业项目资金并不保险，银行对建筑行业的信贷不断增设门槛，建筑企业自筹资金和其他资金的来源比例增加，工程项目承建资金风险加大。建筑企业作为弱势方，经常需要带资垫资，行业竞争激烈，建筑业本身资金一直紧张，"三角债"严重，而且名目繁多的各类"保证金"也让建筑企业不堪重负。随着国家对工程建设绿色低碳的要求越来越高，造成成本不断增加，整体利润利率低。

SO 战略：

充分利用品牌优势，提高市场份额。以房建总承包为主，积极发展提升各项专业承包资质，强化企业综合竞争力。加大科研、信息化建设投入力度，进一步提升科技含量。努力提高绿色施工覆盖率。凭借 10 多年的品牌影响力，开拓省内外市场，不断实现产值、利润双突破。凭借已有优势及实力，大力发展垫资小、回款快的项目。充分利用现有的管理基础、经营管理新模式，进一步提高技术管理团队水平；加强创新力度，加强外部环境的营造，在内外市场拼搏中实现稳健跨越。

WO 战略：

拓展区域范围，固本强基，拓展扩张，向市内外、省内外发展，寻找新的客户资源。抓住发展机遇，通过提高经营管理水平加大主营业务市场份额，拓宽业务渠道，提高企业竞争力。形成稳定的业务区域板块，培养、引进实用管用人才，提升创新能力。通过运用新型模式引入竞争机制，实现优化管理团队的目标。抓住国家推进新型城镇化和基础设施建设的良机，强化施工全过程中的控制、管理、协调工作，提高企业利润率。

ST 战略：

积极发展多元经营。横向拓宽产业领域，纵向拓展和延伸产业链。健全优化市政、地基与基础、装修装饰、土石方、钢结构、园林古建筑等资质结构。发展建筑材料、混凝土搅拌、机械设备租赁、仓储、维护中心等配套建设。积极探索 BT 和 BOT 经营模式和建筑工业化路子，拓展新的业务经营空间，并寻机向水利、电力、交通、铁路等基础设施领域，以及与建筑业联系较为密切的行业扩张，努力形成"主业突出，适度多元"的经营发展格局。

WT 战略：

居安思危，增强创业经营全程的忧患意识。保持清醒的头脑，冷静地看到日趋激烈的市场竞争和行业发展新要求带来的严峻挑战,精确地分析发展道路上的困难和风险。加快规范管理,开拓创新,稳健发展,认真应对竞争激烈的市场和行业发展的变化;苦练内功,更新观念,加大革新和经营力度,拓展巩固已有市场,开辟新市场。在增强企业竞争能力上狠下功夫,不断发现问题,不断改进工作,求取不断发展进步。奋起争先,破除墨守成规,跳出固有思路,迈出新路子,开创新局面。全面提升企业核心竞争力,做大、做强、做优,使企业实现跨越安全发展,永远立于不败之地。

结论:

战略规划编制领导小组和办公室综合各项信息,通过 SWOT 分析认为,公司应发挥自身优势,利用外部机会,以 SO 战略为主,WT、ST、WO 战略为辅。

4.2.1.2 战略、机遇和挑战

公司的战略如表 4.2-3 所示。

表 4.2-3 公司战略

战略分类	战略内容
总体战略	抓住机会,2015 年至 2017 年,以年均增长 25% 以上的速度强力快速发展。到 2018 年,年签订合同金额达到 15 亿元,实现年产值突破 10 亿元,实现利润 2000 万元,巩固扩展和新建外地分公司达到 3~5 个。初步形成外地成长型的业务区域板块。至 2020 年,继续以 25% 左右的速度保持快速增长,年签订合同金额达到 25 亿元,实现产值、利润双突破:年产值突破 20 亿元,年利润突破 4000 万元。外地分公司达到 8 个左右,并基本形成稳定的业务区域板块。2020 年后,以年增长 10%~15% 左右的速度,保持后劲,稳步推进,主业突出,适度多元,始终引领本地建筑业,确保龙头企业和全市前五强地位,争取名列全市行业前三强,建成本省区域性知名建筑企业
短期战略	规范管理迈开大步,经营业务扩张有力,创新活动有序开展,团队力量适应发展,企业文化初步彰显,企业的凝聚力、竞争力、生命力全面提升,经济效益增速明显,品牌效应充分展现。争创省级优质工程奖,建设市级技术中心,提高本地市场占有率,开拓省内外市场

公司依据建设与发展战略规划,立足于公司实际,依据国家相关政策及市场变化,编制形成了关键战略目标体系,如表 4.2-4 所示。

表 4.2-4 公司关键战略目标

指标类型	关键指标		2015 年（实际）	预测		
				2016 年	2018 年	2020 年
股东	年产值/亿元		5.3	6.0	10.0	20.0
	利润总额/万元		1200	1300	2000	4000
	流动资产周转率/(次·年⁻¹)		2.5	2.6	2.6	2.6
	资产保值增值率/%		1.5	1.6	1.7	1.8
	净资产收益率/%		4.8	5.0	5.5	6.0
	资产负债率/%		3.8	3.7	3.6	3.5
顾客与市场	5000 万元以上项目占比/%		4.0	4.5	4.6	4.8
	顾客满意度/%		79.4	82.0	86.0	90.0
	本县市场占有率/%		26.5	28.0	30.0	35.0
	本市市场占有率/%		2.5	2.8	3.0	3.5
运营管理	创优工程数量/个	国家级（鲁班奖、国家优质工程奖）	0	0	0	0
		省级（"钱江杯"等）	2	1	1	2
		地市级（"九龙杯"等）	2	2	3	3
	工法数/个	国家级	0	0	0	0
		省级	0	0	1	2
		地市级	0	1	2	3
	战略合作供方数量（专业分包、材料供应、劳务分包）/个		8	10	12	13
	专利数/个		4	1	2	3
	研发新技术（新产品）数/个		1	2	3	5
	绿色施工覆盖率/%		25	30	50	80
	信息化投入金额/万元		30	50	80	100
	合格率/%		100	100	100	100
	工程总承包数/个		70	70	75	80

续 表

指标类型	关键指标		2015 年（实际）	预测		
				2016 年	2018 年	2020 年
员工	核心人才比例/%		11	13	15	16
	职称	高级	12	13	15	18
		中级	61	65	70	75
		初级	477	500	550	580
	建造师	一级	15	16	18	20
		二级	61	65	70	75
	培训计划完成率/%		90	92	93	95
	人均培训时间/(时·人⁻¹)		24.0	25.0	26.0	27.0
	员工收入年增长率/%		10.0	10.0	10.0	10.0
	员工满意度/%		86	90	90	90
	全员生产劳动率/(万元·人⁻¹)		20.82	22.55	24.79	26.50
社会	纳税额/万元		2341	2600	2800	3000
	环境达标率/%		100	100	100	100
	安全指标	员工重伤率/%	0	0	0	0
		员工轻伤率/%	0.12	0.12	0.11	0.10
	公益支持/万元		120.0	80.0	100.0	150.0

国家经济建设进入常态化发展,建筑业市场持久,效益稳定,时机看好,竞争激烈,前景乐观,如表 4.2-5 所示。

表 4.2-5 经济形势及行业趋势变化分析

类别	变化
国内经济形势	中国的经济建设导向正在从量的扩张转为质的提高,科技创新、生态文明、依法治理、常态发展正在对各行各业提出新的要求
行业趋势	(1)国家大力推进城镇化建设促进新型经济发展的大政方针已成定局,各级政府纷纷制定政策措施,强化推动新型城镇化建设及基础设施建设的积极行动已经显现。

续　表

类别	变化
行业趋势	（2）集约、低碳、绿色、智能、标准化、精细化、工业化、BT、BOT、BIM、"BIM＋互联网"等一系列新标准、新规范、新模式正在进入建筑业施工领域。 （3）压力重重，难度增大。国家建筑业"十二五"发展规划，特别是浙江省建筑业发展"十二五"规划，在产业规模、人才队伍、技术进步、建筑节能、质量安全等方面都对建筑企业提出了更高的要求，提出要严格建筑市场准入制度。 （4）不少地方政府纷纷出台了工程项目招投标的"地方保护"政策，使市场开拓承揽项目难度增加。同时，国家正在进一步健全工程质量保证体系，强化工程质量标准化建设和市场行为监管，加大了工程质量安全事故的查处力度。 （5）在对建筑企业的施工、技术、管理要求提高，施工、管理难度大幅增加的同时，市场竞争将更加激烈，原材料、人工成本、施工管理成本都必然上升，加之行业间竞相压价、恶性让利，使得整体利润率低

公司自身优势明显，但在国家大的经济政策和行业趋势下，仍要面对一系列严峻挑战，如表 4.2-6 所示。

表 4.2-6　机遇和挑战

类别	时期	内容	关键战略目标	相关方
机遇	长期	（1）建筑业与全社会固定资产投资高度关联，固定资产投资是建筑业的发动机和转化器。随着国家经济建设的持续推进和新型城镇化建设的兴起，国家和各级地方政府固定资产的投资将保持较高水平，而作为固定资产投入最大受益者的建筑业应该还有较长的黄金期，利好因素必将为未来建筑业发展创造良好空间，深耕细作这一领域仍不失为明智选择，而且颇具价值。 （2）今后面临的市场竞争，将主要来自战略竞争、品牌竞争、项目精细化能力、创新团队、经济实力和企业集约策划运营能力。及早进入这轮竞争力建设，理清思路、明确目标、集聚人才、加快革新，在产业资源配置的调整中，在市场化程度提升的过程中和在经济规模效益质的提高中，早做准备、勇于开拓，将有巨大的收获和更多的机遇	到 2018 年，实现年产值突破 10 亿元，实现利润 2000 万元，初步形成外地成长型的业务区域板块。到 2020 年，实现产值、利润双突破，年产值突破 20 亿元，年利润突破 4000 万元，基本形成稳定的业务区域板块。主业突出，适度多元，始终引领本地建筑业，确保龙头企业和全市前五强地位，争取名列全市行业前三强，建成本省区域性知名建筑企业	股东、顾客、员工、供应商、社会

续　表

类别	时期	内容	关键战略目标	相关方
机遇	短期	(1) 发挥本土龙头企业优势,巩固提高本地建筑市场占有率,并坚定地实施"走出去"战略,加大外扩市场力度,稳健跨越发展。 (2) 建立适应发展、精干高效的管理体系和机制,强化人才团队建设,增强科技创新的能力和实力,全面提高企业管理水平,加速提质增效。 (3) 抓住松阳兴建浙西南铁路区域枢纽的机遇,盯紧与铁路建设相关的工程项目和松阳新型城镇化建设项目,争取承揽更多的业务	2018 年实现年产值 10 亿元,利润 2000 万元。到 2020 年实现年产值 20 亿元,利润 4000 万元	股东、员工、社会
挑战	长期	(1) 强手林立,竞争激烈,省内外建筑企业对公司业务形成冲击。 (2) 人才缺乏,团队欠强,急需引进高水平的技术和管理人才,否则会制约企业飞跃式发展。 (3) 风险加大,经营理念、管理手段滞后,成本较高,利润率较低	业务经营稳步推进,企业管理不断规范,业绩持续提升。各项创新、公司团队、企业文化全面建设,固本强基,稳定成型,外拓市场初步形成区域板块,主业突出、适度多元的格局大体实施到位,企业精神、宗旨理念、核心价值观深入人心,公司实力日益强大,做大、做强、做优的阶段性目标基本实现。核心竞争力和创新生命力持续不减,并进入常态发展	股东、顾客、员工、社会
	短期	外拓市场压力增大,困难增多,风险重重,本地市场竞争加剧,争取工程项目并不轻松	规范管理迈开大步,经营业务扩张有力。创新活动有序开展,团队力量适应发展,企业文化初步彰显,企业的凝聚力、竞争力、生命力全面提升,经济效益增速明显,品牌效应充分展现	股东、顾客、供应商

4.2.2 战略部署

为保证公司战略规划能够有效执行,公司以战略目标为指引,分年度对战略目标进行展开和部署,对资源、资金进行合理配置,对战略绩效进行科学预测,形成完整的战略关键指标体系,实现对战略实施的测量与评价,并不断改进。公司在进行战略部署时,以经济形势、行业趋势及政策环境为前提,以实现提质增效为根本,以市场及顾客需求为首要目标。

4.2.2.1 战略规划及绩效指标

根据公司总体战略和关键绩效指标,公司将战略分解为经营、管理、团队、创新和文化等五大规划。各分公司、部门的负责人负责组织落实规划和关键绩效指标,把经公司批准的实施细则和关键绩效指标作为绩效考核评价指标的组成部分。具体内容如表 4.2-7 所示。

表 4.2-7 五大战略规划及其对应的关键绩效指标

分类	战略规划摘要	关键绩效指标	责任部门
经营	立足松阳,巩固提高在本县建筑市场的占有率,夯实本地龙头企业基础,确立永辉品牌不可动摇的地位;着力实施"走出去"战略,以点带片,以片扩面,二年打基础、三年上规模、五年大发展,以质量和诚信赢得市场、扩展市场;横向拓宽产业领域,纵向拓展和延伸产业链,努力形成主业突出、适度多元的经营发展格局。 短期:强化市场开拓,扩大市场份额,快速"壮筋养骨",坚持"有所为,有所不为"量力而行原则,稳健扩张。 长期:细化经营发展规划,统筹策划,加强开发经营的计划性,建立强有力的经营班子,培育和形成"开疆辟地"的经营团队和扩质增效的主力军,并建设技术过硬的施工队伍,切实加强经营商务管理和经营外部环境的营造,全面提升企业核心竞争力,做大、做强、做优,跳出固有思路,迈出新路子,开创新局面	2016 年:本地市场占有率28.0%,本市市场占有率2.8%; 2018 年:本地市场占有率30.0%,本市市场占有率3.0%; 2020 年:本地市场占有率35.0%,本市市场占有率3.5%	开发经营部

续　表

分类	战略规划摘要	关键绩效指标	责任部门
管理	以绩效管理为标准，以宗旨理念为主线，以规章制度为经纬，以企业精神为动力，以项目策划为中心，以合约管理为依据，以质量保证为根本，以安全生产为生命，以技术过硬为追求，统筹运营，管理跟进，经营发展到什么规模，规范管理就强化到什么程度，全面提高管理水平和企业素质。 在工程技术管理上：从加强力量、提高水平、增加投入、添置装备和明确职责，精细管理三个方面增加力度。 在施工安全管理上：抓好制度化、全程化、可控化和标准化"四化"管理。 在工程质量管理上：坚持"质量第一、用户至上""以人的质量保证工程的质量""事前预控、过程监控、事后检控""以数据说话""以质量求效益，以诚信树品牌"的五大准则。 在项目成本管理上：强化成本控制意识，建立健全项目运作体制和机制；强化工程建设成本全程控制，强化成本核算和竣工结算。 在资金财务管理上：推行全面预算管理，提高财务管理素质和全方位展开管理。 在人力资源管理上：加强规划管理，加强模块管理，强化优化管理	工程质量合格率100%，优质率5%，业主满意率95%；施工安全尽力杜绝死亡事故，万一发生，妥善处理，消除不良影响；避免重伤事故，年重伤率不超过1‰；减少轻伤事故，年因工负伤率不超过2‰。 实现"四个零，五达标"。"四个零"：①重大火灾（爆炸）事故为零；②重大机械设备事故为零；③重大环境污染为零；④员工职业病发病率为零。"五达标"：①员工安全生产教育培训率为100%；②特种作业持证上岗率为100%；③事故隐患整改率为100%；④职业危害因素达标率为100%；⑤安全生产费用投入率为100%。质量安全精细标化管理，创优夺杯在本区域名列前茅	各职能部门及各分公司、项目经理部
团队	围绕经营发展总目标，基于现在，放眼未来，统筹策划，盘活各类人才，培养实用人才，引进专业人才，留住核心人才，以培养骨干业务人才为重点，以发挥核心专业人才为支撑点，优化配置、分类管理、明确职责、科学考核、落实报酬，营造有利于优秀人才集聚，有利于优秀人才脱颖而出，有利于优秀人才发挥作为的良好环境。按照"工欲善其事，必先利其器"的通则，团队建设走在扩大业务经营的前面，至少做到边经营业务，边建设团队。盘活各类人才，用好现有人才。采取得当措施，让有才能、想干事、会干事的人才有为、有位。应提供施展才华的平台，为人才创造机会。进行合理的配置，建立机会均等、奖罚分明的用人机制，一是从公司现有的人员中物色"苗子"、培育选拔；二是放开视野，广开门路、"筑巢引凤"，从每年毕业的大中专学生和具有实践经验的专业人才中招聘选用；三是从县内	建立健全适应现代建筑企业发展需要的，充满生机活力的人力管理体系和人才培养、引进、使用、激励机制，形成学历职称具备，专业结构合理，执业人才充足，综合素质优秀，能胜任各项经营管理和施工任务的人才团队。经营管理团队中的高级职称和一级建造师的拥有量增加20%，中级职称比例达到30%，本科及以上学历比例达到50%	人力资源部及各职能部门

分类	战略规划摘要	关键绩效指标	责任部门
团队	县外全社会招揽聘用,尽快地形成技术管理上能独当一面的中坚力量和精英团队。优化用人环境,从三个方面下功夫:一是加强搞好"传、帮、带";二是提高待遇,使他们的付出得到合理的报酬,营造良好的亲情环境;三是要建立健全激励机制,使个人职业打算与企业的发展融合在一起,使个人命运与公司兴衰紧贴在一起,休戚与共,同舟共济。 双管齐下,建设既强又优的高素质团队。一是团队全体对公司的核心价值观、使命感和共同目标都有高度的共识和认同度;二是团队领导观念新、思路清晰、战略意识、前瞻判断、经营决策能力强,并能以身作则,具有较强的统筹协调与感召激励他人的能力;三是团队成员具有奋发拼搏的团队精神,高素质团队竞争力的培育提升主要按领导力、执行力和亲和力三个"力"展开		
创新	更新创新观念,树立创新精神,搭建创新平台,建立创新机制,在学习吸纳创新先进知识和总结整合原有经营管理模式的基础上,把握时机和尺度。以理念创新,排除发展阻力;以制度创新,规范发展定力;以组织创新,增强发展动力;以经营创新,壮大发展实力;以管理创新,激发发展活力;以技术创新,提升发展能力。公司上到领导,下到员工,整个团队都要从"思、学、行"三个方面增强创新的意识。按照功能齐全、精干高效原则,创新组织构建,建立层级扁平化的管理组织架构和机制,形成与公司发展相匹配的动态管理模式和一主多元的管理体系。建立有序化运行的体制框架和内部运行机制,把公司各项活动纳入制度化管理轨道,使现代规范的内部运行机制适应自身发展和市场竞争的管理要求。制定简明扼要、切实管用的规章制度,使公司各经营管理要素得到有机组合,引导各项创新活动正确开展,达到激励约束相辅相成的功效。充分运用经济手段,加强经营管理,加速公司发展,把资金、成本、利润作为一条红线贯穿于经营活动的全过程。积极推进经营管理信息化技术的普及运用。通过有效的信息化控制管理,全面提升企业管理创新水平	3～5 年内,全公司形成创新氛围,决策层、管理层、操作层具有创新动力,富有创新活力,拥有创新实力,经济增长方式由粗放型转为集约型,经济规模效益实现量的扩张和质的提升,经营管理模式特色鲜明,品牌亮度社会认可,核心竞争力区域领先,可持续发展生命力强盛	公司各职能部门、分公司及项目经理部

续　表

分类	战略规划摘要	关键绩效指标	责任部门
文化	紧密围绕公司经营发展的战略总目标,立足于文化育人、文化优企,着眼于内强素质、外树形象,挖掘、扬弃、提炼和升华既有文化,创新、营造全新的永辉文化,以人本管理为重点,以打造竞争力为核心,有计划、分步骤,由浅入深、由表及里,系统运作,阶段性推进,三年起变化,五年大变样,整个公司生气勃勃,活力四射,呈现强劲的发展势头。在加快发展、诚信经营,树立永辉品牌的过程中,倡导树立核心价值观,重视培育、提炼,形成"自信自强、开拓奋斗、追求卓越"的永辉精神。公司领导要以身作则,率先示范并不断挖掘员工的资质和潜能,提高员工综合素质,提高员工的职业德行和自律能力,共筑"命运共同体",展现"公司有名气,员工有士气"的永辉风貌,为跨越式发展提供不竭动力。同时,培育员工践行永辉文化行为的积极性、自觉性和创造性。形成一个全员参与、相互交融的生动局面,有机地融汇到追求实现公司的愿景目标中。建设个性鲜明的安全文化,加快形成永辉文化模式。要把项目文化建设融入工地文明创建中,融入农民工队伍建设中,融入人才培养工作中。实现员工素质大提升,技术创新有本事,经营管理上等级,创优夺杯传喜讯,经济效益创业绩,永辉公司的知名度、信誉度和美誉度不断提高的品牌目标	争取五年内初步形成具有时代特征、个性突出、特色鲜明的永辉文化,通过持续不断地努力建设,进一步提高员工的整体素质,进一步提升经营管理水平,进一步营造内外氛围,进一步塑造公司品牌形象,进一步增强核心竞争力,进一步加快公司发展,进一步提高公司的经济效益和员工的待遇收入。到2020年,全面建成集精神文化、行为文化、安全文化、项目文化为一体的永辉企业文化体系。实现企业文化与企业管理融合协调,公司发展与员工发展和谐共振的崭新局面。为公司持续发展,做强、做大、做优提供有力的支撑和保证	办公室、各职能部门及各分公司、项目经理部

4.2.2.2　战略调整

在战略执行过程中,为保证既定战略与外部环境、内部条件及资源的匹配性,公司战略规划编制领导小组要及时对战略环境、战略实施情况进行评价,提出修编意见,并施行。战略调整内容如表4.2-8所示。

表 4.2-8　战略调整

调整类别	调整区间	调整时点	调整程序	调整部门
长期战略调整	10 年	2025 年	根据前五年的战略目标完成情况,对战略绩效进行评价,并分析得失; 针对分析结果,修编本期战略	战略规划编制领导小组

调整类别	调整区间	调整时点	调整程序	调整部门
中期战略调整	5 年	2020 年	对前期战略目标完成情况和绩效进行评价,提出是否进行本期战略修编的意见;组织修订团队,修订后报战略规划编制领导小组审议	战略规划编制领导小组
短期调整	3 年	2017 年	因环境、政策出现重大变化,召开专题会议,对战略进行调整	战略规划编制领导小组

4.2.2.3　绩效预测

公司采用回归分析、对比分析、专家预测等形式,对绩效进行预测。公司产值、利润在全县、全市排名前列。和本公司一样为民营企业,规模大、实力强,与本公司主营业务相似的中天建设集团有限公司,公司将其定为标杆企业。丽水中立建设工程有限公司、浙江中邦建设工程有限公司,因成立时间较长,与公司主营业务相似,并且在品牌影响、业务渠道等方面有一定竞争力,公司将这两家公司定为竞争对手。公司与竞争对手和标杆企业的对比如表 4.2-9 所示。

表 4.2-9　与竞争对手和标杆企业对比

对比内容	永辉	中天	中立	中邦
		标杆企业	竞争对手	
简介	创建于 2002 年,注册资金 1.3268 亿元,拥有员工 1200 人。其中工程技术和管理人员及各类岗位持证人员 550 多人;大专学历 260 人,本科及以上学历 96 人;一级建造师 15 人,二级建造师 61 人,高工 12 人	是一家以土木建筑、房产开发、化工新材料、投资为主要经营业务的大型企业。总产值及销售额超 400 亿元,列中国企业五百强,中国民营企业五十强	创建于 1997 年。工程技术和管理人员 530 人;各类专业技术人员 430 余人,其中一、二级建造师 40 人	创建于 2000 年,公司共有员工 800 余人,拥有三级及以上项目经理 59 人,其中一、二级建造师 26 人

续 表

对比内容	永辉	中天	中立	中邦
		标杆企业	竞争对手	
奖项、荣誉等	先后获得省级"钱江杯"、市级"九龙杯"优质工程奖，省、市、县级"安全文明标化工地"称号，国家、省、市级优秀质量管理小组一、二等奖，县政府质量奖等各类奖项50余项；被评为省、市、县三级守合同、重信用企业，全市纳税百强企业，市级建筑业优秀企业，安全生产管理优秀企业	是全国质量奖获奖企业，全国文明企业，全国守合同、重信用企业，中国优秀企业公民，中华慈善奖企业，首届省政府质量奖获奖企业	被评为丽水市先进建筑业企业、建筑业诚信企业、建筑业优秀企业、先进建筑业企业	被评为浙江省建筑业诚信企业、丽水市建筑业先进企业、建筑业诚信企业等
业务范围	松阳本县及丽水市、杭州市、江西省等地	在国内已经形成了以杭州、上海、北京、西安、武汉、广州、天津、成都、沈阳、呼和浩特、南宁、郑州等城市为主的12大区域市场，经营地域覆盖国内二十几个省、区、市，海外业务已拓展到非洲、南太平洋等地区，年竣工面积超1500万平方米	丽水市内外	松阳本县及丽水市
资质、产业链等竞争优势	公司现有2.24亿元总资产，1.6亿元净资产，是当地唯一一家国家房屋建筑工程施工总承包一级企业。共拥有以下资质：国家	着力打造建设产业链；中天装饰是建筑装饰百强，以建筑装饰设计与施工、幕墙设计与施工为主业；融智能消防、机电设备安	现有建筑施工总承包一级、市政公用工程总承包三级、地基与基础专业承包三级、钢结构工程专业承包三级、建筑智能化工程专	现有国家房屋建筑工程施工总承包二级、市政公用工程施工总承包三级等资质

对比内容	万寿	中天建设	中立	中邦
		标杆	竞争对手	
	房屋建筑工程施工总承包一级、市政公用工程施工总承包二级、建筑装饰装修工程专业承包二级、地基与基础工程专业承包二级、电子与智能化工程专业承包二级、消防设施工程专业承包二级、建筑幕墙工程专业承包二级以及钢结构工程、园林古建筑工程专业承包三级	泵、家具制作等为一体；具有公路工程施工总承包一级、市政公用工程总承包一级、隧道工程专业承包一级等多项一级资质；拥有行业先进的制造设备和检测设备，年生产能力超10万吨；具有城市轨道交通工程专业承包资质，拥有多台德国先进的海瑞克泥水盾构机等设备；中怡设计、天怡设计、中天设计三家甲级设计院能为客户提供各类工业与民用建筑设计、城区规划等优质服务	业承包三级、装饰装修工程专业承包三级、消防设施工程专业承包二级等资质	

4.3 顾客与市场

经营部负责建立和完善顾客关系，以赢得和维系顾客，提高顾客忠诚度，吸引潜在顾客，开拓新的商机，并采取适用的方法调查和测量顾客满意情况，提高顾客满意程度。

4.3.1 了解顾客与市场

本部分主要描述公司如何评价顾客和市场的需求、期望、偏好以及如何开拓新的市场。

4.3.1.1 识别顾客、顾客群和细分市场

建筑业是一个以服务为主特征的行业，在当前及未来的市场中，对建筑业的服务需求呈现金字塔形结构。依据市场发展战略、自身竞争优势和行业发展要求，公

司参照历年的经营结果和相关调查分析,按照在品牌打造、规模扩张、后续经营和创造效益等方面的影响程度,将工程重点确立为:巩固、拓展重点顾客,留住一般顾客,开发潜在顾客,关注间接顾客,并以维系顾客为导向,持续与顾客进行沟通合作,为顾客提供长期价值。根据行业的特点,通过对市场的综合研究分析,公司从多角度对行业市场和顾客进行解剖细分,并根据公司的战略及自身的竞争优势,确定目标顾客和市场。目前,公司的主要业务有房屋建筑、市政工程、地基基础、安装、装饰等,市场覆盖省内丽水、杭州(余杭区、拱墅区等),省外江西等。年施工能力超过 100 万平方米,今后将稳步扩大省外市场。

公司按照单一标准法,将市场分为大型公建、商业建筑及民用建筑等。公司今后的发展方向是巩固丽水本地市场,稳步拓展外部市场。主要业务方向从房产市场转变为以公建为主。为了提升公司的管理水平,公司将招聘专业的职业经理人,积极开拓新市场。

1)按地域细分市场

公司通过市场项目分布进行矩阵分析,锁定公司建筑目标及竞争领域。按地域细分市场如表 4.3-1 所示。

表 4.3-1　按地域细分市场

经济发展区域		杭州	丽水	江西
房屋建筑	大型公建	☆	☆	□
	商业建筑	☆	☆	☆
	民用建筑	☆	☆	☆
	工业建筑	☆	□	□
基础设施	市政工程	☆	□	□
专业工程	地基基础	☆	☆	☆
	装饰装修	☆	□	☆
	钢结构	☆	□	□
	园林绿化	☆	□	□
	建筑智能	□	□	☆
	机电安装	☆	□	□

注:☆表示项目数量较多;□表示项目数量一般。

通过地域细分方法,结合公司竞争能力的分析和市场前景的预测确定了丽水、杭州(拱墅区和余杭区)、江西(九江市和吉安市)三个市场。

2) 按业务板块细分市场

通过产品细分方法,结合公司经营战略,确定市政公建、商业建筑、民用建筑、专业工程为主要目标市场,兼顾市政工程市场等五大业务板块,按投资主体性质,确定顾客范围,如表 4.3-2 所示。

表 4.3-2　按业务板块细分市场

业务板块	顾客	投资主体
市政公建	政府投资单位或代表单位	政府投资主体
	强企及地产企业	知名企业
商业建筑	强企及地产企业	知名企业
民用建筑	政府投资单位、地产企业	知名企业
专业工程	政府投资单位、地产企业	政府投资主体、知名企业
市政工程	政府投资单位或公用设施投资企业	政府投资主体

公司对房地产企业顾客中的终端用户业主——间接顾客,也给予了不同程度的关注。

3) 按顾客的重要程度细分顾客群

结合顾客特点,公司从投资规模、创效能力、顾客关系建立等不同方面分析顾客群,将顾客群分为重要顾客、一般顾客、潜在顾客三个类别,如表 4.3-3 所示。

表 4.3-3　顾客群细分

业务板块	顾客类别	顾客	顾客特点
市政公建; 商业建筑; 民用建筑; 专业工程; 市政工程	重要顾客	政府机构; 政府投资单位或代表单位; 品牌地产企业	国家投资重点,总量大,利润可观,由公司牵头分层对接,寻求战略合作
	一般顾客	强企、地产企业	强企近期投资放缓,地产项目工程量大,创效能力弱,由公司领导对接,寻求合作
	潜在顾客	有重大投资计划需招投标的单位; 新进入市场的顾客; 竞争对手的重大顾客	由公司分层对接,寻求战略合作

通过对顾客群的细分,确定政府机构、政府投资单位或代表单位和品牌房地产企业,具备长期投资能力,且付款条件好,支付能力强的重要顾客为首选顾客群。努力与一般顾客建立长期合作伙伴关系,加强拓展新的市场,不断挖掘重要潜在顾客,针对不同类型的顾客提供不同的服务。尤其应通过巩固老顾客的信任度,形成良好的口碑,进一步吸引新客户,拓展新市场。

4.3.1.2 潜在顾客的细分和确定

公司为使相关的经营活动更具针对性,积极了解标杆企业、竞争对手的顾客信息,且每年专题研究潜在顾客,并高度关注主要竞争对手的重要顾客,如表 4.3-4 所示。

表 4.3-4 竞争对手的重要顾客

主要竞争对手	重要顾客
浙江中邦建设工程有限公司	政府机构; 事业单位; 企业
丽水中立建设工程有限公司	政府机构; 事业单位; 强企

公司在顾客和市场的细分过程中,深入分析竞争对手的顾客及其他潜在的顾客与市场,如表 4.3-5 所示。

表 4.3-5 潜在顾客及市场

业务板块	顾客类别	潜在市场
大型公建; 商业建筑; 民用建筑; 专业工程; 市政工程	有重大投资计划需招投标的单位	浙江其他县(市)、江西其他县(市)、江苏
	新进入市场的潜在顾客	安徽、广东、湖南、陕西、东北三省
	竞争对手的潜在顾客	江苏、西南、西北、广西

分析竞争对手和潜在的顾客和市场应考虑的因素包括:

1) 政府或业主信息

公司重视当前和以往顾客信息的应用。当前顾客信息包括经营部收集反馈的信息、领导走访市场得到的信息及参加展会、行业会议收集的政府、房地产企业或业主信息等,以往顾客信息包括顾客投诉、政府或业主满意度调查结果等。公司对获取的市场和顾客信息进行汇总分析,定期形成市场分析报告、顾客主满意度调查报告等,并传递给相关人员、部门,将其作为公司设计改进、工程改善、商务谈判和过程改进的决策参考依据。

2）顾客的期望和偏好

不同的顾客由于其自身和建设项目的性质和特点,对建筑产品的质量、工期、造价、工程款交付方式等方面的因素有不同的敏感度和不同的要求。公司根据顾客的不同性质对顾客群进行分类,将顾客对产品和服务的关注点分为多个主要关注要素,并将关注点对顾客购买决策的影响程度分为非常重要、比较重要、一般重要三个层次,从而使公司能有侧重、分层次地满足不同顾客差异化的需求。

4.3.1.3 了解顾客

不同顾客在需求、期望方面都具有不同的特点,公司通过各种渠道和方法来倾听和了解不同顾客的需求、期望及其关注要素。不同的顾客,其需求和期望的侧重点不一样,公司对不同顾客采取不同的倾听和了解方法,并采用不同政策(见表4.3-6),以减少顾客需求信息的波动对公司带来的影响,及时给经营、服务和过程管理及新业务开发提供指导,满足顾客的真正需求和期望。

表 4.3-6 对顾客的了解形式

了解形式	电话	高层拜访	部门拜访	定期座谈	网站	专题会	现场会	例会	过程协商
市内重要顾客	○	○	○		○	○	○	○	○
市内一般顾客	○				○	○	○	○	○
省内重要顾客	○	○			○	○	○	○	○
省内一般顾客	○		○		○	○	○	○	○
省外重要顾客	○		○		○	○	○	○	○
省外一般顾客	○		○		○	○	○	○	○
潜在顾客	○		○		○				
间接顾客	○				○				○

注：○ 表示对顾客的了解形式。

不同的顾客群对建筑产品的质量、工期、造价、工程款的交付方式和服务有着不同的敏感度和不同的要求。重要顾客、一般顾客和间接顾客对建筑产品和服务的关注点不同。公司根据不同的顾客群进行分类,将顾客对产品和服务的关注点分为九个关注要素,并将关注点对顾客购买决策的影响程度分为非常重要、比较重要、一般重要三个层次(见表 4.3-7),从而使公司能有侧重、分层次地满足不同顾客的差异化要求。

表 4.3-7　不同顾客对产品和服务关注点的差别

评价项目	重要顾客	一般顾客	间接顾客
企业信誉	※	※	☆
建筑质量	※	※	※
施工工期	☆	※	□
工程造价	☆	☆	□
工程款支付方式	☆	☆	□
安全、文明施工、环境	☆	☆	☆
以往业绩	□	☆	□
顾客投诉反馈	□	□	※
回访与维修服务	☆	□	※

注：※代表非常重要，☆代表比较重要，□代表一般重要。

通过市场调研了解自身的服务优势、劣势,从而扬长避短。对潜在顾客加强拜访、推介、交流。多方了解竞争对手,取长补短,增强自身市场竞争力。

4.3.1.4　顾客信息的应用

对获取的市场和顾客信息,公司进行汇总分析,形成市场分析报告、顾客满意度调查报告等,如图 4.3-1 所示。公司还将当前及以往来自顾客的各类信息作为施工、改进的重要依据,建立建筑一体化的动态管理模式,及时将顾客的声音传递给施工部门,并转化为产品技术语言,对建筑施工进行改进,使市场响应速度大大提高。在获取顾客的需求信息之后确定攻关项目,报批,成立项目小组,组织实施施工,更好地满足顾客的需求和期望。

同时,通过现场建筑团队与技术人员间的直接沟通,对顾客的反馈和投诉及时做出回应,不断改进产品,满足顾客需求。公司还使用当前及以往来自顾客的相关信息来强化顾客导向、满足顾客需要以及识别创新机会。

将当前和以往的顾客信息整合、分析,作为服务、经营和过程改进的重要依据,取得了很好的效果。信息研究发现,很多顾客把消防专业工程也纳入总包工程。公司的消防专业施工是薄弱项目。因此,公司从人力资源着手,外聘消防施工专家进行消防业务知识培训和技能培训,培养了一批消防施工人员,同时高薪聘用消防专业施工管理人员及技术人员,使公司的消防管理水平得到了提高,总承包范围也随之扩大,消防设施工程专业晋升为二级,从而提高了公司的竞争实力。公司正是这样从顾客需求信息入手,持续改进自我,努力做到"人无我有,人有我精",更好地服务顾客,不断提高顾客的满意度和忠诚度。

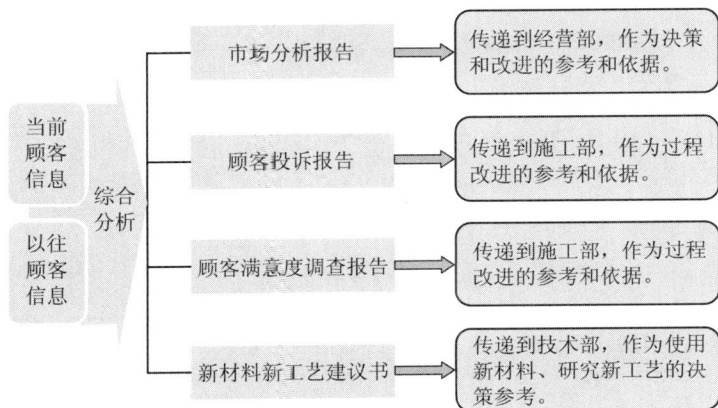

图 4.3-1　市场信息应用流程

4.3.1.5　持续改进市场信息收集方法

公司设专人通过网络、市场调研等寻找新方法,对市场信息收集方法进行对比、评审,不断改进原有方法,寻求和扩充更有效的方法。公司以战略目标为导向,不断改进收集顾客信息的方法,以适应多元化的顾客需求。为确保公司市场信息收集方法适合公司发展需要,公司每年的年度工作会都对其进行评审,根据存在的不足,提出改进建议。如 2011 年度评审认为,随着公司业务量的不断增加,由高层直接对接所有顾客的方式过于集中和单一,容易对部分顾客的需求及期望有疏忽,故改为分级次、有侧重地对接不同顾客,同时按区域及各业务板块做出详细的承揽项目计划书,这样有利于更好地了解顾客和市场的信息。2012 年,公司在年度工作会上对市场信息获取方法进行了评审,随着公司业务多元化的发展,顾客群也随之发生变化,由高层定期拜访顾客的方式不能兼顾新顾客群市场信息,因此公司及时改进,由经营部运用各种收集方式,每日紧盯拟建市场的信息变化,更全面地了解市场信息。

公司每年对倾听和了解顾客需求和期望的方法进行总结、评价,并不断改进、调整。公司对已竣工的工程进行全面倾听和了解,掌握了顾客的实际需求和期望,并及时进行总结,在正在施工的建筑工程中加以防范,受到了主管单位和建设单位以及用户的一致好评。

4.3.2　顾客关系与顾客满意度

建立和完善顾客关系,以赢得和保持顾客群,提高顾客忠诚度,吸引潜在顾客,开拓新的市场,并采用有效方法调查和测量顾客满意情况,提高顾客满意度。

4.3.2.1　顾客关系的建立

公司以顾客至上为生存理念,为顾客创造价值、提供优质工程,与顾客建立良好关系。巩固拓展重要顾客,留住一般顾客,关注、开发潜在顾客。公司根据不同类别的顾客,从顾客特征的识别、顾客关注的重点、顾客关系管理要点三个方面入手建立顾客关系,如表 4.3-8 所示。

表 4.3-8　顾客关系的建立

类别	识别顾客特征	顾客关注重点	顾客关系管理要点
重要顾客	政府机构; 政府投资单位或代表单位; 品牌地产企业	长期履约能力; 双方高层沟通是否畅通; 合作关系的改进	公司高层定期对接; 简化签约流程; 建立合作伙伴关系
一般顾客	强企; 地产企业	长期履约能力; 管理模式; 合作关系的改进	双方区域资源共享; 双方主管部门定期互访
潜在顾客	有重大投资计划需招投标的单位; 新进入市场的顾客; 竞争对手的重大顾客	履约能力; 综合实力; 合作关系	寻求合作; 提供附加服务; 提供优惠服务

公司改变建筑业传统的具有维修特征的售后服务模式,提出了围绕产品生命周期的大服务概念,变被动纠正服务为主动预防服务。技术能力是公司赢得高新项目的重要保障。

顾客沟通渠道的搭建是公司与顾客合作的重要基础,是公司营销和内部管理的出发点。公司建立多种顾客信息收集渠道,准确把握市场动向,及时了解顾客需求、期望和满意信息,适时调整和完善公司的产品和服务,不断满足顾客的期望,保持市场领先地位。

公司将项目全生命周期管理分为经营、施工、结算和售后四个阶段,并按照产品分阶段提供增值服务,按顾客群分阶段分工实施,主动与顾客沟通,处处为项目着想,处处为顾客着想,巩固并提升合作关系。

按顾客重要程度实施的项目全生命周期管理如表 4.3-9 所示。

表 4.3-9 按顾客重要程度实施的项目全生命周期管理

顾客类型	经营阶段	施工阶段	结算阶段	售后阶段
重要顾客	公司牵头分层对接,寻求战略合作,提供定制式服务,进行定期或不定期的拜访、联系、沟通	公司领导、职能部门定期检查,项目部适时维护	经营部牵头,公司领导协助,必要时公司领导协调	经营部牵头组织售后、回访、满意度测评,必要时高层对接
一般顾客	部门领导对接,进行定期或不定期的拜访、联系、沟通	公司部门定期检查,项目部适时维护	经营部牵头,必要时公司领导协调	经营部牵头组织售后、回访

按工程分类实施的项目全生命周期管理的具体内容如表 4.3-10 所示。

表 4.3-10 按工程分类实施的项目全生命周期管理

业务板块	经营阶段	施工阶段	结算阶段	售后阶段
市政公建;商业建筑;民用建筑与专业工程	前期策划、概算咨询、经验共享以及招标咨询等	代办手续,图纸会审,设计优化,新材料、新工艺应用,及时协调分歧	提供结算书(包括清单、材差等)以及政策性调整文件	完工后沉降监测、提供说明书、回访保修、满意度调查
市政工程	方案评审、环境调查、资源调查、施工建议	代为拆迁,设计优化,绿色施工,增加配置资源,领导亲临现场落实协调意见等	提供结算书(包括清单、材差等)以及政策性调整文件	完工后沉降监测、结构安全检测、回访保修等

4.3.2.2 与顾客接触的主要渠道

公司按照不同的顾客群体和查询、交易、投诉过程,建立多种与顾客接触和沟通的渠道。将关键顾客的要求,及时传达到相关部门。公司对顾客接触层面的员工提出了不同的要求,比如对客服人员、销售人员的态度和业务素质,以及在和顾客接触过程中的行为规范,以销售和服务控制程序等规范文件加以明确。公司对不同的顾客采用不同的接触渠道、不同的沟通方式,顾客的信息由公司技术服务人员登记整理。公司的电话、网站、办公地址等以多种方式清晰、详细地告知顾客。公司的信息查询、交易、投诉方式如表 4.3-11 所示。

表 4.3-11 信息查询、交易、投诉方式

信息获取	信息应用
信息查询方式	24 小时服务热线
	公司网站
	主管部门、行业协会、过往顾客、第三合作方等
	公司业务电话、传真、邮件等
	来访、拜访、座谈、考察等
交易方式	经营形式：自营、委托经营、联合经营等
	交易方式：公开竞标、议标等
	交易过程：工程投标、合同谈判、施工生产、竣工交付等
	付款形式：预付款、进度付款（或节点付款）、保修金等
投诉方式	客户基建部门、监理单位以及周边居民等
	客服热线
	信函、电话、传真等
	保修回访等，通常以信函、电话投诉居多

公司根据顾客的类别，提出了不同的接触方式，如表 4.3-12 所示。

表 4.3-12 顾客与公司接触的方式

渠道	要求	针对的顾客类型	主要运作方式
各层次人员互访	加强与顾客的沟通，加深了解，结成战略合作伙伴	重要顾客、潜在顾客	公司中高层领导、技术人员走访顾客，邀请顾客来访
参加行业会议	宣传企业，展示实力	所有客户包括潜在顾客	参加国内综合性或行业性的专题会、研讨会
招投标	积极响应，做好投标及签约工作	招标的顾客	按公司招投标流程办理
付款结算	及时认真办理结算事宜，及早回款	所有顾客	经营部结算后，由财务跟进
邀请参观	参观公司的样板工程，展示公司实力	重要顾客	参观、座谈

渠道	要求	针对的顾客类型	主要运作方式
售后服务	工程竣工后提供各种服务活动,加强顾客沟通,深化顾客关系	所有顾客	积极接受投诉,及时回访
网站	制作公司网页	所有顾客	加强公司网站建设,适时更新网页
传真	保证公司传真畅通,回复全面及时	所有顾客	用传真交流沟通
广告宣传	宣传公司	潜在顾客	通过媒体展示

4.3.2.3　顾客投诉处理

公司始终将处理顾客投诉作为公司经营管理的重要一环。公司建立了投诉管理统一程序,及时服务建设单位和顾客。

(1) 建立规范的顾客投诉管理程序。为提高办事效率,由客户服务部统一受理、处理顾客的投诉。由客服人员记录投诉内容,然后分流并跟踪信息,最后反馈给顾客。公司建立了快速反应机制,规范投诉管理,确保顾客反映的每条意见、建议都能得到快速调查,确保投诉能得到及时有效的处理。公司经营部制定了《顾客投诉管理办法》,编制了投诉处理流程,流程如图 4.3-2 所示。

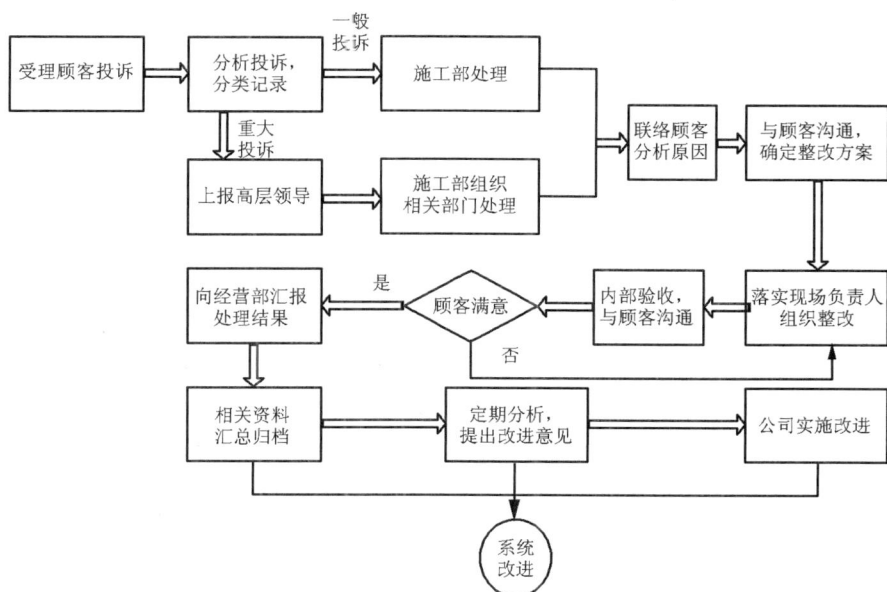

图 4.3-2　投诉处理工作流程

（2）加强顾客投诉基础管理，缩短处理周期。公司制定了《顾客投诉处理规范》《客户服务程序》《服务热线规定》《投诉规定》等制度，确定了各部门职责，明确规定了投诉的处理流程、处理内容及要求。公司将顾客至上的理念传达给公司每位员工，教育每位员工要端正服务态度，尽可能地不与顾客发生矛盾。因公司原因造成质量缺陷的，无条件给予及时修复；因顾客原因发生的质量问题，也要为顾客着想，和顾客协商把问题处理好。给顾客造成损失的，要敢于担当，给予赔偿损失。顾客投诉处理后请顾客及时对投诉处理结果给予书面确认，不能提供书面确认的，列入年度投诉处理满意度调查样本。及时询问顾客对问题解决情况的满意度，未达到满意标准的，根据顾客分类及时做出相关解决办法。尽可能让顾客满意，最大限度地降低顾客的不满和业务流失。

（3）注重收集、整合和分析投诉信息，生成纠正预防措施。质安部对顾客投诉信息及时进行汇总、整理、分析。在例会上提出共性问题、较重大问题，由相关部门制订解决方案，避免再次发生，涉及合作伙伴的，帮助其改正错误，共同持续改进服务质量、服务体系。

（4）按照顾客投诉处理流程中的整改程序，并根据《顾客投诉处理规范》，对投诉信息进行收集、整合和分析，及时解决并加以反馈，必要时生成纠正预防措施，并对整改进行监督、评价。收到投诉信息后立即记录，并根据流程转发给相关部门或相关责任人进行处理，形成客户投诉汇总表，经审批后转发给公司高层和各相关单位。针对难以验证、形成闭环的技术难点，行政部把它列入专门台账，作为攻关课题，制定整改措施，并通过质量体系专项审核、员工建议、公司绩效考评等形式，实施系统性的分析、共享与改进。建立顾客投诉信息库、知识库，将顾客的投诉信息导入数据库，通过数据库进行学习，避免犯类似的错误。

4.3.2.4　持续改进建立顾客关系的方法

公司定期对建立顾客关系的方法进行评价，以使其适合于公司的战略规划和发展方向。根据顾客关系管理系统信息，定期分析投诉内容、流失顾客的信息，对建立顾客关系的方法进行评价和改进。公司对战略合作伙伴，定期进行评价、沟通和维护。在遇到市场波动、供求变化、不可抗力、公司战略调整等不确定因素时，处理与顾客关系的方法也将随之做出相应的调整。顾客关系的建立是从个体间到团队间，最后到企业文化上的彼此共融。公司还通过建立利益共同体、提供良好的服务和技术引导、淘汰和限制等方式，不断改进与顾客的关系。不断完善建立顾客关系的方法，并从顾客处收集竞争对手的相关信息，如价格信息、销售政策等。公司以战略发展方向为导向,定期对建立顾客关系的方法进行评审,不断改进、扩充原有方法,探索创新更有效的方法,以适应业务需求。公司定期评价的机制有:

(1) 每年年初,召开公司年度工作会议,对经营环境、经营目标进行分析,同时对影响经营目标实施的顾客关系建立方法提出改进要求。

(2) 每半年,公司都会对经营情况进行汇总分析,共同商讨研究下半年市场,同时对建立顾客关系的方法进行评估,并组织改进。

(3) 每月,公司汇总分析月度市场经营情况,对存在的问题提出改进并组织落实。

(4) 当经营工作出现异常情况时,不定期召开专题分析会,对存在的问题提出整改要求并组织实施。

在顾客关系方法的改进方面,公司应对激烈的市场竞争有以下改进方法:

(1) 提供附加服务、超值服务。如给顾客提供各类咨询服务,替顾客代办立项、审批等手续,延长保修期等。

(2) 接触方式的改进。如对重要顾客增加拜访次数,邀请其来公司参观考察;对长期顾客增加回访次数,组织双方部门联谊活动,加强沟通协作。

4.3.2.5 顾客满意度的测量

公司通过测量顾客满意度指数了解服务质量的现状,分析顾客满意与不满意的因素,掌握顾客目前的需求和未来的期望。通过测评顾客的忠诚度,了解公司竞争对手的产品质量状况,及时发现不足,不断改进、提高服务质量,以更好地赢得顾客。

经营管理中心负责采用适当的方法和措施,通过适当的渠道,征询和监视顾客满意程度的信息,通过工程回访对工程的服务质量、工程质量、合同执行情况等获取反馈信息。时刻关注工程质量变化情况,及时做出相应调整。公司在获取本公司顾客满意度的同时,积极获取竞争对手和标杆企业的顾客满意度数据,但此类数据涉及企业利益以及获取渠道的有限性,短期内获得此类数据具有一定的难度。为提高顾客满意度,公司定期对测量方法的适应性、有效性进行分析和改进。如针对以前的顾客满意程度调查表、工程回访表适应范围比较小的情况,不断地调整和完善调查表的内容。同时,以前注重对结果的调查,忽略了施工过程中的顾客满意度调查。针对这种情况,公司现在正拓展顾客满意度调查的范围。

1) 建立并不断完善顾客满意度调查程序

公司自 2012 年开始进行顾客满意度测评工作。2012 年,公司对十多家建设企业和多位顾客进行了顾客满意度调查,并在次年 3 月回收了问卷,对未回收的顾客一一跟踪。全部问卷由经营部负责发放回收,将满意度调查报告及综合分析结果转发给其他部门进行协调跟踪,并提供纠正预防措施。顾客满意度和忠诚度的测量是以与顾客有关的信息为基础的,公司收集这方面信息的途径有:与顾客直接沟通、问卷调查等。公司针对顾客满意度要求制订满意度调查流程,按顾客类别设计不同的问卷调查,调查的项目有产品质量、施工安全、现场环境、工程交付时间、服务质量、顾客投诉处理及与竞争对手和标杆企业比较。每年由质安部进行一次顾客满意度调查,问卷分几个档次,通过对顾客的调查,分析自身优势,判定改进措施,公司针对不同的顾客类别采用不同的调查方法,如表 4.3-13 所示。

表 4.3-13　调查方法

顾客类别	调查方法
重要顾客	问卷调查,定期走访
一般顾客	问卷抽查,不定期走访

公司每年都采用顾客满意度测量方法来更准确地测量顾客满意度及形成更具可比性的满意度数据。公司顾客满意度测量采用问卷方式,所有调查问卷分为五个档次,即很不满意、不满意、一般、满意、很满意。

在统计时,根据各调查项目的得分,乘以各项目的权重,得出总体满意度分数。顾客满意度调查流程如图 4.3-3 所示。

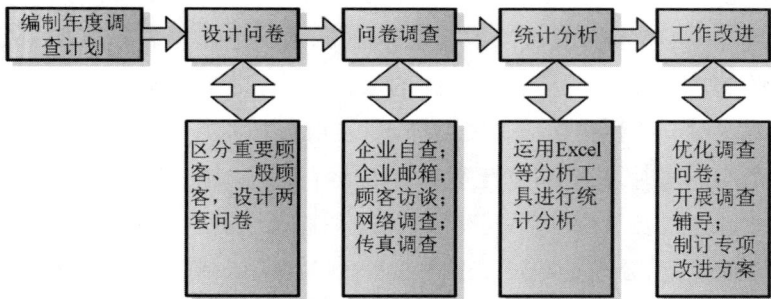

图 4.3-3　顾客满意度调查流程

2) 根据顾客满意度调查的信息,改进公司各项工作

公司通过对顾客满意度调查结果、顾客投诉意见、退货索赔情况、顾客服务报告等进行综合分析,实施整改。针对顾客的反馈和投诉,制定专门措施,进行调查、跟踪、确认,制定改进方法,将结果反馈给顾客,以消除不满意或提升满意度。针对满意度较低的项目,跟踪制定、实施管理改进措施,并开始进行新一轮的满意度测

评。当顾客有明确的投诉或建议时,按《顾客服务控制程序》执行,达到持续改进、提高顾客满意度的目的。

公司在进行满意度调查的同时,向顾客了解公司与竞争对手、标杆企业的优劣排行,从中找出自身的优势、弱势,以便更好地发挥长处、改进弱项。对顾客不满意的项目,公司积极采取预防及纠正措施,改正错误,改善弱项,尽可能地使顾客满意。客户满意度调查问卷结果呈报给总经理,作为决策参考,并告知所有职能部门,以此作为经营服务持续改善的依据。公司在顾客满意度测量的基础上,增加了对顾客忠诚度的测量,以更好地了解公司现有的市场占有情况。公司综合考虑各种因素指标,通过忠诚度调查问卷设计及衡量指标的原始数据收集,对长期合作的重要顾客进行忠诚度测量。在每年年末对每个重要顾客进行纵向比较,对忠诚度下降的顾客,公司从自身找寻原因,进行改进。

4.3.2.6 建立服务质量跟踪体系

公司在售前、售中和售后,通过电话、传真和邮件及现场走访等方式,及时跟踪了解顾客在产品、服务和交易方面的意见和建议。同时,利用与国家建筑监测机构接触的机会对产品和服务质量进行了解、询问,得到顾客的意见和建议,整理后下发给相关部门,并限期整改,定期答复顾客。建立服务质量跟踪体系,设计工程回访记录表、工程维修记录表,对顾客进行定期回访,接受投诉并限时维修,达到顾客满意。公司通过多种沟通途径进行项目、服务质量跟踪,并分析比较各渠道的信息,以确保获得的信息准确有效。

公司驻施工现场项目经理部服务是最为典型的一种贴身式顾客服务跟踪制度。每位项目经理都有职责详细了解顾客对公司项目的运行情况的意见,各项目的运行情况都会由项目经理部进行详细的记录,并以通报的形式及时反馈给公司,一旦出现异常,立即采取对策进行处理,将异常消除在萌芽状态。

公司不仅做好终端顾客的定期回访、接受投诉和维护工作,还进行满意度调查,以及时获得顾客的诉求。公司为确保顾客的诉求信息被有效利用,每季度对顾客的投诉信息、满意信息进行汇总分析,通过公司内网发布,使公司各部门及时了解产品及服务跟踪的动态变化。对存在的共性问题,以及典型、重特大生产质量问题进行专题分析,制定整改措施,及时通报相关部门、单位,避免类似问题再次发生,并通过质量体系专项审核,实现系统性改进。对顾客提出的超越标准的期望,公司组织相关部门共同分析,对可行性项目设立专门质量管理小组进行实践研究,不断改进与创新,以满足顾客需求并超越其期望。

4.3.2.7　对竞争对手和标杆企业的顾客满意度信息的获取

公司采用满意度调查、电话询问、顾客走访、座谈会等方式,获得竞争对手及行业标杆的满意程度信息,以明确自身的优势和差距。公司视竞争对手和标杆企业为学习榜样,与之交流学习,分析获取其精髓信息,找出竞争对手和标杆企业的优势,找出自身的不足并改进。对竞争对手及标杆企业的满意度信息的获取和应用如表 4.3-14 所示。

表 4.3-14　对竞争对手及标杆企业的满意度信息的获取和应用

信息获取来源	信息应用
上级单位	分析、研究竞争对手及标杆企业的优势并形成报告,将其管理信息用于公司改进;引入其亮点,提升公司服务水平及顾客满意度;借鉴其管理经营方法
招标代理	
设计单位	
监理单位	
学习交流	
自行调查	
顾客代表座谈	
网站	

4.3.2.8　测量方法的持续改进

在公司内部对调查结果展开讨论,对相应缺陷及内容进行调整,修订满意度调查方法。公司通过满意度改进与企业战略规划及发展方向的匹配分析,确保测量顾客满意的方法适合于公司的战略规划及发展方向。公司不断改进满意度调查,以适应公司战略规划、发展和市场的需要,如表 4.3-15 所示。

表 4.3-15　调查方法及调查内容的改进

方法改进		改进内容
从粗放型向精细型转变	调查要素细分	调查的项目从工期、服务、质量进行延伸细分
从统计型到分析型转变	测量系统改变	从单纯的顾客满意度数据调查转变为结合数据进行顾客需求分析
从片面型向全面型转变	调查范围扩展	原先只有单纯的建设方,现在扩展到价值链上的相关方
从缓慢性向快速性转变	调查周期缩短	转变前每年一次,转变后可以一年两次

公司通过每年的顾客满意度调查,有效、充分地了解顾客的需求和期望,以确保公司顺利地实施战略调整,为经营决策服务。

4.4 资源

上承战略,为战略部署配置资源;下接过程,为过程实施提供资源。企业应为确保战略目标的实现、过程的有效和高效实施,提供所必需的人力、财务、信息和知识、技术、基础设施、相关方关系等资源。

4.4.1 人力资源

人才是企业的核心竞争力,公司以使命、愿景、价值观和战略目标为依据和导向,制订人力资源规划。坚持以人为本的理念建立人力资源管理体系,通过人力资源整个系统的循环工作,完成工作目标,如图 4.4-1 所示。

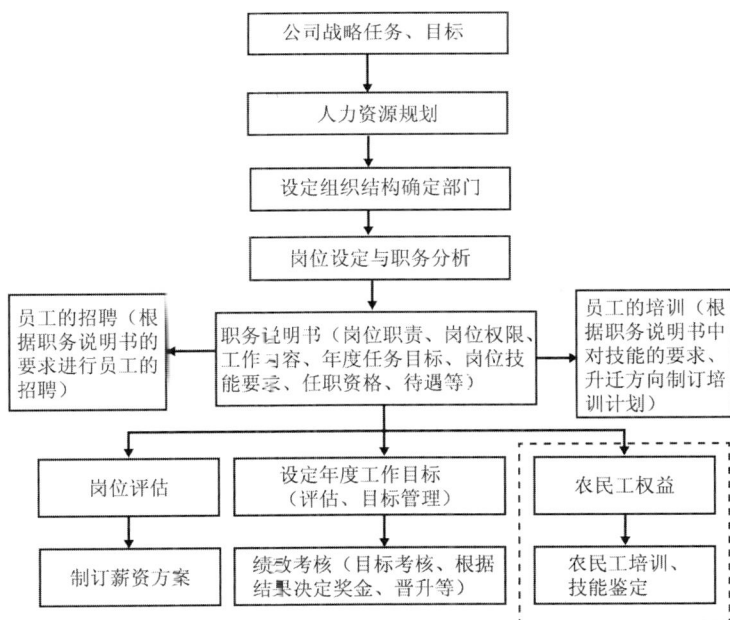

图 4.4-1 人力资源工作系统

4.4.1.1 工作的组织与管理

1) 组织结构的优化

公司根据发展情况,不断地进行机构整合和业务流程优化重组,打造直线职能和部门化管理相结合的扁平化组织体系,减少沟通层次,提高运作效率。现行组织结构如图 4.4-2 所示。

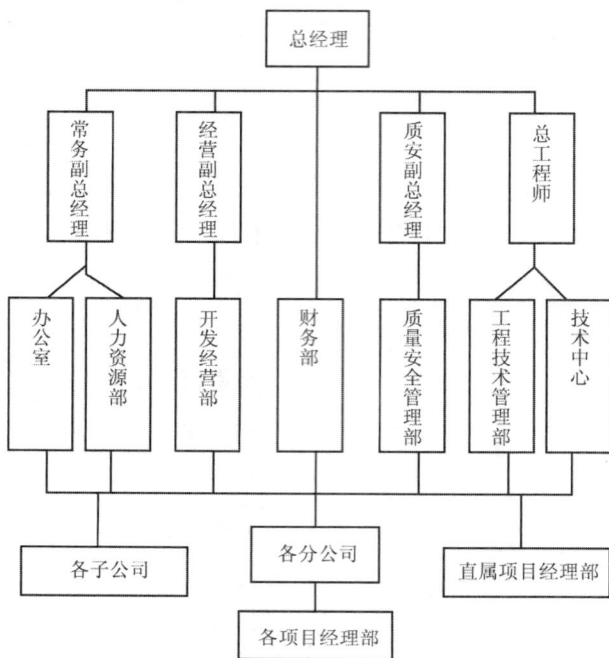

图 4.4-2　现行组织结构

2）组织授权与创新

公司采用扁平化的组织结构,并根据公司发展需要不断优化组织结构。公司领导之间、职能部门组织结构之间进行充分的分权和授权。按照专业分工的原则,公司进行逐级授权,提高组织的执行力,具体如图 4.4-3 所示。

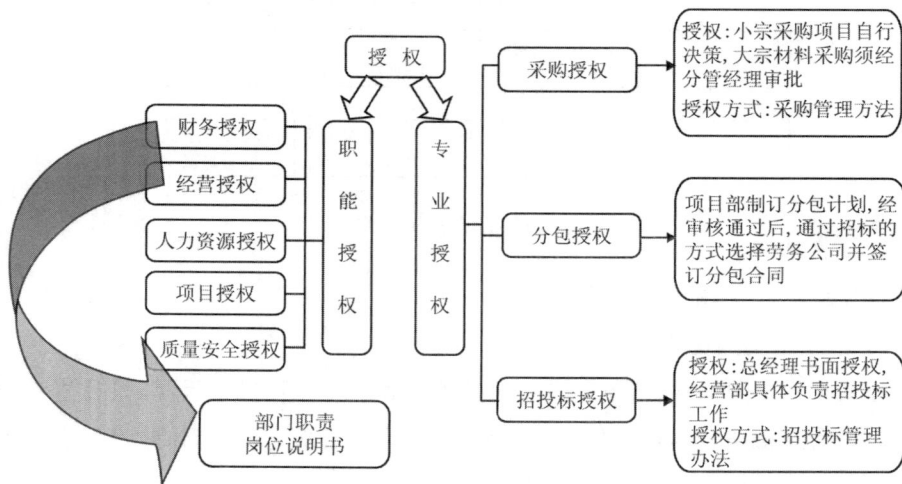

图 4.4-3　授权分类

公司鼓励创新,特别是在技术领域,投入了大量的资金、设备和人员,通过自主创新开发和合作开发,积极引进先进技术和设备,取得了一系列的技术成果和专利。创新措施如表 4.4-1 所示。

表 4.4-1 创新措施

类型	措施
制度创新	根据公司发展需要,不断地调整、完善各项管理制度,如绩效考核制度、薪酬制度
组织创新	根据公司实际需要,整合、设置组织,如诚信道德委员会
管理创新	导入卓越绩效模式,全面规范、提升公司管理,成立信息中心,引进 BT 项目
技术创新	培养技术开发人才,引进先进技术设备,自主开发和第三方合作开发相结合,筹备成立技术中心

为了促进内部合作和打通各部门之间的壁垒,调动员工的积极性、主动性,营造员工积极参与管理的企业文化氛围,公司设立了多种跨部门职能团队,如表 4.4-2 所示。

表 4.4-2 跨部门职能团队

组织名称	人员构成	职能	效果
战略管理委员会	董事长、高管及各部门负责人	制订企业长、短期发展战略目标和关键战略指标	为公司的发展指明方向
资质申报工作小组	公司领导、职能部门	收集、整理申报资质材料	明确申报要求,落实各项申报指标,协调各部门、各项资源,为申报做准备
诚信道德委员会	公司领导、项目部、质安部、人力资源部、办公室	监督公司在管理、施工过程中对顾客、合作伙伴、员工落实诚信、遵守道德的情况,并针对不规范行为提出合理化建议	确保和谐的劳动关系(对员工);确保顾客无投诉;确保与合作方建立长期的良好合作关系
技术中心	副总经理、总工程师及高级工程师	组织技术评价会、技术鉴定会,确定技术开发项目,确定科技发展方向	为公司调整和完善科技强企战略提供支持

续　表

组织名称	人员构成	职能	效果
安全生产管理领导小组	总经理、分管安全的副经理、质安部、项目经理	组织制定各种安全措施,监督检查各部门生产安全情况,处理安全事故	有效监测危险因素,及时排除安全隐患;保障员工权益,及时处理安全事故
绩效考核领导小组	公司领导、人力资源科、职能部门	制定公司员工绩效考评管理制度及工作方案;指导、督促绩效考核工作计划实施;总结、分析绩效工作实施情况,反馈和评估绩效工作效果	确保绩效考核的公平性和准确性;保证绩效考核达到预期的效果,发挥其专业权威性;调动专业类员工的积极性;促进合作和相互了解

4.4.1.2　所需员工的特点和技能

公司根据发展需要,对所需员工的特点和技能、现有员工的能力提出了要求,具体如表 4.4-3 所示

表 4.4-3　员工能力发展主要指标及评分标准

考核指标	考核者	被考核者	评分标准			主要提升措施
			当前能力状况	目标能力需求	未来能力规划	
创新能力	上级	中高层领导	按公司发展需要提出意见,很少提出新想法、新建议	能够学习先进的管理理念,提出新方法和意见,有一定的管理创新能力	适应公司发展变化,提出新理念、新想法,创新管理方法	MBA（Master of Business Administration）总裁研修班、现代企业管理方法培训
		一般管理者	能完成工作任务,很少提出新措施、新方法	能顺利完成工作并对工作做出一定改进,提出新想法、新措施	创新管理方法,提出新想法,提高执行力	管理技能培训、学历深造、外出学习
		技术人员	按部就班,很少提出新想法、新措施	掌握新技术、新工艺,并能加以改进	不断提出新想法、新措施,善于学习,注意规避风险	专业知识技能培训、相关资格证培训、安全消防培训、八大员培训

考核指标	考核者	被考核者	评分标准			主要提升措施
			当前能力状况	目标能力需求	未来能力规划	
解决问题能力	上级	中高层领导	能够解决出现的问题,但认识不到问题的本质原因	能恰当地解决问题,能找到问题原因并加以解决	能用最优方法及时解决问题,找到问题本质,防止类似问题出现	培训、外出学习、考察、专家讲座
		一般管理者	努力解决问题,但抓不住关键	及时、恰当地解决问题,保证工作正常进行	有效地解决问题,防止类似问题出现	管理能力培训、其他培训
		技术人员	能够想办法解决问题,解决表面问题	及时解决问题并能找到引起问题的原因	开拓解决问题的思路,准确地把握问题的关键,找到办法解决	专业技能培训、技术交流会
计划和组织能力	上级	中高层领导	能做一些计划,但不全面;组织实施有难度,需要别人帮助才能完成	能对工作制订计划,明确目标;有效组织实施	能全面、有效地制订计划,有前瞻性;高效组织实施	战略、管理能力培训、进修
		一般管理者	能对工作制订相应的计划,正常地组织实施	有效地制订计划和目标,组织实施工作	极强的计划制订能力和组织实施能力	培训、进修、自学、远程教育
		技术人员	制订计划和组织实施有难度,需要别人帮助方能进行	能根据工作的要求,制订相应程序和计划,明确目标和方针	制订有效计划并安排工作	培训、自学、技术交流会、专家讲座
团队合作能力	相关人员	相关人员	在别人的组织和协调下能与他人合作	能主动地与他人合作,且乐于帮助同事解决问题	能与他人一起积极有效地工作并共同完成工作目标	培训、团体活动、公司年会、跨职能团队

4.4.1.3　科学、合理地制订招聘计划和任用机制

公司根据人力资源规划制订招聘计划,完善任用机制,改善员工工作环境和福利待遇等,提高员工满意度和忠诚度。招聘流程和人才保留方法分别如图 4.4-4和表 4.4-4 所示。

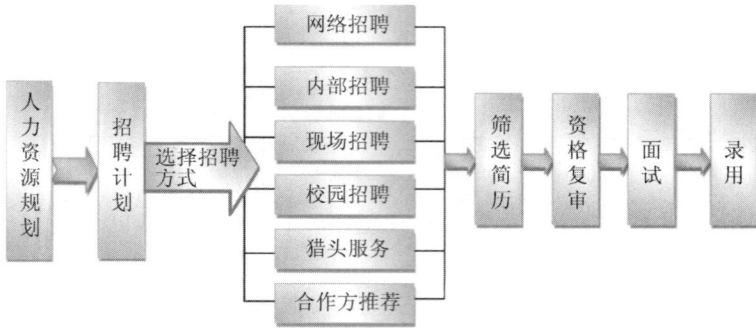

图 4.4-4　招聘流程

表 4.4-4　人才保留方法

分类	具体内容
人员配置	内部岗位竞聘,员工晋升管理,内部轮岗、调动
薪酬福利	提供有竞争力的薪酬,提供带薪年假,提供交通工具及通信工具,早、午餐免费
员工的权益	改善工作环境、沟通渠道,了解员工满意度,提供个性化的员工支持
组织管理	建立优秀的企业文化和跨职能团队,提出合理化建议
培训和发展	提供多种培训和学习机会,建立职业发展规划,提供其他能力提升机会
绩效激励体系	绩效考核与薪酬挂钩,晋升、奖金与绩效挂钩

4.4.1.4　采纳员工、顾客、其他相关方的各种合理化建议

公司非常重视采纳员工、顾客、其他相关方的合理化建议,建立了各种渠道,方便员工、顾客和其他相关方表达自己的意见。同时,公司通过各种沟通方式和交流形式来实现不同部门、职位之间的有效沟通与技能共享。公司内外部沟通和合理化建议渠道如表 4.4-5 所示。

表 4.4-5　公司内外部沟通和合理化建议渠道

分类	对象	方法	负责方	频次	方式
内部系统	内部员工	员工满意度调查	人力资源部	每年一次	问卷
		员工意见箱	工会	随时	信箱
		职工代表大会	工会	每年一次	会议
		合理化建议	工会	随时	建议书
		高层座谈会	人力资源部	每月一次	会议

分类	对象	方法	负责方	频次	方式
外部系统	顾客	电话回访	人力资源部	随时	访谈
		满意度调查	人力资源部	每年一次	问卷

公司在跨部门及跨职能之间的沟通共享形式多种多样,具体如表 4.4-6 所示。

表 4.4-6　沟通共享形式

分类	沟通共享形式	共享内容
部门之间	公司年会、公司定期会议、座谈会	公司日常运营信息、内部工作、竞争对手信息、行业信息、管理制度
职位之间	跨职能小组交流会、各类培训、员工梯队人才培养、工作例会	行业动态、工作经验、操作技能、专业知识、工作技巧
技术人员之间	培训、技术交流会、岗位导师制、人才培养	先进的专业知识、技术技能、实际工作经验

4.4.1.5　员工绩效管理

根据公司的战略规划和长、短期战略目标的分解(见图 4.4-5),制订关键绩效指标,并且科学规范地建立绩效管理系统(见图 4.4-6),建立绩效考核制度,对各项关键绩效指标的完成情况和员工的工作绩效进行考核、评价、反馈,从而促进各项关键绩效指标顺利完成和改进员工工作。公司还建立了与绩效考核相联系的薪酬激励体系,提高员工的积极性和工作效率。

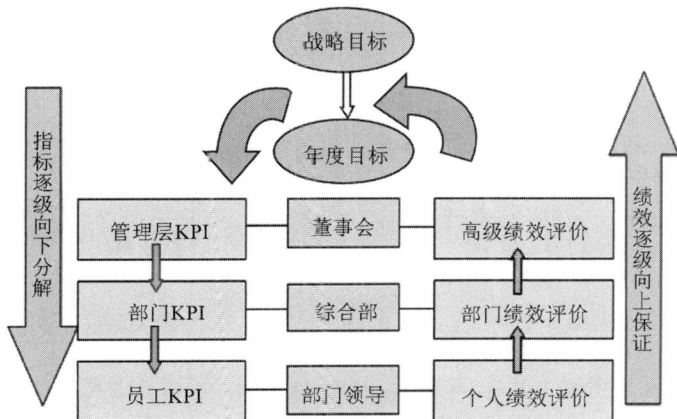

图 4.4-5　公司战略目标分解

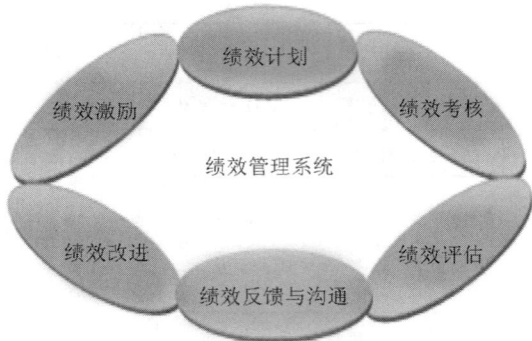

图 4.4-6　绩效管理系统

公司不断健全和完善绩效管理系统,建立和实施绩效考核制度,已经形成了规范的绩效管理体系,把中高层领导、项目部和员工都纳入了绩效考核体系,根据不同情况分别制订了相对应的绩效考核标准。公司采取年度绩效考核模式和定性、定量分析方法,实现了公司绩效、部门绩效、个人绩效的有机结合,并重视绩效考核的激励作用,与薪酬体系相辅相成,最大限度地调动员工的积极性。员工绩效考核流程及办法如表 4.4-7 所示。

表 4.4-7　员工绩效考核流程及办法

考核过程	使用方法	关键点	适用对象	使用周期
绩效计划制订	绩效指标、能力需求考察	绩效指标	各考核对象	年
绩效考核	绩效指标、定性考核	绩效指标、能力	考核者与被考核者	年
绩效评估	过程检查	业绩结果	考核者	年
考核结果反馈	中高层:书面报告;各部门:书面通知;项目部:考核通报;员工:部门领导谈话、考核结果通知	绩效反馈、双向沟通、达成共识	全体员工	年
考核结果比较	目标要求、前期考核结果、相同考核层面比较	横向比较	考核者与被考核者	季度
绩效结果激励	绩效奖惩办法	绩效与薪酬、晋升等挂钩	全体员工	绩效考核完成后
绩效改进	与被考核者沟通、考核实效性比较	绩效考核目的与实效性	绩效考核部门、负责人	绩效考核完成后

公司的绩效考核的关键绩效指标占绩效考核成绩的 70%，个人工作能力和表现占 30%。

公司的绩效考核实施者、范围、频次如表 4.4-8 所示。其中，各个部门的考核统一由人力资源部门来负责考核。

表 4.4-8 绩效考核实施者、范围、频次

被考核对象	考核者	考核内容	考核频次
高层领导	董事会	关键绩效指标、公司经营状况、个人能力	每年一次
各部门	人力资源部	部门绩效指标、部门情况、个人能力	每年一次
项目部	绩效考核小组	经营责任指标	每月一次
员工	部门领导	岗位任职要求、工作能力	每年一次

绩效考核结果分为五个等级，如表 4.4-9 所示。

表 4.4-9 绩效考核结果的五个等级

绩效考核等级	优秀	良好	发展	合格	不合格
分数区间	90 分及以上	80～<90 分	70～<80 分	60～<70 分	60 分以下

公司的薪酬体系多种多样，具有一定的科学性，能有效地激发员工的工作主动性。具体构成如图 4.4-7 所示。

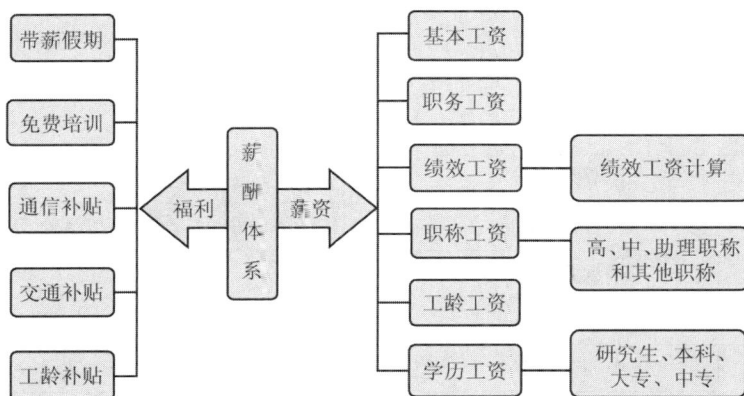

图 4.4-7 薪酬体系构成

公司的绩效工资的计算方式如图 4.4-8 所示。

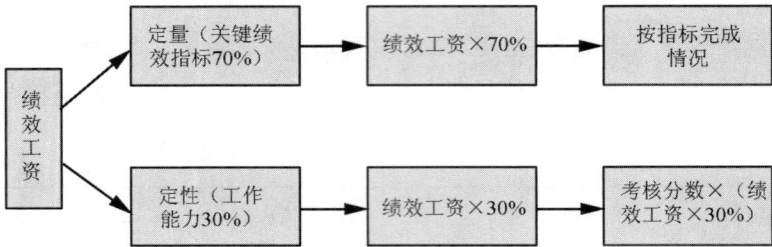

图 4.4-8　绩效工资计算方式

公司的绩效激励方式多样,对员工具有较强的吸引力,如图 4.4-9 所示。

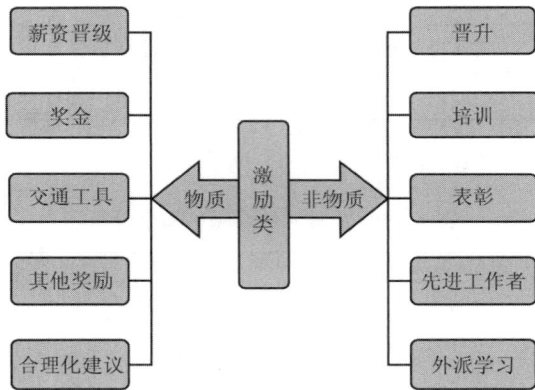

图 4.4-9　绩效激励方式

为了充分激发员工的工作热情,公司采取了多种绩效激励措施,具体内容如表 4.4-10 所示。

表 4.4-10　绩效激励措施

等级	激励对象	措施
优秀	中高层领导	培训学习、薪资晋级、晋升、发奖金
	各部门	晋升、外出培训、发奖金
	项目部	培训、发奖金
	员工	晋升、培训、发奖金、薪资晋级
良好	中高层领导	培训学习、发奖金、作为人才储备
	各部门	培训、发奖金、作为人才储备

等级	激励对象	措施
良好	项目部	培训、发奖金、作为人才储备
	员工	培训、发奖金
发展	中高层领导	培训、发奖金
	各部门	培训、发奖金
	项目部	培训、发奖金
	员工	培训、发奖金
合格	全体员工	培训、调岗
不合格	全体员工	加大培训、调岗

公司在绩效考核结果与薪资调整方面做了很多的尝试(见表 4.4-11),效果显著。

表 4.4-11　绩效考核结果与薪资调整

绩效考核等级	2013 年调薪	2014 年调薪	2015 年调薪
优秀	基本工资上调 25%	基本工资上调 25%	基本工资上调 25%
良好	基本工资上调 20%	基本工资上调 20%	基本工资上调 20%
发展	基本工资上调 15%	基本工资上调 15%	基本工资上调 15%
合格	基本工资上调 10%	基本工资上调 10%	基本工资上调 10%
不合格	不调	不调	不调

对于连续多年考核优秀的员工给予晋升的空间。近几年晋升的人数有较大的增长,如表 4.4-12 所示。

表 4.4-12　绩效考核与员工晋升情况

绩效考核等级	条件	晋升方向
优秀	连续 3 年绩效指标完成优秀,定性考核 90 分以上	作为部门领导储备人才
良好	连续 3 年绩效指标完成,定性考核 80 分以上	作为后备人才
发展	连续 3 年绩效指标完成,定性考核 70 分以上	作为培养对象
合格与不合格	定性考核 70 分以下	加大培训、调岗

4.4.1.6 员工的教育与培训

人才是企业的核心竞争力,根据公司发展战略的要求构建完善的人才培养体系,把员工的自身发展与企业的发展需求相统一,通过系统的方法培育既能满足员工需求又能适应公司发展的员工队伍,提高公司的整体竞争力。

1)系统识别培训需求

公司根据"十二五"期间的发展规划需求,从两个方面实施培训:一是根据公司发展对于人才的需求、工作任务的调整和供方的需要来实施;二是员工的个性化需求和职业发展规划出发,制订年度的员工培训计划,经审批后由人力资源科负责组织实施。系统识别培训需求如表 4.4-13 所示。

表 4.4-13 系统识别培训需求

培训需求	内容
部门培训需求调查	对各部门进行培训需求调查,包括新增岗位、工作任务调整等的需要
战略规划需求预测	根据战略规划预测人才需要,预测所需培训
员工新增和流失预测	根据历年员工流失和新增情况预测新员工培训需要
供方需要	根据与供方合作的要求和所需能力,预测所需培训
绩效考核结果	根据绩效考核结果、员工所需能力改进预测培训需要
职业发展规划	结合公司发展需要、个性化发展和员工职业发展规划编制培训计划

根据培训需求制订公司年度的培训计划和实施计划,按照制订的计划实施培训,并对实施工作监督检查,对培训工作跟踪调查并对培训效果进行评价,对结果进行分析反馈并对培训中发现的问题和不足加以改进,如图 4.4-10 所示。

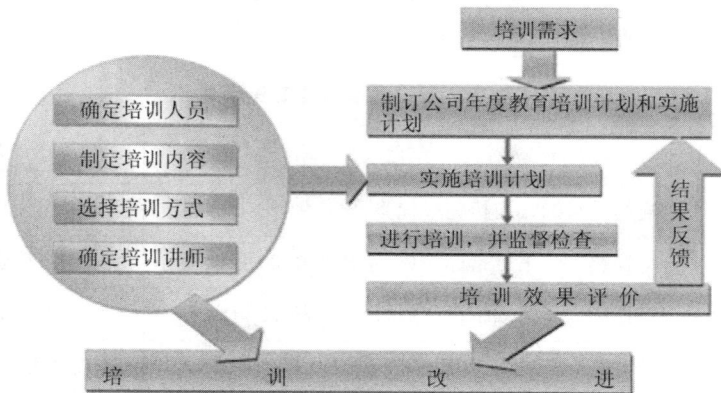

图 4.4-10 培训流程

2）科学、合理地制订培训计划

根据不同员工的类别和需求,制订不同的培训计划。按照员工类别,分别制订中高层领导、项目经理、专业技术人员、新员工、所有员工等的培训计划。充分利用公司现有的培训资源和外部资源实施培训,对培训进行评估反馈,改进培训计划,完成培训目标。具体的培训计划如表 4.4-14 所示。

表 4.4-14 培训计划

培训对象	培训目标	培训计划	培训方式	培训课程
中高层领导	提升管理、领导、决策能力和管理理念、执行力	经理总裁研修班、现代企业管理方法培训、能力提升培训	考察、观摩、外出学习、进修、集中培训、专家讲座	现代管理制度、领导力、战略决策、执行力、资本运作等
项目经理	提升管理技能和专业技能,改进绩效考核中工作的不足	国际项目经理认证培训、建造师培训、三类考核培训、创优培训	聘请专家集中培训,外出学习、自学,专家讲座,委托培训机构培训	管理技能、生产安全知识、专业知识
专业技术人员	提升专业知识和技能,改进绩效考核中工作的不足,达到岗位要求	专业知识技能培训、相关资格证培训、安全消防培训、八大员培训、三类考核培训	定期专题技术讲座,外出参观、学习,参加技术研讨会、内部交流会,集中培训,委托培训机构	专业技术技能,新标准、新技术、新规范,生产安全知识
新员工	了解、认同企业文化,熟悉公司情况,提高岗位知识技能、达到岗位要求	岗前培训、岗位导师制	岗位培训、集中培训	企业文化、岗位技能、安全知识
所有员工	提高企业文化认同感,提升岗位技能、综合素质	常规培训、轮岗计划	含以上内容,岗位轮换	企业文化、安全、员工心理素质

其他培训计划:除了以上的培训计划,公司还通过外派员工、委托培养等方式对员工进行培养,同时鼓励员工自学并给予一定奖励,如专业知识学习、学历进修、函授、考取资格证书等,对于顺利获取学历、资格证书的报销所有费用。

公司民工学校实行二级组织分管模式,公司总校为一级,各项目部为二级。公司始终坚持"生活上关心、技术上帮带、文化上提高"的办学宗旨,以"争做文明职工、创建文明工地、建设精品工程"为办学目的。经过这几年的办学实践,公司建立了一套完整的民工学校管理规章制度,提高了各项目分校的办学水平。

项目部根据总校的要求,在临时设施设计时就单独设立民工学校,在搭建时一步到位,并配备了投影仪、电脑、音响、电视机、DVD、黑板、桌椅等器材。将学校章程、学校管理制度、学校学员守则、学校组织机构图、学校教育计划、优秀学员评选制度等张贴在醒目位置,让民工熟悉和了解学校的基本情况,同时还开辟了学习园地、书报栏、篮球场、宣传窗、黑板报等,教学基础设施完善。民工学校组织结构如图 4.4-11 所示。民工培训、平安工地创建座谈会、"树标杆、学标杆"现场会、应急救援演练现场观摩会分别如图 4.4-12 至图 4.4-15 所示。

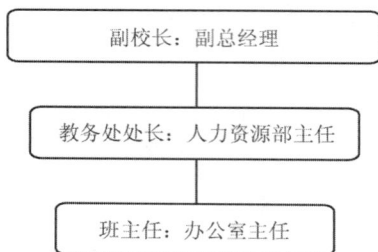

图 4.4-11　民工学校组织结构

图 4.4-12　民工培训

图 4.4-13　平安工地创建座谈会　　　图 4.4-14　"树标杆、学标杆"现场会

图 4.4-15 应急救援演练现场观摩会

3）提供充足的培训资源和经费

公司针对培训需求,组建内部培训讲师团队,建立内部培训课程,提供培训场地和各类硬件设施。同时,充分利用外部培训资源,建立常态化合作关系,保证各项培训顺利进行。公司在各项目部设立员工学习室,总部配备投影仪、电脑、音响等设施。2014 年,公司在培训方面的投入达到 48 万元。

4）建立健全培训效果的评估和考核机制

办公室在每期培训结束时,对培训进行跟踪调查,评估培训的有效性(见表 4.4-15)。评估的对象是培训学员、培训机构、培训师、公司和部门的绩效考核成绩。针对不同的评估对象采用不同的评估方法,方法有考试、满意度问卷调查、面谈、随机抽样电话调查等。

表 4.4-15 评估培训的有效性

评估对象	评估方法	评估内容	评价部门	改进方向
培训学员	考试、绩效考核、随机抽样电话调查、满意度问卷调查	知识技能提高情况,绩效目标完成情况,工作绩效考核分数,培训、内容、过程、安排是否满意	培训组织单位	培训结果与晋升、薪酬挂钩,考虑个性化需求,调动积极性,纠正态度,优化培训选择
培训机构	学员满意度调查	培训课程设置、培训过程管理、培训经费投入	学员、人力资源部	优化培训机构和资源的选择
培训师	学员满意度调查	知识水平,课程内容针对性、实效性,课前准备	学员、培训组织单位	优化培训师的选择
公司和部门绩效考核成绩	绩效考核成绩	关键绩效指标完成情况,绩效考核分数,知识技能、管理提高	绩效考核小组、人力资源部	培训结果与晋升、薪酬挂钩,完善培训制度

续　表

评估对象	评估方法	评估内容	评价部门	改进方向
接受培训人员的直接领导或负责人	面谈、电话调查	知识技能提高,管理能力提高,工作效率提高	人力资源部	完善培训制度

4.4.1.7　员工的职业发展

公司鼓励员工把自身的职业发展与公司发展战略的需要相统一。员工的职业发展有两个方向,一是管理方向,二是专业技术方向。在员工进入公司后,公司就根据员工具体情况和个性化需求帮助员工进行职业发展规划,员工亦可以根据自身发展情况和自己的意愿重新进行职业发展规划。公司为不同类型人员提供平等晋升机会,给予员工充分的职业发展空间,如图 4.4-16 所示。

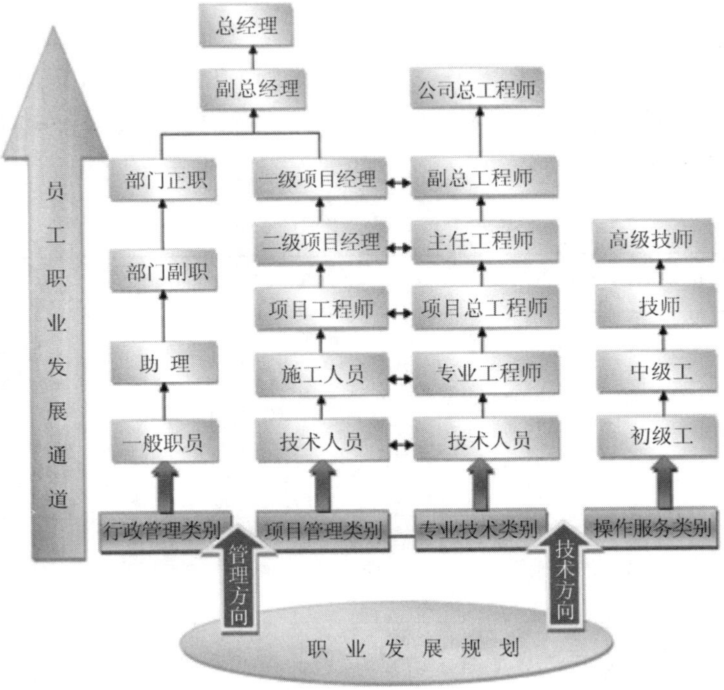

图 4.4-16　员工职业发展通道

(1) 公司不仅为员工提供了广阔的职业发展通道,还通过各种方式促进员工的职业发展,如表 4.4-16 所示。

表 4.4-16　公司支持员工职业发展

支持方向	具体内容
职业发展定位	结合公司发展战略需求,帮助员工进行职业发展规划,进行职业发展定位,并根据职业发展规划为员工提供培训和学习的机会
员工个人发展意愿	根据个人意愿和个性化发展需求为员工提供相应的培训,鼓励员工自我学习和提升,为员工的自我提升提供一定的经费支持
绩效考核结果能力改进	根据员工的绩效考核结果需要进行改进,为员工提供专项培训,提高员工的适应能力,满足岗位需要
公司战略实施和变化	根据公司战略具体的实施情况和变化,对员工职业发展进行引导,鼓励员工专精专长发展,进行一岗专人培养,采用轮岗的方法,培养复合型人才,为员工提供培训、学习的机会,设置专项经费保证实施

（2）实施继任计划,形成梯队人才。公司非常重视人才队伍建设,制定、实施了《人才梯队建设方案》和《岗位导师制》,公司规定各岗位只有培养出合格的继任者才可以获得晋升的机会,没有培养出合格继任者将不得晋升。公司定期选拔优秀的年轻员工作为储备人才进行培养,构建第二人才梯队。在此机制下,公司顺利地完成了新老员工的交替,保证人才队伍的延续性和稳定性,确保不出现人才断层现象。公司针对不同层级的人员实行不同的管理方法,通过具体的实施办法进行人才梯队建设,如表 4.4-17 所示。

表 4.4-17　人才梯队建设

员工类别	管理方法	具体实施办法
中高层管理人员	《人才梯队建设方案》	助理培养,选拔优秀的年轻员工作为储备人才并进行相关培训,由上级直属领导带教和培养
骨干员工（技术类和行政类）	《职业发展规划》《岗位导师制》	助理培养,骨干员工带教培养,选拔优秀员工集中培训和培养,组建第二梯队人才作为储备
一般管理人员和技术人员	《职业发展规划》《岗位导师制》	由老员工对新员工进行带教培养,把带教情况纳入绩效考核中,进行集中培训
操作工	《职业发展规划》《岗位导师制》	由高级技工带教培养熟练工和一般操作工,集中培训

4.4.1.8　员工的权益

（1）公司自成立以来,始终关注员工工作、生活环境的改善,制订了针对不同工种员工的工作环境健康测评标准。对超标的工作环境,一经发现立即限期整改;

对于在高空、粉尘、噪声、有毒等场所作业的员工,公司严格落实劳动保护监督制度,按规定发放劳动保护用品,定期组织开展员工职业健康体检。公司各工作场所重大危险源如表 4.4-18 所示。

表 4.4-18　公司各工作场所重大危险源

作业活动	编号	对职业健康安全存在的危害事件	可能导致的伤害	风险评价					重大危险源
				L	E	C	D	危险等级	
脚手架搭设	1	脚手架未与主体施工同步	高坠物体打击	6	6	7	252	4	是
	2	脚手架无设计和计算	坍塌	1	6	40	240	4	是
	3	架高 7 米以上未与建筑结构拉结(装修阶段)	坍塌	6	6	7	252	4	是
脚手架使用维修拆除	4	脚手架上的杆件连墙点擅自拆除(装修阶段)	坍塌	6	6	7	252	4	是
内架	5	高于 4.5 米的满堂架无施工方案和验算	坍塌	6	6	7	252	4	是
临时用电	6	临时用电无施工方案,方案未审批或无法指导施工	触电	6	6	7	252	4	是
	7	施工现场无三级配电二级保护	触电	6	6	7	252	4	是
塔机使用	8	自由高度超过规定未安装锚固装置,导致塔机倾翻	高处坠落、物体打击	1	6	40	240	4	是
	9	未安装力矩限制器或限制器不灵敏,吊装重物的重量超过规定	高处坠落、机械伤害	3	6	15	270	5	是
起重吊装	10	起重机使用的钢丝绳,已达报废标准仍在使用	机械伤害、物体打击	6	3	7	126	3	是
	11	高处悬空作业未系安全带或安全带无牢固悬挂点	高处坠落	3	6	15	270	4	是

作业活动	编号	对职业健康安全存在的危害事件	可能导致的伤害	风险评价					重大危险源
				L	E	C	D	危险等级	
施工电梯使用	12	无上限器及极限限位器,梯笼发生冒顶	高处坠落、物体打击	1	6	40	240	4	是
	13	超过规定载重或坠落限速器失灵或钢丝绳报废	高处坠落、物体打击	1	6	40	240	4	是
基坑支护	14	支护措施已变形失稳而未采取措施或地质异常未停工	坍塌	3	6	15	270	4	是
防火	15	在易燃易爆场所违章动火	火灾	3	6	15	270	4	是
防中毒	16	食堂购买过期腐烂食品,农药残留蔬菜未洗净	中毒	3	6	15	270	4	是
办公室	17	传染病	死亡	3	6	15	270	4	是

员工工作、生活环境健康测评标准如表 4.4-19 所示。

表 4.4-19　员工工作、生活环境健康测评标准

工作场所	目标/绩效指标	测量周期	测量指标	负责部门
办公区	噪声不大于 60dB(A)	每月	噪声仪现场测定达标	
施工现场	粉尘	每月	目测 1 米以上无颗粒	工程部
	噪声	每月	昼间不大于 70dB(A);夜间不大于 55dB(A)	
	固体废弃物	随机	符合分类处理规定	
	污水	随机	测试达标	
生活区	传染疾病、职业病	随机或每年	无传染病、无职业病	

　　为了落实安全生产责任制,公司针对施工过程中可能会出现的突发情况,安排质安部组织制订了多种情况下的应急处置方案,编制年度应急预案演练计划,组织

开展各种形式的应急演练,确保应急预案的有效性。对工作场所的紧急状态和危险,公司制订了相应的应急预案。

(2) 公司注重员工自我发展,坚持以以人为本的指导思想,努力打造为员工提供施展才华的平台,并根据员工自身实际制订发展计划,提供个性化支持,不断提高员工素质,如表 4.4-20 所示。

表 4.4-20　员工个性需求支持措施

员工类别	个性化需求												支持措施
	薪酬	福利	安全措施	稳定工作	照顾家庭	生活环境	工作环境	工作氛围	学习培训	职业发展	荣誉成就	自我实现	
一线工人	★	★	★	★	★	★	★		★				施工现场按标准化工地建设管理;按相关规定签订劳动合同,建立劳资关系;居住场所按标准化工地建设要求配置;丰富业余文化生活;提高伙食补助;及时检测施工现场噪声、粉尘等,并采取具体解决措施
专业技术人员	★	★			★	★	★		★	★			薪酬向关键岗位倾斜,提高浮动工资,能者多得;为员工提供自学环境和培训机会
引进高端人才					★	★	★	★	★		★	★	公司高层主动与之沟通交流,创造和谐团队氛围;提供有市场竞争力的薪酬;提供住房
中层管理技术骨干					★	★	★		★	★	★		提供学习培训机会,晋升、奖优、评先
高层管理人员					★	★	★		★	★		★	充分授权;职务晋升;带薪休假;加强沟通交流,打造和谐团队

注:★表示员工的需求。

公司于 2005 年制定了《员工福利分配办法》,并参照其他企业于每年 3 月份做出更新补充,确保员工福利分配的公平、公正和普及。工会按照《中华人民共和国劳动法》《中华人民共和国工会法》等法律法规,积极开展维护员工合法权益的活动,全程监督公司为员工缴纳社保。

(3) 公司大力支持员工开展技术工艺创新,成立了以职工代表大会、合理化建议小组、QC 小组等为载体的创新平台,先后通过了《职工代表大会制度》《合理化建议采纳奖励管理办法》《QC 小组管理办法》,鼓励员工积极参与。2012 年至 2014 年,员工合理化建议的采纳次数达 30 多次,QC 小组个数 4 个。具体内容如表 4.4-21 所示。

表 4.4-21　员工各类活动支持

活动分类及关键区域		制度支持	评价与奖励	组织保障
职工代表大会	管理制度	《职工代表大会制度》	通报表扬与物质奖励	工会
QC 小组	产品质量管理	《QC 小组管理办法》	通报表扬与物质奖励	质量管理评审委员会、质安部、工程技术部
合理化建议小组	经营活动过程中发现问题并提出建议	《合理化建议采纳奖励管理办法》	通报表扬与物质奖励	工会、质安部、工程技术部

公司一直坚持以人为本的管理理念,针对施工现场的一线作业人员,公司从饮食起居到文化生活都处处为民工着想,"关爱民工"已成为全体员工的共识,公司从 2014 年 9 月开始提供免费的早中餐,具体活动如图 4.4-17 至图 4.4-25 所示。

图 4.4-17　给灾区人民捐款　图 4.4-18　妇女节女职工活动　图 4.4-19　参加县职工排球赛

图 4.4-20　建筑工地工人休闲室　图 4.4-21　公司捐资助学　图 4.4-22　领导"送清凉"

图 4.4-23 企业文化建设专题会 图 4.4-24 员工旅游 图 4.4-25 表彰先进员工

4.4.1.9 员工的满意程度

(1) 公司每年通过不同渠道收集员工意见,对影响员工满意度的关键因素进行汇总,如表 4.4-22 所示。

表 4.4-22 影响员工满意度的关键因素

调查群体	关键因素								
	薪酬	福利	安全措施	稳定工作	工作环境	学习培训	职业发展	荣誉成就	自我实现
一线员工	☆		☆	☆					
一般管理、技术人员	☆	☆			☆	☆	☆		☆
中高层管理人员	☆				☆		☆	☆	☆

注:☆表示关键因素。

(2) 为提高员工满意度和工作积极性,公司采用问卷调查、座谈会、意见箱等形式,收集各层员工意见,以提高管理、决策水平,如表 4.4-23 所示。

表 4.4-23 员工满意度调查方式

调查方式	方法	调查对象	调查周期	组织保障
问卷调查	发放问卷	部分员工	一年一次	工会
座谈会	以座谈会形式进行		不定期	
意见箱	设立员工意见箱	全体员工	随时	

此外,公司还根据员工流失率、缺勤、抱怨、安全及生产效率等指标,评价和提高员工的满意程度、工作积极性。

(3) 公司通过满意度调查,及时发现存在的问题与不足,制定切合实际的改进措施,提升员工的整体满意度。公司开展的满意度调查分析与实行的改进措施如

表 4.4-24 所示。

表 4.4-24 满意度调查分析与改进措施

调查方式	调查对象	满意率	满意度调查分析结果	改进措施
问卷调查、座谈会、意见箱	一线员工	82%	部分员工认为当前工资偏低；劳动保护措施有待进一步改进；工作之余的生活单调	公司根据当前物价上涨实际，适度调整了一线员工工资；加强劳动保护监督力度；自 2012 年起，公司各项目部都配备了图书室、棋牌室等娱乐设施
	一般管理、技术人员	86%	部分员工认为当前接受学习培训机会少；部分员工认为绩效考核管理落实不够到位；应增加住房补贴	除冬闲培训外，在施工高峰期利用晚上时间，进行相关专业技术课程培训；加强绩效考核的落实力度
	中高层管理人员	87%	部分管理人员认为当前管理的民主程度偏低，应扩大民主决策；部分员工表示外出学习机会少，对自我发展及公司需求的技能造成一定的约束	改进管理方式，落实民主管理制度；公司组织中高层管理人员赴先进建筑施工企业参观学习

4.4.2 财务资源

4.4.2.1 确保资金需求，保证资金供给

公司主要通过工程款回收、银行贷款等渠道来保障日常资金需求、供给，具体如表 4.4-25 所示。

表 4.4-25 资金渠道

资金来源	资金保障			
工程款回收	营业收入由 2013 年的 3.66 亿元提高到 2014 年的 5.04 亿元			
银行贷款	公司被建设银行、杭州银行、浦发银行等银行认定为信用等级优秀单位，授信额度从 2012 年的 2700 万元增加到 2014 年的 27300 万元			
	授信银行	2012 年	2013 年	2014 年
	建设银行松阳县支行(流贷、保函)	2700 万元	3000 万元	3000 万元

续　表

资金来源	资金保障			
银行贷款	杭州银行	—	850 万元	800 万元
	浙商银行(保函)	—	—	20000 万元
	浦发银行(保函)	—	3000 万元	3000 万元
	松阳县农村信用合作联社(保函)			500 万元
	合计	2700 万元	6850 万元	27300 万元

4.4.2.2　资金预算管理

按照公司制订的战略规划、发展方向和中短期生产经营目标,编制全面财务预算,提高资金使用效率,确保日常运营资金,如图 4.4-26 所示。

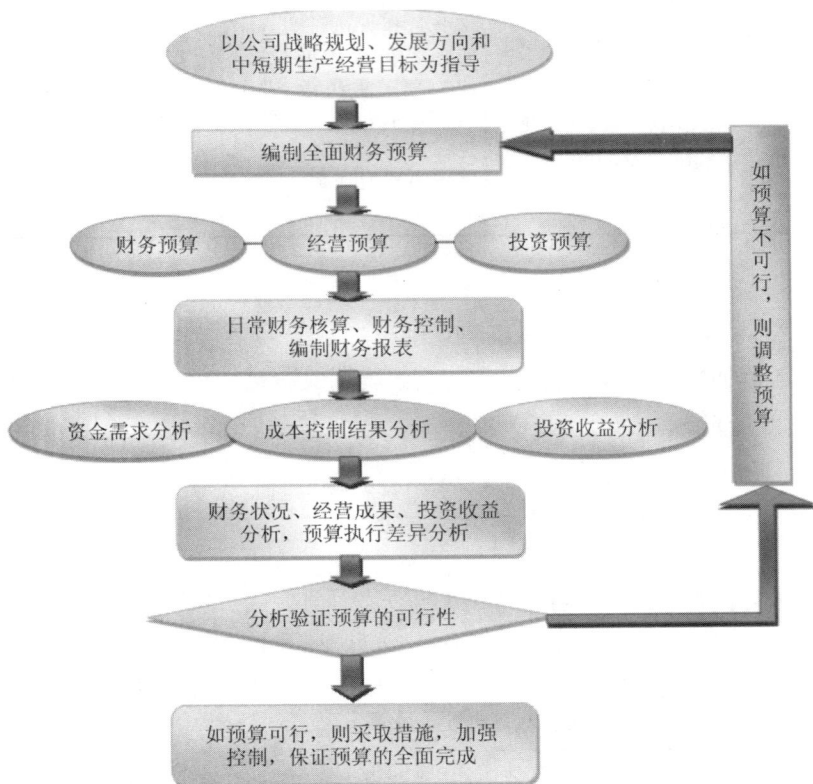

图 4.4-26　资金预算管理流程

4.4.2.3 成本管理

成本管理包括对人工费、材料费、机械使用费的管理。对作业用工和零星用工分别管理,作业用工通过劳务合同进行控制,做好分包工程的询价,订立平等互利的分包合同。材料采购由采购部门控制,主要通过掌握市场信息,应用招标和询价等方式控制。在保证符合设计要求和质量标准的前提下,合理使用材料,以消耗定额为依据,实行限额发料制度,超过限额领用的材料经过项目管理人员核实方可领料。没有消耗定额的根据以往项目的实际耗用情况,结合具体施工项目的内容和要求,制订领用材料指标。对于部分小型及零星材料(如钢钉、钢丝等),则根据工程量计算出所需材料量,由作业者包干控制。施工机械方面,要合理选择设备,不同的起重运输机械有不同的用途和特点。高层建筑中,地面以上部分的总费用中,垂直运输机械费用约占 6%～10%。根据工程的特点和施工条件确定采取何种运输机械的组合方式,所采取的组合方式既要满足施工需要,又要考虑费用的高低和综合经济效益。另外,要加强台班的管理,主要控制台班数量和台班单价两个方面。

通过事前计划、事中跟踪、事后总结分析的有效方法,与项目部经济责任考核指标挂钩,建立责、权、利相结合的项目成本管理机制,如图 4.4-27 所示。

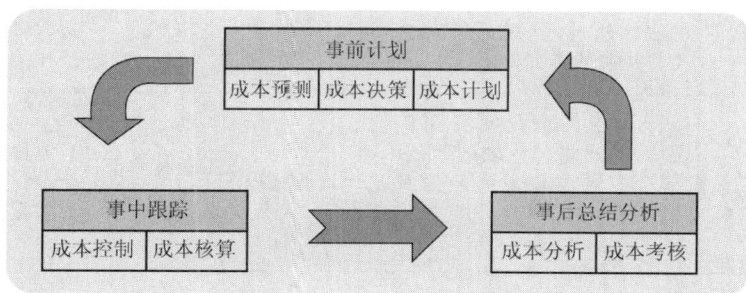

图 4.4-27 成本管理机制

4.4.2.4 财务风险管理

(1) 掌握建设方的资信情况,资金不到位的工程不开工。

(2) 建立稳定的战略分包方合作关系,共同承担资金风险。

(3) 由建设方或房地产商向银行办理抵押贷款。

(4) 及时掌握资金使用情况,有效防止财务风险,通过预算监控发现预算执行的偏差。

(5) 将会计监督和审计监督有机结合,监督资金的使用情况,进行风险控制。

公司将资金的实际使用情况与计划相比较,及时采取必要的措施,适时调整。通过财务计划与实际使用资金情况相比较,按月、季、年分析资金占用和资金使用情况,发现偏差时,采取必要的措施及时调整。公司积极加快资金周转,提高资产利用率,以实现财务资源的最优配置,并提高资金的使用效率和安全性。

4.4.3　信息和知识资源

(1) 识别和开发信息源,确保获得和提供所需的数据和信息,并使员工、供方和合作伙伴及顾客易于获取相关数据和信息。

根据总体发展战略的要求,公司通过多种渠道识别和开发信息源。数据信息分为外部信息和内部信息。外部信息主要包括国家宏观经济政策及有关法律法规、行业动态以及标杆企业、竞争对手、顾客、供应商、合作伙伴的信息,如表 4.4-26 所示。内部信息主要有战略规划、技术开发、运营管理、绩效管理等内部数据信息,如表 4.4-27 所示。

表 4.4-26　公司外部信息识别、采集

信息来源		信息类别	信息作用	责任部门	途径方法
外部信息	法律法规	国家宏观经济政策、国家产业政策及相关变化,影响本企业的法律法规,上级部门对公司工作提出的各种要求	战略制定	人力资源部	政府文函、高层对接、媒体传播
	行业动态	本行业相关企业发展变化情况,国内外相关领域的新技术、新工艺、新材料发展趋势及技术发展趋势,国内外相关行业发展信息、配套产品信息	运营过程	工程技术部、人力资源部	行业协会、技术交流、网络、走访、行业快报、展览会
	顾客	客户的要求、客户的意见	绩效分析	经营部	行业信息、走访、谈话、问卷调查
	标杆企业、竞争对手	竞争对手及标杆企业的发展情况,竞争对手的开发信息	绩效参考	经营部	行业信息、咨询机构、技术交流、走访
	供应商、合作伙伴	与企业相关的物资市场走势及供应商相关信息及变化情况	运营过程	项目部	行业信息、高层对接、走访、网络、问卷调查

表 4.4-27　公司内部信息识别、采集

信息来源		信息类别	信息作用	责任部门	途径方法
内部信息	战略规划	公司的规划发展方向及整体发展情况,方针、目标贯彻、落实情况	战略导向	人力资源部	内部网站、文件、报表、会议
	技术开发	项目组织设计中的相关信息,施工过程中新技术、新材料、新设备相关信息	技术升级	工程技术部	内部网站、文件、报表、会议
	运营管理	各部门工作信息,生产经营的各种分析数据、施工过程信息,内部物资供求信息	过程控制	项目部、工程技术部、质安部	内部网站、办公系统、沟通、文件、会议
	绩效管理	公司企业文化建设、规章制度、工作绩效、考核情况、员工信息	运营分析	人力资源部	内部网站、人力资源系统、生产监控系统

公司从发展战略的角度出发,结合信息系统软、硬件设施的建设情况,持续开发与公司发展相关的信息源,并根据已识别信息源的优先级,制订信息源优先开发计划。特别是对公司战略目标、生产经营活动影响极大的核心信息源,如对重点客户、潜在的大型客户、竞争对手、标杆企业等,加大了开发信息管理力度。同时,公司十分重视对目标市场所属地区及国家的政策、法规的信息收集与管理和对国内同类企业发展策略、开发趋势、市场策略等信息的收集与管理。

为了确保获得和提供所需的数据和信息,并使员工、供方和合作伙伴及顾客在适当时易于获取这些数据和信息,公司明确了各责任部门和责任人所需获取的数据、信息以及获取途径,并加以识别、收集、归纳、汇总,以保证能够及时将信息传递给员工、供方和合作伙伴及顾客。信息获取、处理、发布平台功能架构如图 4.4-28 所示。

(2) 配备获取、传递、分析和发布数据及信息的设施,建立和运行信息系统,确保信息系统硬件和软件的可靠性、安全性、易用性。

办公室作为信息化建设的主管部门,负责信息系统软硬件的建立和运行维护。为了保证信息系统的稳定运行,公司针对应用中容易出现问题的环节建立了预案处理机制。

公司的信息获取、处理、发布工作流程如表 4.4-28 所示。

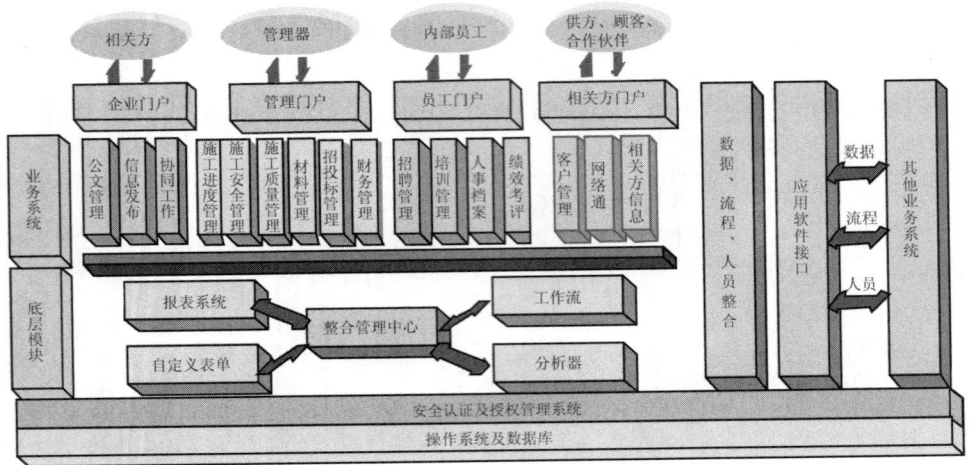

图 4.4-28　信息获取、处理、发布平台功能架构

表 4.4-28　信息获取、处理、发布工作流程

信息获取	供方、顾客、合作伙伴	通过协同办公平台中的供方、顾客、合作伙伴模块进行授权登录,进入办公平台后进行工作内容的浏览和信息的反馈
	内部员工	每位员工使用自己的办公平台账号登录系统后,在 QQ 群中浏览公司下达的工作内容
信息发布	供方、顾客、合作伙伴	在对工作流处理完成后,通过 QQ 群的供方、顾客、合作伙伴等信息发布模块,将处理完成的工作流结果提交给用户,完成阶段性工作
	内部员工	通过协同 QQ 群各信息发布模块,公司将公开的信息及工作下达给内部员工,完成各个工作流任务

为了保证信息的获取、传递、分析和发布,公司建立了信息管理系统,并在此基础上,把局域网、互联网和六大管理模块(办公自动化模块,人力资源信息化管理模块,财务管理信息化模块,施工管理信息自动化模块,招投标、工程预算管理模块,档案管理自动化模块)组成一个信息化管理的完整整体。

公司信息系统软硬件配置如表 4.4-29 所示。

表 4. 4-29　公司信息系统软硬件配置

技术指标项	技术指标数据	技术说明
处理器	CPU 类型：AMD 4200＋、Intel 2.70GHz	2.21 GHz，功耗为 60W；
主板	扩展槽：1×全长全高 PCI	
	1×全长四分之三长 PCI	
	3×半高 PCI	
内存	内存类型：DDR 3	最大内存容量：8GB
	内存插槽数量：4	
存储	硬盘接口类型：SATA	
网络	网络空制器：1 个千兆网卡	
接口类型	标准接口： 1×GE 网口 1×标准 DB15 VGA 接口 1×标准 DB9 串口	4×USB 2.0 标准接口（2 个前置，2 个后置）
管理及其他	系统管理：集成 BMC 管理模块	
	系统支持：Windows XP	
电源性能	电源电压：AC 110V/220V	
外观特征	产品尺寸：87.5mm×447mm×740mm	

公司信息系统六大管理模块软件配置如表 4.4-30 所示。

表 4. 4-30　信息系统六大管理模块软件配置

软件系统	技术说明	作用
办公自动化模块	金和办公自动化管理系统	与其他信息化平台进行整合集成，实现分级设置模式
人力资源信息化管理模块	人力资源管理系统	人事管理条理化、数字化，支持独立模块设计
财务管理信息化模块	新中大财务管理信息化系统	大用户量访问、海量数据存储、数据库三层应用结构
施工管理信息自动化模块	广联达施二企业项目管理系统、BIM	项目三级管理、清单变更管理、工程质量管理

续　表

软件系统	技术说明	作用
招投标、工程预算管理模块	广联达、品茗招投标管理系统	招投标管理、工程预算自动化、定额算量、清单算量、安装算量
档案管理自动化模块	东方飞扬文件档案管理系统	文件登记、文件打印、立卷归档、著录标引、打印输出、档案利用、档案统计

为了确保信息系统硬件和软件的可靠性、安全性、易用性,确保公司信息管理系统的安全顺畅,公司采取如下措施:

● 安全性。

对网络的系统及环境进行安全维护,定期对核心设备进行测试及维护。

建立服务器等核心设备的应急保护预案。

定期对系统漏洞进行加固、修补,应用系统进行定期安全检测,防止黑客入侵、病毒侵害,保证网络安全。

购买正版软件,享受合法的技术支持和服务;安装正版网络杀毒软件,保证网络安全。

建立信息系统数据备份及恢复的应急预案。

健全数据备份机制,建立一套完整的备份管理方案并建立重要数据和重要设备应急保护预案。

● 可靠性。

以公司的发展战略目标为导向,对企业信息化建设的近期和远期发展计划进行统筹规划。

监测服务器的使用情况,定期检测服务器的稳定性。

制订软件系统使用标准、使用规则、权限控制等管控方法。

外包 IT 维护,与有实力的专业网络信息管理公司建立技术维护战略合作伙伴关系,保证核心设备的提供和维护。

建立公司信息网络管理维护制度。

● 易用性。

对硬件设备的档案进行记录,对公司所有硬件设备采用统一管理、统一标准、统一建档的标准化管理。

内部软件与外部系统间留有接口,方便与第三方系统集成,以保证其易用性。

每季度分部门、分批次针对不同对象进行信息化办公培训,保证基层操作人员和管理人员能熟练掌握信息化办公的基本要求。

提供给维护人员可视化的集成网管维护系统。

(3)公司信息系统适应组织的发展方向及业务需要。

为了使信息系统适应公司申报特级施工企业资质的需求,更好地为企业经营发展战略服务,公司不断增加用于信息系统建设方面的软硬件投入,并做出如图 4.4-29 所示的信息管理规划。

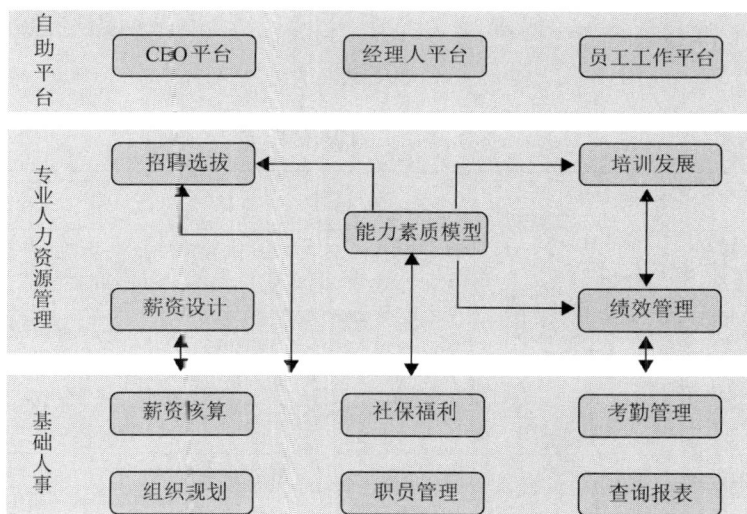

图 4.4-29　信息管理规划

(4)有效地管理公司的知识资产,收集和传递来自员工、顾客、供方和合作伙伴等方面的相关知识,并对其识别、确认、分享和应用。

办公室负责对公司知识资产的管理工作。为了保证在最需要的时候将最需要的知识传送给最需要的人,公司通过知识共享和授权分享、简化知识传递环节等方法来实现知识传递目的,如图 4.4-30、表 4.4-31 所示。

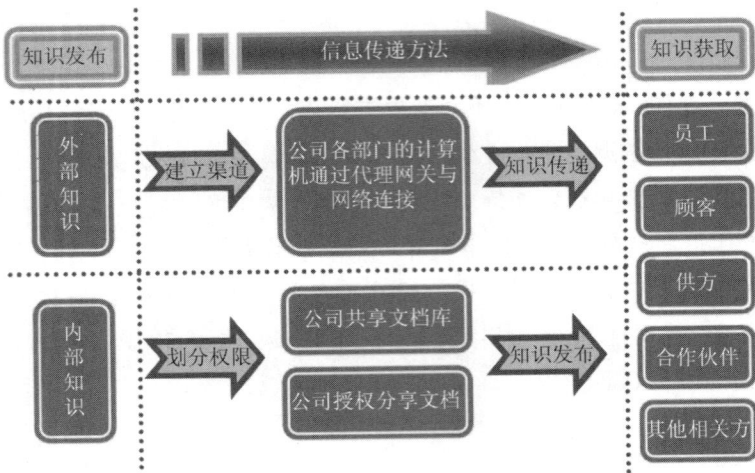

图 4.4-30　知识收集与传递

表 4.4-31　知识分享

	知识来源	目的	内容
公共分享	外部网络、公司网站	有效地获取公司的产品信息和发展动态	行业信息、政策法规、工作动态、人才信息
	会议、走访	公司发展、组织生产经营、工作研究与改进、方法创新	公司规定的职责和业务流程、生产经营例会、专家论证会、质量例会、技术攻关会、部门走访
	上下级之间的工作沟通，员工间的经验、技术交流，师带徒，QC 小组发布会、技能比赛	继承创新、技能共享、提高管理水平和解决工序的有关问题、相互学习、树立典范	面谈、绩效沟通，操作技能、经验交流，课题攻关，技术质量知识交流
授权分享	内部信息系统	使员工能及时了解公司信息，相互学习和交流，技能共享	公司发展动态、产品信息、管理思路、技术创新、先进事迹、工作感想等
	公司局域网	方便信息传递、学习、查询及相关工作的开展	部门信息、制度、相关知识的学习、培训，需相互协作的有关事宜
	运营管理	使管理层能及时有效地掌握公司相关管理信息	公司发展、生产经营形式分析、技术质量问题、员工发展、市场与顾客需求讨论

公司在知识管理方面取得了较好的成果,具体的知识成果应用实践如表 4.4-32 所示。

表 4.4-32　知识成果应用实践

知识类别		知识内容应用	管理平台	归档部门
外部知识	战略管理	市场调研报告、市场分析资料、行业统计信息、相关法规	收集、管理、应用,发布实时共享、应对措施	办公室
	行业技术	行业统计信息、行业法规	收集、管理、应用,发布实时共享、应对措施	工程技术部
	竞争对手、行业标杆	竞争对手及标杆企业的发展情况、竞争对手的开发信息	收集管理应用,发布实时共享、应对措施	经营部
	顾客信息	竣工图纸、竣工结算资料及招投标文件、建议等资料	收集、处理、提供信息给有关部门	人力资源部、经营部
	供应商、合作伙伴	资质、服务质量、文件、图纸	集中管理,传递信息给相关部门,进行管理评价	质安部、项目部
内部知识	运营管理	管理文件、管理流程、制度资料、员工证件、公司资质文件、标准化手册	统一管理、归档	项目部、技术部、质安部
	技术管理	技术创新资料、工作文件、工作总结、程序文件、三体系文件、内审文件	统一管理、归档	技术部
	人力资源	培训、工作考核、总结	绩效管理	人力资源部
	信息管理	培训、会议讨论评审	管理应用	人力资源部
	合理化建议	生产、经营、管理、开发	管理应用、推广应用	工会

(5) 确保数据、信息和知识的准确性、完整性、可靠性、及时性、安全性和保密性。

保证信息的六个特性的措施如表 4.4-33 所示。

表 4.4-33　保证信息的六个特性的措施

准确性	制订知识管理流程,规定各种数据、信息和知识的收集渠道和归档管理部门。外部信息从正规、权威部门和其他途径获取,如行业协会、政府部门网站、正规媒介等。办公室作为信息化建设的主管部门,对各部门日常应用中出现的问题进行处理,并根据业务与部门进行适当分工,同时相互渗透,保证对各部门问题及时解决
完整性	通过六大系统的应用,打破了各种资源(人、财、物、信息、流程)之间的壁垒和边界,实现了对资源配置和开发的优化,增强了公司的决策科学化、管理规范化、经营专业化和运作协同化,提高了管理水平和运营效率,有效支持企业的战略发展
可靠性	根据公司的战略规划和发展方向,公司配备了获取数据和信息的专业设备,包括软件和硬件系统。为保证整个信息化工程的顺利应用,根据不同软件系统的需要,建有与之相应的数据库,对于实时采集到的数据,还建立了实时—关系数据库,各个数据库之间通过用户应用模块实现数据的及时共享。聘请 IT 维护队伍,负责日常网络、软硬件的维护,保证其正常运行
及时性	外部信息:责任部门定期进行收集、更新。 内部信息:通过周报、月报生成生产、质量、财务等生产经营报表。 对技术创新材料定期进行评审发布,对工艺技改的图纸及时更新存档等
安全性	公司建立完善的知识管理规章制度并采取相关的措施,建立安全管理系统。对于所有信息化数据每周集中备份在移动存储介质中,年底把移动存储介质备份数据归档存入公司档案室,建立信息系统数据备份及恢复的应急预案。定期测试、维护、监测服务器的使用情况。使用正版操作系统和数据库软件,安装网络防护软件,保证网络安全,防止黑客的入侵及数据的丢失及篡改
保密性	公司的机密信息可使用公文流转系统在必要人员中流转。制订档案管理流程及管理办法,同时对档案的密度等级进行分类。对借阅资料人员进行登记,外借及外单位人员借阅须办理手续并经有关领导同意。各信息系统设置用户权限和登录密码

4.4.4　技术资源

(1) 公司对拥有的技术评估,与同行先进水平进行比较分析,为制定战略和增强核心竞争力提供充分依据。

● 技术管理机构。

公司成立了由高层领导和公司技术专家组成的技术中心,建立了完善的技术管理机构。按照内部评价体系、外部评价体系的流程进行技术评估。并不断完善技术评价体系,确保技术评估的及时性、合理性、科学性。技术管理机构的组织结构如图 4.4-31 所示。

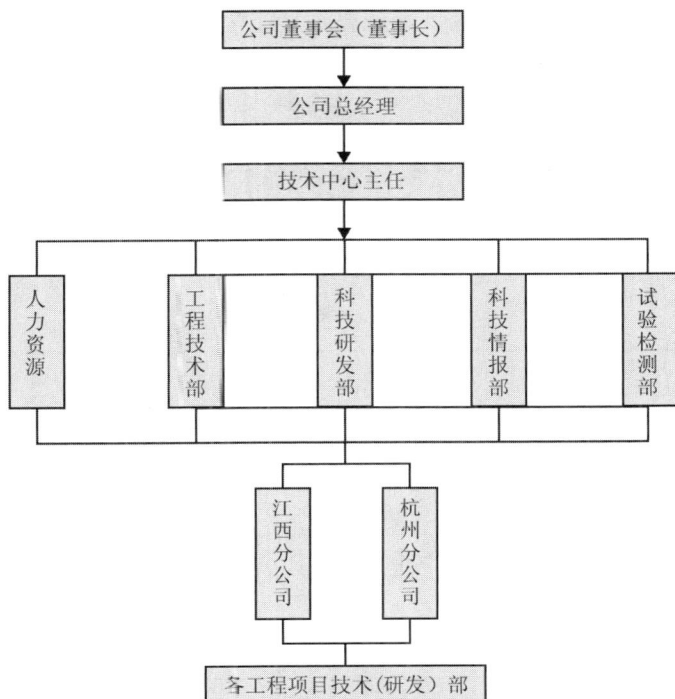

图 4.4-31 技术管理机构的组织结构

● 技术保障。

公司实验室配备了先进的技术检测设备及精准的检测仪器。公司每年编制技术经费预算,并严格控制,确保达到战略目标要求。科技活动经费支出达到产值的 0.3% 以上。公司非常注重利用高校、科研院所等研究机构强大的科研力量,建立良好的产学研合作机制。公司已着手准备利用自身丰富的施工经验和雄厚的资金实力与各高校签订技术合作协议,针对技术难题,与科研院所共同攻关,实现企业和科研院所的双赢。这样既可以为科研院所解决研发经费不足的问题,又为公司的技术创新奠定坚实的后盾。同时,公司还与建筑行业兄弟单位建立了良好的技术合作关系,用各自的技术优势来共同解决施工技术难题,实现科技创新的资源共享。

● 技术评估。

公司通过分析当前国内同行业的技术发展状况,编制了《科技强企职能规划》,确定了科技发展目标,按照评价体系评估和现有的技术水平,确定未来技术发展方向,提出公司的技术优势和差距,完善《科技强企职能规划》。公司还制定了《企业技术中心章程》《技术研发经费使用管理办法》《产学研合作发展管理办法》《企业科技成果管理办法》《科技奖励基金管理办法》。

公司以技术中心、总师办、技术部、项目部及相关职能部门为主体开展的技术评价,收集国内建筑行业的数据信息。利用技术评价体系对公司的工法、专利、科技进步等技术进行评价。内部评价体系和外部评价体系分别如表 4.4-34 和表 4.4-35 所示。

表 4.4-34　内部评价体系

评价层次	评价方式	评价内容	评价结果	评价作用
项目部	项目部内部讨论会	技术难点、新技术	提出实施项目	解决施工难点,为确定技术开发计划提供依据
职能部门	方案初审会	技术难点、新技术	提出立项方案、可行性分析报告	解决施工难点,为制订技术开发计划提供依据,申报企业级工法
总师办、技术部	科技创新专题会	技术创新点	提出改进要求	为确定技术开发计划提供依据,申报省级工法
技术中心	科技创新专题会	技术创新点	提出发展要求,确定立项项目	为战略制定提供依据,向政府主管部门申请技术成果鉴定,申报国家级工法和专利

表 4.4-35　外部评价体系

评估种类	评价方法	责任部门	评估部门	评价作用
行业评审	地方建协组织行业专家评审会	技术中心	地方建协组织的专家评审组	评审省级工法
市级科技主管部门评审	市科技局组织技术鉴定会	技术中心	市科技局组织的专家评审组	申报市级技术成果、市级科技进步奖
省级、部级科技部门评审	省级科技厅、国家科技部组织的技术鉴定会	技术中心	国家相关部门的人员和行业专家、行业协会、第三方专家库专家组成的专家评审组	申报省级技术成果、省级科技进步奖,省级工法、国家级工法及专利

(2) 开发引进新技术,提高公司的技术创新能力。

公司以引进国际先进技术为目标,与国内知名科研院所联合,聘请行业专家,不断提升技术开发能力,通过学习、消化、吸收新技术、新工艺,缩短与同行企业的差距,保持公司技术的领先地位。具体内容如表 4.4-36 所示。

表 4.4-36　技术创新能力

技术创新	创新途径	创新内容	创新效果	资源投入	责任部门
自主创新开发	(1) 收集当前国际技术标准,推广应用新技术。(2) 公司以重大工程为载体,在高层建筑、大型公共建筑、市政方面承揽工程,在现有技术的基础上进行改进	对公司的施工技术及管理技术进行技术开发	(1) 形成公司的核心技术、工艺标准及工法、专利。为满足顾客的需求提供有力的保障。(2) 不断提升施工技术水平,保持和提升总承包能力,保持国内领先的施工技术水平	(1) 公司每年投入科技资金用于对科技的开发、研究。(2) 对创新工作进行补贴并对科技成果进行奖励。(3) 配备先进的技术设备、精准的检测仪器。(4) 配备高端人才	职能部门
积极学习,与外部合作引进技术	通过与专家、学者的技术交流和企业间的友好往来等,获取技术信息,组织相关技术人员学习、加强创新理念	充分利用工艺引进进行技术改造、技术革新、技术开发	加强施工技术创新合作机制,使创新技术能够在企业间相互流动,形成技术创新规模优势		技术委员会
	与有关单位联合进行技术开发与创新。签订合作协议	公司开展产学研等技术合作,积极引进先进技术并推广使用	形成创新、施工一体化的技术进步机制		
创建技术中心	建立科技开发创新体系网络,成立企业技术中心	形成公司技术创新中心,项目部成立技术创新小组,开展内部自主创新等技术活动	形成标准化技术模块,加大科技成果推广应用力度,有效提升科技成果转化水平		技术委员会

(3) 形成和使用技术与专利。

公司积极引进先进技术、技术标准,在企业内部建立了技术开发与技术标准相结合的管理机制。工法与专利的形成和推广使用如表 4.4-37 所示。

表 4.4-37　工法与专利的形成和推广使用

类型	形成	推广使用
省级工法	以工程为对象,以工艺为核心,把先进技术与科学管理结合起来,经过工程实践形成综合配套技术,这项技术成功应用于四个工程项目,经总结形成施工工法	实行标准化施工模块:形成标准化施工图册、作业指导书、企业标准;召开专题会议;建立知识共享机制,通过网络共享传播到项目部
国家级工法	省级工法经建设部专家组评审,把技术领先、科技含量高的项目评审为国内领先的工法,以及对现有的国家级工法有所创新、有所发展而形成新的工法	
专利	针对产品的形状、构造或者其结合所提出的适于实用的新的技术方案,在本行业形成唯一的使用技术。经国家专利局审核批准具备新颖性、创造性和实用性,成为企业的专属,形成专利	

（4）制订技术开发与改造的目标和计划,论证方案,落实增强技术先进性、实用性所采取的措施。

公司总师办、技术部依据《科技强企职能规划》,充分利用科技信息,提出技术开发项目建议,通过技术中心组织论证,确定公司长、短期的技术开发与改造项目。

在技术创新的过程中,公司通过召开专家评审会,邀请行业内知名专家进行论证、提出改进意见,确定技术开发方向。采取人才与项目对接,按照图 4.4-32 的流程强化技术经济可行性论证,从而有效地保障技术开发与改造项目的先进性和实用性。

4.4.5　基础设施

公司是丽水市较大的建筑施工企业,公司依据企业战略规划和施工生产中过程管理的要求以及相关方的需求和期望配备了企业的设备设施,设备结构由单一的建筑施工机械发展为土石方工程机械、基础工程机械、商品混凝土加工机械、路面施工机械等。

（1）根据战略实施计划和过程管理的要求提供基础设施。

充分考虑长、短期战略目标及相关方的需求和期望,根据工艺技术、质量、产能提升和环境改善等要求,有效配置技术先进、高效的设备设施,提升组织竞争力,创造更大的经济效益。公司的建筑机械设备如表 4.4-38 所示。

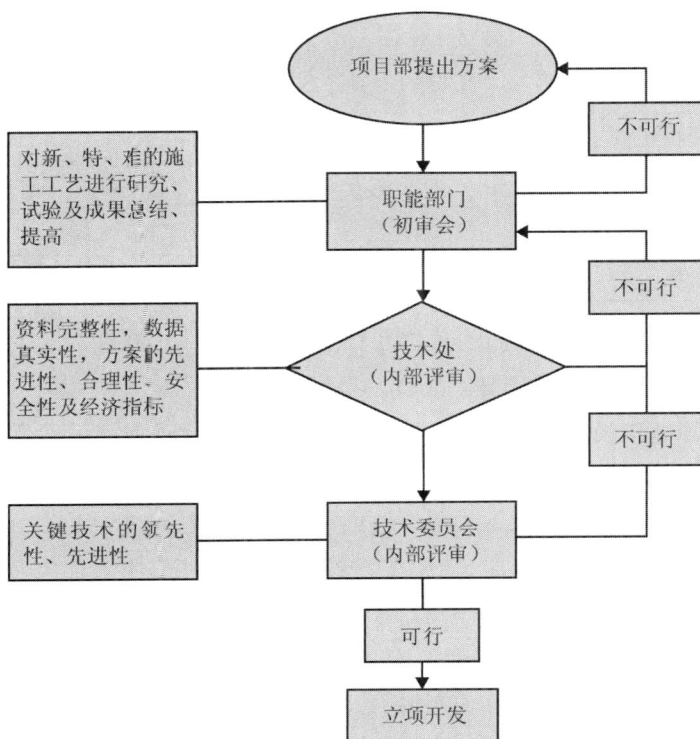

图 4.4-32　可行性论证流程

表 4.4-38　建筑机械设备统计

名称	型号	数量	价格
塔式起重机	QTZ 80(ZJ 5710)	4 台	165 万元
塔式起重机	QTZ 80(ZJ 5910)	1 台	45 万元
施工升降机	SCD 200/200	3 台	75 万元
井式物料提升机	JWSE－80A－I	4 台	20 万元
钢管		2000 吨	710 万元
扣件		25 万套	13 万元
电子汽车衡(地磅)		1 台	6.8 万元
混凝土搅拌车		8 辆	350 万元
混凝土车载泵		1 辆	390 万元
混凝土泵车		1 辆	52 万元

续　表

名称	型号	数量	价格
混凝土搅拌站		1 套	188 万元
砂石分离机		1 套	22 万元
龙工装载机		1 台	25 万元
实验仪器		1 批	5.6 万元

（2）制定并实施基础设施的预防性和故障性维护保养制度。

设备科对设备设施进行设备预防性维护保养，由于公司的大型施工设备属于国家强制管理特殊设备，公司制定了《设备使用、维护管理制度》《设备台账》《设备档案》《设备保养计划》《设备维修保养记录》等设备设施管理制度和标准性技术文件。公司委托具备相应资质的外包单位进行安装、管理、维护、保养，要求按照公司质量管理手册的设备管理要求进行"三级巡回"检查管理，质安部定期或不定期地抽查管理情况。设备科根据大型施工设备的使用说明书，要求并监督受委托单位制订和实施设备的维护、保养计划。受委托的单位在大型设备安装完成后必须向具备检测资质的监测单位申报检测，在检测单位出具检测合格报告后，公司质安部会同受委托单位和项目部进行联合验收，办理移交手续后，方可投入使用。中小型设备则由租赁单位和项目部按照公司质量管理手册的设备管理要求进行维护、保养。项目部设有设备点检员负责对设备进行巡查、维护和保养。公司现已逐步进入全员设备管理阶段。设备预防性维护保养的具体内容如表 4.4-39 所示，设备维护、保养流程如图 4.4-33 所示。

表 4.4-39　设备预防性维护、保养

主要预防性 维护、保养内容	控制范围	责任人	特点
预防性保养	主要生产设备	维修工	维修工对设备关键部位进行检测、修理； 周期：关键设备一个月，主要生产设备一个季度
点检	关键设备	操作工	操作工班前按标准对设备进行点检；维修工根据点检结果进行维护
日常维护	生产设备	操作工、 维修工	日保：以操作工为主，维修工检查； 周保：以操作工为主，设备管理员、维修工指导、检查； 月保：以操作工为主，设备管理员、维修工协助、指导、检查

主要预防性 维护保养内容	控制范围	责任人	特点
正常检修	主要生产设备	维修工	维修人员对设备精度进行检测、修理； 周期：主要生产设备三个月
专业检修	主要生产设备	维修工	维修人员对设备关键部位进行检测、修理； 周期：关键设备一个月，主要生产设备一个季度
预防性检测	关键设备	质安部	制订定期计划，委托专业机构进行检测与自检相结合
设备中修	生产设备	设备 使用部门	自主维修与专业维修相结合
设备大修	生产设备	质安部	制订检修计划，整合内外部维修资源，减少维修时间

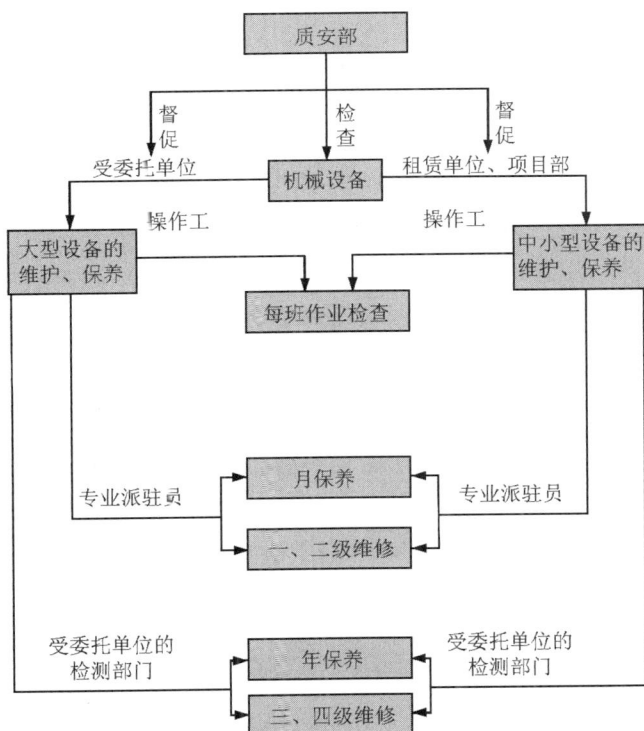

图 4.4-39　设备维护、保养流程

（3）制订和实施更新计划，不断提高基础设施的技术水平。

公司根据总体发展战略、年度目标以及公司发展的技术需要、经营规模、生产特点、产能等因素,制订年度生产设备更新计划,如表 4.4-40 所示。

表 4.4-40　主要生产设备更新计划

设备名称	2013 年	2014 年	2015 年
塔式起重机/台	2(大型)	3	4
市政工程机械/台	6	7	7
实验室设备/台	4	7	5
混凝土罐车/台	5	10	5
超高汽车泵/台	1	2	2

(4) 预测和处置因基础设施而引起的环境、职业健康安全和资源利用问题。

公司十分重视员工的健康安全和工作环境。公司贯彻 GB/T 24001—2004《环境管理体系要求及使用指南》和 GB/T 28001—2011《职业健康安全管理体系要求》,根据生产情况,制订了一系列管理程序,对设施使用可能引起的环境和职业健康安全问题进行了有效的管理。特种作业人员须经培训考试合格后方可持证上岗,杜绝因违规操作产生的风险及污染。对环境因素和风险因素进行充分辨识与评价,识别确认其对于环境及人体健康的影响,并制订紧急状态的应急预案。依据排污监测(根据建筑施工的行业特点,主要对噪声和扬尘进行检测)及岗位安全监测结果,确认基础设施对于环境及人体健康的影响,针对异常的部分及时制定改进措施和对策,有效控制影响安全和环境的因素,充分化解各种风险因素,确保安全生产。应对措施如表 4.4-41 所示,具体流程如图 4.4-34 所示。

表 4.4-41　安全和环境因素应对措施

基础设施	安全和环境因素	解决措施
机械设备	消除安全隐患	编制建筑起重机械安装、拆除方案及应急预案; 现场安全技术交底、验收、自检
	操作安全性	编制安全操作规程,配置安全防护设施
	噪声	采取隔声、消声等措施
	火灾	安装消防设施,配置消防器材
	触电	安装漏电保护开关、接地装置
设备检测	设备缺陷	进行专业机构检测与自检,使设备符合安全技术标准

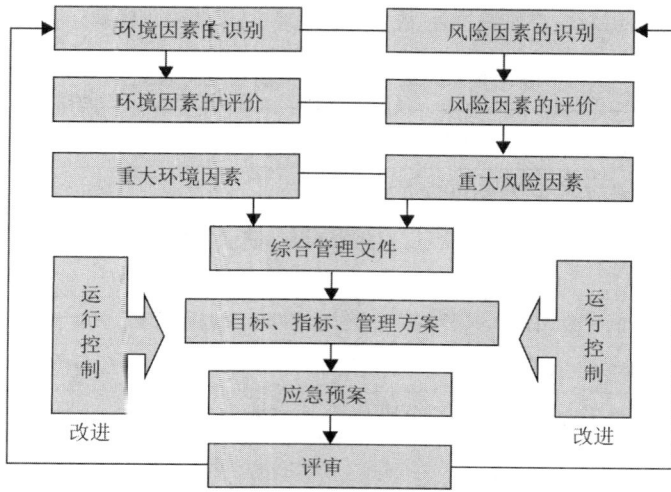

图 4.4-34　应对流程

对于报废设备,严格按照公司报废程序执行(见图 4.4-35),避免造成环境污染。

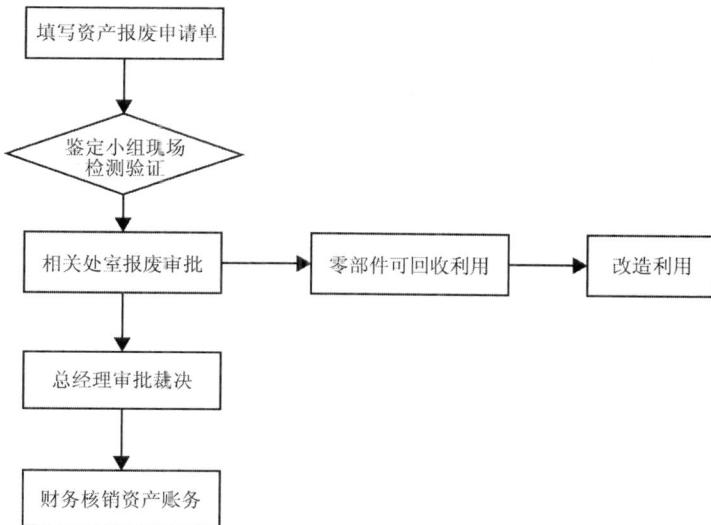

图 4.4-35　设备报废程序

4.4.6　相关方关系

4.4.6.1　相关方利益的维护

公司注重与供方、顾客、银行、股东、员工等相关方建立良好的合作伙伴关系,采购实施过程中极力维护相关方利益,具体内容如表 4.4-42 所示。

表 4.4-42　公司与相关方的利益关系

相关方	与相关方的利益关系	总体关系
供方	扶持供方、互信共赢、发展战略合作	
顾客	确保工程产品及物资质量,确保交付使用让顾客满意,得到顾客的支持	战略伙伴
银行	履行信贷合同条款义务,及时支付利息,获取银行资信、资金保障	
股东	绩效经营,获取效益,维护股东利益	
员工	维护员工合法收入,奖罚分明,确保人力资源充足	

4.4.6.2　相关方分类管理

1)物资供方分类管理

公司根据 ISO 9000 认证管理体系,对供应商合同履约情况通过评分考核进行 A、B、C 类管理。根据供方调查表及供方评定记录表对供方进行分类别管理。采用打分制对供货方业绩进行评定:质量得分(占 60%)=(合格批次÷到货总批次)×60%;按期交货得分(占 20%)=(按时到货批次÷到货总批次)×20%;其他情况(占 20%),如包装质量、售后服务、配合度等。总分 100 分,低于 60 分或质量分低于 48 分时为不合格供方。公司力争与合格供方建立合作共赢,推动双向交流,实现互信、互利、互惠共同发展。具体内容如表 4.4-43 所示。

表 4.4-43　供方分类管理

相关方类型	供方分类	供应商类别	评定标准	合作关系
供方	A 类	厂家	技术先进、质量保证、实力雄厚、供货业绩好、施工业绩好	互惠、互信、互利、互赢、共同发展
		经销商	交货期及时、供货时间短、价格合理、服务质量好	
	B 类	厂家	质量保证、实力雄厚、供货业绩好、施工业绩好	
		经销商	交货期及时、供货时间短、价格合理、服务质量好	

相关方类型	供方分类		供应商类别	评定标准	合作关系
供方	C类	合格	厂家	质量保证、供货业绩好	互惠、互信、互利、互赢、共同发展
			经销商	交货期及时、供货时间短、价格合理	
		不合格	厂家	质量不可靠、不稳定、供应不及时	
			经销商	交货期不及时、供货时间长、价格不合理、服务质量差	
		试用再定	厂家	质量保证、价格合理、交货期及时	
			经销商	服务质量差	

2）分包方分类管理

公司的分包方分类管理如表 4.4-44 所示。

表 4.4-44　分包方分类管理

分包方类型	分包内容	要求	分包类型	合作关系
土建类	基坑支护、桩基工程、桩基检测工程类分包	具有相应资质及安全生产许可证，人员具有良好的技术及管理素质，具备良好的履约能力、履约信誉。机械设备满足要求，技术先进，性能稳定可靠，过程配合积极	专业分包	分包方之间达成高层次的合作关系，在相互信任的基础上，建立双方为实现共同的目标共担风险、共享利益的长期合作关系，实现双方长久的互利双赢、共同发展
	主体工程（包括结构主体、砌筑、地坪、抹灰、外墙砖、屋面保温隔热等）类分包		劳务分包	
	外墙保温工程、外墙涂料、门窗及栏杆供货及安装工程、幕墙、玻璃雨篷、防水工程类工程分包		劳务及专业分包	
	网架结构、膜结构工程类分包		劳务分包	
设备工程	室内常规水电安装工程、变配电高低压设备安装，供电接驳、弱电及智能化系统工程类分包	具有相应资质及安全生产许可证，人员具有良好的技术及管理素质，机械设备满足要求，具备良好履约能力、履约信誉	专业分包	
	消防工程、人防工程、电梯采购及安装、空调安装、停车场管理系统工程类分包		劳务及专业分包	

续 表

分包方类型	分包内容	要求	分包类型	合作关系
装饰工程	精装修、精装修卫浴设备采购、橱柜安装工程类分包	具有相应资质及安全生产许可证,人员具有良好的技术及管理素质,机械设备满足要求,具备良好履约能力、履约信誉	专业分包	
市政工程	室外道路工程、标识系统工程类、室外供排水工程、供热系统工程、泛光照明工程、绿化工程类分包		劳务及专业分包	

3)相关方关系管理

公司积极采取措施,加强相关协作方的技术协作。为加快工程施工进度、实现业务收入的提高,公司与一些主要建筑材料商(钢筋、水泥、木料等)建立一定的战略合作关系,在材料交付速度、材料质量、合同款项支付方法等方面更符合各自的发展,进而提高公司的绩效。公司在经 ISO 9001:2008、ISO 14001:2004 和GB/T 28001—2001"三合一"质量认证体系认证后,各部门严格把关,选择实力较强、信誉较好的分包队伍。公司通过精简相关供应商、分包商数量,与基础扎实、发展前景良好的合作商建立长期友好的合作关系,力争在互利中共同发展,共同进步。

4.4.6.3 与相关方的合作

1)与材料相关方的合作

(1)公司重视对相关方的管理,坚持"平等互利、合作双赢、保障资源、共谋发展"的指导思想,制定了《供方评价管理制度》,极大地维护了相关方的利益。

①与实力雄厚、资源稳定的优秀供应商签订长期采购供销合同,在供销价格上给予一定比例的优惠,以保证货源的充足供应。

②在资金上给予支持,在资金上保障支付,尤其是钢材供应商,给予其资金保障的基础上,为其提供银行贷款信誉担保。同时对中小型供应商提供资源优势,帮助办理相关手续以扩大生产规模。

(2)公司在与供方合作过程中,依靠优秀供应商,扶持优良供应商,提升合格供应商。

2)与分包方的合作

为了实现共同目标,公司与分包方达成高层次的合作关系,在相互信任的基础上,建立共享利益的长期合作关系,实现双方长久的互利双赢、共同发展。

通过合资合作方式,给分包带来资金资源、先进技术、管理经验,提升公司技术的核心竞争力和拓展市场的能力,通过共享竞争优势和长期性、战略性的协同发展,为合作各方带来双赢的效果。

通过对分包方的资金、技术、管理投入,扶持分包方的核心竞争力,重点扶持劳务企业的成长和发展,实现双方长久的互利双赢、共同发展。

3)与产学研供方的合作

公司积极与合作方共同开发,实现双赢,如表 4.4-45 所示。

表 4.4-45 产学研供方的扶持与发展

合作方类型	合作单位	合作形式
供应商	松阳万寿建材有限公司	(1)公司提出技术要求,提供技术开发资金、检测费用,参与技术开发,并负责产品试用,提出改进意见。 (2)合作方进行技术开发,形成成套技术、产品,并负责产品的检测鉴定
	江苏沙钢集团有限公司	
	松阳县西河新型墙体材料厂	
科研院所	浙江理工大学建工学院 （正在着手准备中）	

4.5 过程管理

对公司关键管理过程进行识别、设计、实施、改进。

4.5.1 过程的识别

公司以房屋建筑、市政工程和专业工程为主营业务,不同于一般的生产经营企业,公司的生产对象和交付使用的"产品"是工程项目,经营活动以项目为出发点,为中心和归宿。公司性质决定了公司基本的施工经营过程,如图 4.5-1 所示。其中,招投标过程、采购过程、项目实施过程、项目交付及维修服务过程为关键过程。

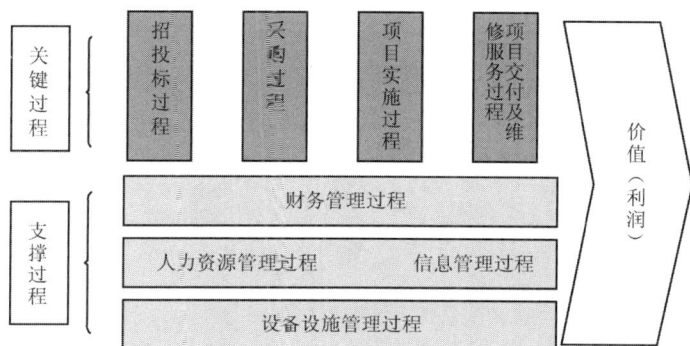

图 4.5-1 施工经营过程

表 4.5-1 主要说明了公司产品全过程对组织赢利和成功的贡献有多大,通过综合判断,区分哪些是关键过程,哪些是支持的过程。

表 4.5-1 公司产品过程分析

产品全过程	过程对组织赢利和成功的贡献	识别
招投标过程	招投标过程是公司发展战略得以实现的关键,是公司实现赢利的前提和组织生产的关键过程	关键过程
采购过程	物资采购约占产品价值的 60%,采购过程的好坏对确保过程质量、准时交付和成本控制以及与供应商的同步成长战略的影响重大	关键过程
项目实施过程	根据顾客要求和设计部门的设计方案组织实施,是确保工程技术质量、准时交付、成本控制及安全、环境控制的重要过程	关键过程
项目交付及维修服务过程	根据顾客要求和设计部门的设计方案确保竣工验收合格,回访保修项目落实,提高顾客满意度,是公司持续发展的重要环节	关键过程
人力资源管理过程	通过招聘、培训、绩效考核等管理形式对公司内外相关人力资源进行有效运用,满足公司当前及未来发展的需要,是保证公司目标实现的支持过程	支持过程
信息管理过程	通过建立信息管理平台,及时准确地获取、传递、共享信息,提升运营和管理效率,提高公司业绩	支持过程
设备设施管理过程	设备设施是施工生产所必需的基础条件,设备设施管理是公司施工经营有效性和效率提高的基本保障	支持过程
财务管理过程	通过资金的筹集、使用和分配使公司的经济活动有效运行,促使完成公司经营目标	支持过程

公司确定了项目关键过程的主要相关方、过程要求及可测量的关键过程指标与指标值,如表 4.5-2 所示。

表 4.5-2 关键过程主要相关方、过程要求及指标与指标值

关键过程	分项	主要相关方					关键过程要求	关键过程指标	指标值/%
		顾客	员工	供方	社会	股东			
招投标过程	信息来源	☆			☆	☆	分类汇总分析	准确率	100
	投标文件评审	☆				☆	投标文件编制、评审	评审率	100
	合同评审与交底	☆	☆		☆	☆	合同评审、签订和交底	评审率	100
								合同交底率	100
采购过程	供应商管理	☆		☆		☆	供应商选择、评价	供应商评价	100
	签订合同			☆		☆	履行的时间、质量、售后服务	合同履约率	100
	集中采购			☆		☆	降低成本、提高质量	集中采购率	96
	入库验收	☆		☆		☆	入库前验收	原材料合格率	100
项目实施过程	施工成本管理		☆		☆	☆	采用施工图预算控制成本支出	季度成本分析考核率	100
	施工进度管理	☆	☆	☆	☆	☆	满足合同约定要求及进度管理目标	月、季进度目标完成情况	>90
	施工安全、环境管理	☆	☆	☆	☆	☆	杜绝安全重大事故、环境污染事故	安全、环境重大事故	0
								轻伤率	≤2‰
								环境污染排放	达标
	施工质量管理	☆	☆	☆	☆	☆	兑现投标书的质量承诺,完成质量目标	检验批、分项、分部工程一次验收合格率	>90
								单位工程验收合格率	100

续 表

关键过程	分项	主要相关方					过程要求	关键过程指标	指标值/%
		顾客	员工	供方	社会	股东			
项目实施过程	施工技术管理	☆	☆			☆	施工技术二次深化设计,严格履行施工技术管理程序,新技术推广创新	优化设计通过率	>90
								自审、会审、设计交底率	100
								新技术应用率	75
	分包管理		☆	☆		☆	满足合同约定要求及公司管理目标要求	合同履约率	100
								质量、安全目标完成率	100
项目交付及维修服务过程	竣工交付验收	☆			☆	☆	满足合同约定要求及时交付	竣工验收合格率	100
	保修投诉处理	☆			☆	☆	快速有效服务	投诉、保修项目落实率	100
	回访	☆			☆	☆	了解顾客需求,实现承诺	回访计划落实率	>80

注:☆表示主要相关方。

4.5.2 过程的设计

1) 项目实施过程的设计

项目实施总流程设计如图 4.5-2 所示。项目实施过程分为项目策划、项目管理、项目交付与维修三个阶段,如图 4.5-3 所示。全面控制、管理顾客及相关方重点关注的成本管理,进度管理,安全、环境管理,质量管理,技术管理,分包管理等六大控制要素,满足公司项目管理及相关方交付过程的要求。

工程施工图自审

编制施工方案　　图纸会审　　确定技术难点

督促落实　　方案会审定稿　　转总工办做方案

因果分析优化　　制订工程项目计划

协助办理开工手续　　合格供方评审　　组织技术交底　　关键工序控制

参加各方协调会　　内外业检查

组织实体检测　　控制专项、中间验收

分包方资质审查　　装修阶段控制

控制工程竣工内外业

参与、组织竣工验收　　售后管理　　定期回访顾客

内部实地评估工程质量　　接受投诉、保修维护

确定申报优质工程　　顾客满意度调查

精膏工程内外业

优良工程申报

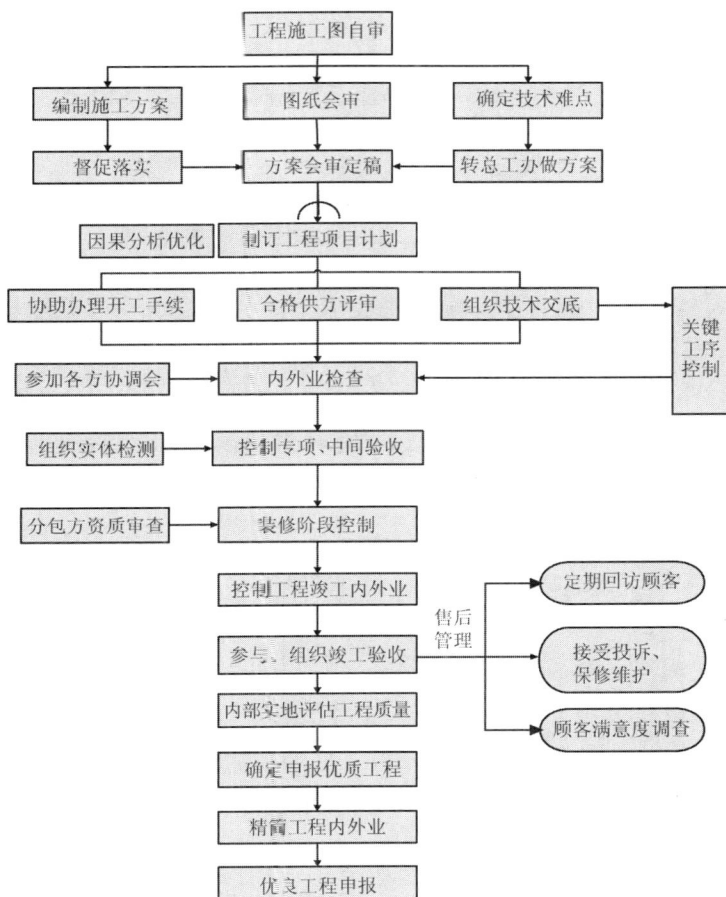

图 4.5-2　项目实施总流程设计

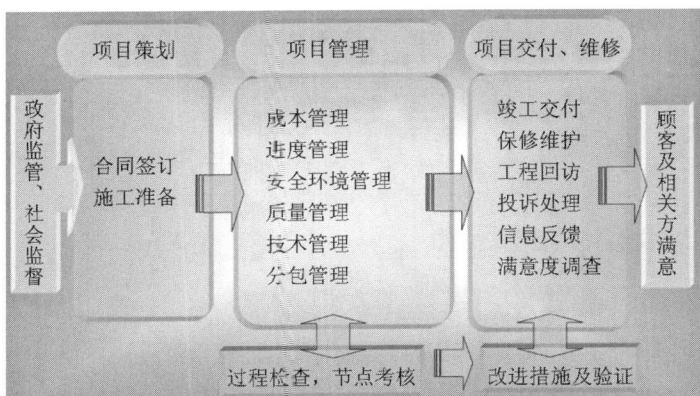

政府监管、社会监督

项目策划
合同签订
施工准备

项目管理
成本管理
进度管理
安全环境管理
质量管理
技术管理
分包管理

项目交付、维修
竣工交付
保修维护
工程回访
投诉处理
信息反馈
满意度调查

顾客及相关方满意

过程检查，节点考核　　改进措施及验证

图 4.5-3　项目实施过程

①成本管理过程的设计如图 4.5-4 所示。

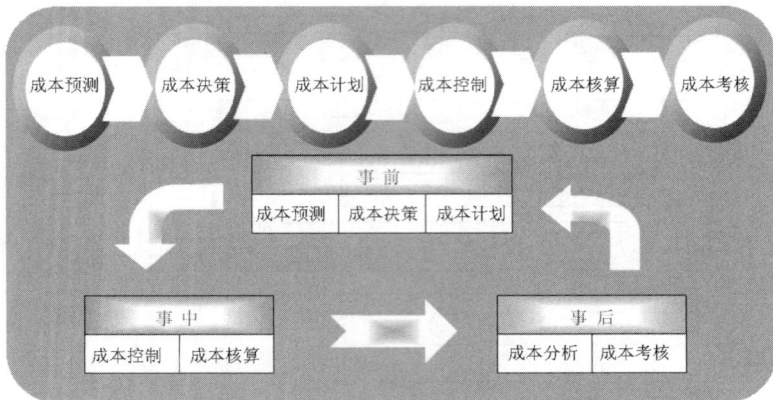

图 4.5-4　成本管理过程

②进度管理过程的设计如图 4.5-5 所示。

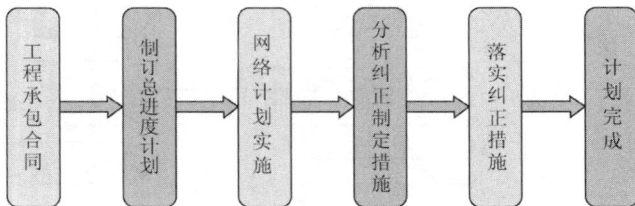

图 4.5-5　进度管理过程

③质量管理过程的设计如图 4.5-6 所示。

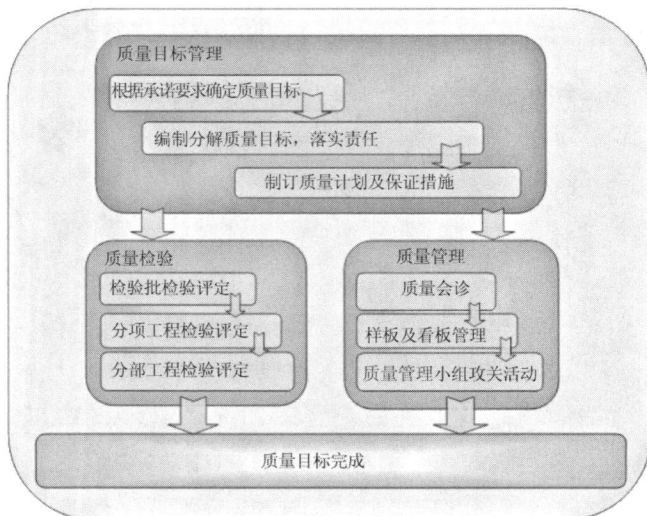

图 4.5-6　质量管理过程

④安全、环境管理过程的设计如图 4.5-7 所示。

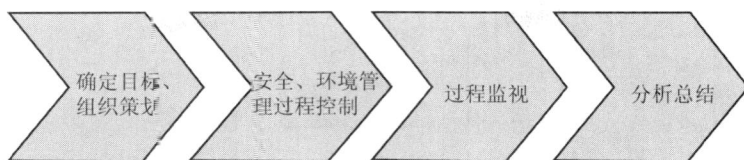

图 4.5-7 安全、环境管理过程

⑤技术管理过程的设计如图 4.5-8 所示。

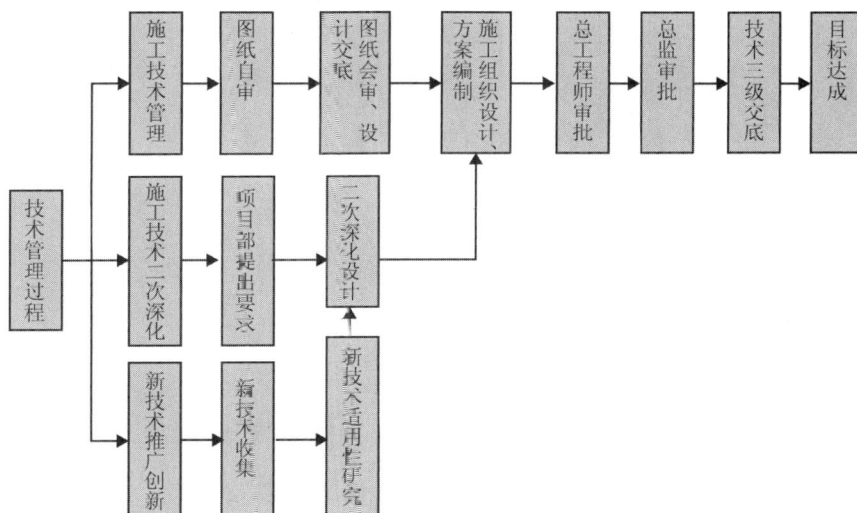

图 4.5-8 技术管理过程

⑥分包管理过程的设计如图 4.5-9 所示。

图 4.5-9 分包管理过程

⑦项目交付及维修服务过程的设计如图 4.5-10 所示。

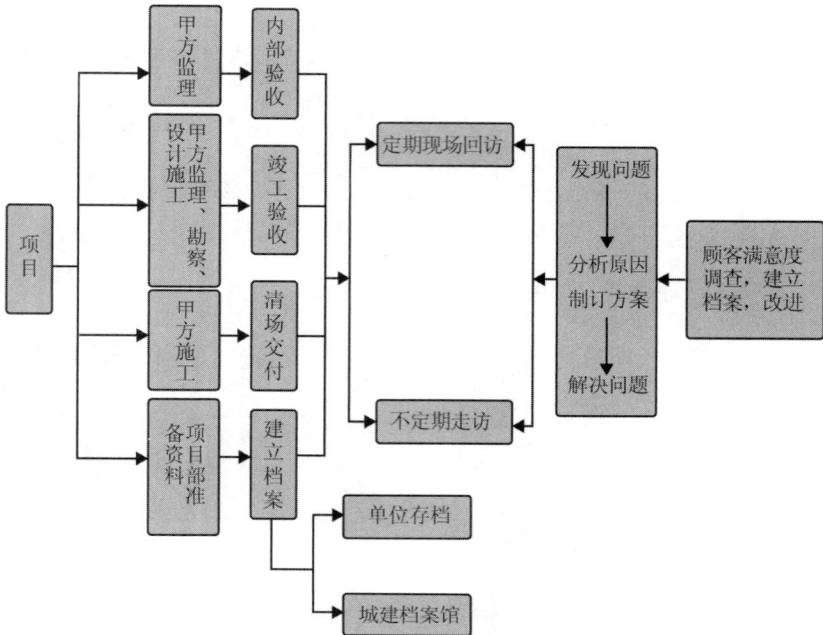

图 4.5-10 项目交付及维修服务过程

2）新技术、新方法、新工艺

在各大过程中,公司采用的新技术、新方法、新工艺如表 4.5-3 所示。

表 4.5-3 新技术、新方法、新工艺

应用领域	新技术、新方法、新工艺	应用方式
安全管理	电梯井口防护门、升降机楼层防护门施工	统一定型标准化的网格防护门
	临边防护	新型拆装式型钢网格防护板
	塔式起重机远程监控	采用电子监控系统和驾驶员操作卡
	电子监控	采用电子监控系统对施工现场进行无死角管理
技术管理	建设部推行的十项新技术	在技术创新实施中有效地利用建设部推行的建筑业十项新技术和同行业的新技术以及自主创新技术
进度管理	进度控制现代化管理	采用 Project 横道图、梦龙网络计划等进度管理软件

应用领域	新技术、新方法、新工艺	应用方式
成本管理	成本控制现代化管理	采用品茗、神机妙算、CAD、天正等现代化管理软件直观、快捷、科学准确地管理成本,降低生产的成本
质量管理	施工工艺质量控制创新	通过 CAD 软件计算放样指导施工、样板先行、看板管理等
招投标管理	投标报价,编制清单	采用品茗、神机妙算软件计算编制报价,使清单及报价更加准确合理

3）过程的应急准备与应急响应

现场发生事故后,应立即启动相应的应急预案,或者采取应急控制措施,防止事态扩大和次生灾害发生,减少人员伤亡和财产损失。

公司识别、评价潜在的各种隐患事故与突发事件和紧急情况,并制订各种应急预案,对相关人员进行相应的培训。每年不定期进行应急预案演习,并对演习效果进行评估,对演习中存在的问题进行方案改进更新,提高组织的应急能力及员工处理各种紧急情况的能力。公司的应急预案如表 4.5-4 所示。

表 4.5-4　应急预案

预案名称	责任单位
《火灾事故应急预案》	质安部
《机械伤害事故应急预案》	质安部
《起重伤害事故应急预案》	质安部
《高处坠落事故应急预案》	质安部
《物体打击事故应急预案》	质安部
《触电事故应急预案》	质安部
《坍塌、倒塌事故应急预案》	质安部
《台风自然灾害应急预案》	质安部
《停水、停电突发事件应急预案》	质安部
《中毒事故应急预案》	质安部、办公室
《公共卫生突发事件应急预案》	质安部、办公室

现场发生生产安全事故后,项目部应立即上报政府有关部门并立即启动相应的应急预案。安全事故应急响应流程如图 4.5-11 所示。

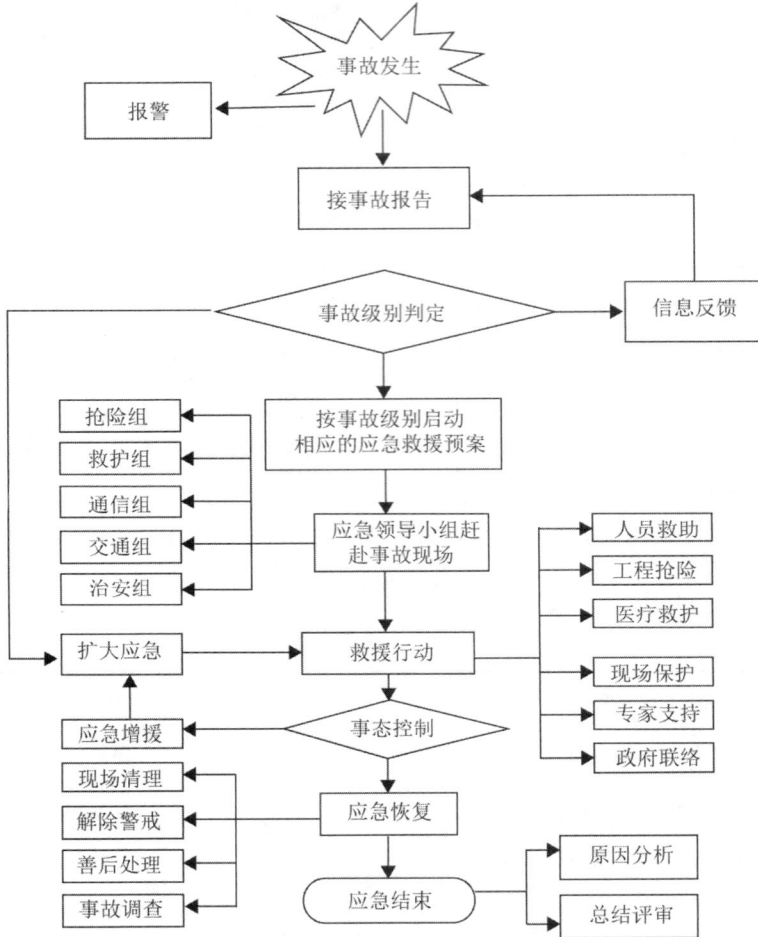

图 4.5-11 安全事故应急响应流程

4.5.3 过程的实施

4.5.3.1 成本管理过程的实施

施工成本管理过程采用 PDCA 循环管理原则,促使施工项目系统内各种要素按照公司的目标运行,使施工项目的实际成本能够控制在预定的计划成本范围内。

(1) 成本预测:根据外部环境以及公司施工工艺水平和定额,结合对人工、材料和机械费用的预测,计算得出目标成本,并参照目标成本控制实际成本,达到成本控制目的。

(2)成本决策:在成本预测的基础上,采用定性分析和定量分析的方法,结合公司情况和相关资料,进行多种成本方案的比选,最终确定最优的成本方案。

(3)成本计划:在成本决策的基础上,根据计划期的生产任务、降低成本的要求及有关资料,以货币计量的形式表示计划期施工成本计划,并将其作为控制与考核成本的重要依据。

(4)成本控制:根据成本管理目标,在施工成本发生前和过程中,通过对各种影响成本因素的有效预防和控制,确保成本目标实现。

成本控制分为人工费成本控制,材料费成本控制,施工机械使用成本控制,脚手架、模板等周转设备材料成本控制,专业分包成本控制,安全质量事故成本控制,进度成本控制。

① 人工费成本控制:参照公司内部承包价,签订劳务合同,通过建立稳定的劳务合作关系、加强工程验收和分包结算工作,有效控制人工费成本。

② 材料费成本控制:材料费成本控制采用量价分离的原则,控制材料的用量和价格。降低材料采购、管理成本,实现降低成本目标。同时有效控制材料的消耗。根据公司《采购管理办法》《供方评价管理制度》,采用招标比价、集中采购等方式控制材料价格。

③ 施工机械使用成本控制:根据公司《机械租赁管理办法》有关要求,通过施工机械的合理选择和优化、控制台班数量、控制台班单价,达到降低成本的目标。

④ 脚手架、模板等周转设备材料成本控制:根据公司《周转材料租赁管理办法》及有关规定,尽量选用公司现有周转设备材料,并提高旧料回收周转利用率,以减少资金投入,充分发挥现有周转设备材料及旧料价值。现有周转设备材料不能满足使用要求时,再考虑租赁和购买。通过加强周转设备材料租赁计划管理、计量验收管理、进退场管理、减少闲置浪费,充分利用社会闲置周转设备材料资源,实现控制周转设备材料费成本的目的。

⑤ 专业分包成本控制:做好专业分包工程费用的询价工作,掌握市场信息,应用招投标方式控制分包费用的采购价格。订立平等互利的分包合同,建立稳定的专业分包关系网络,降低分包成本,实现降低成本的目标。

⑥ 质量安全事故成本控制:根据现场实际情况,科学合理地布置施工现场平

面,为安全文明施工、绿色施工创造条件,减少浪费。严格执行技术方案,减少一般事故,消灭重大安全事故和质量事故,将事故成本降到最低。

⑦ 进度成本控制:根据施工合同及公司施工进度要求,结合项目部的施工能力,切合实际地安排施工进度,迅速发挥投资效益。应用网络计划技术编制施工进度计划,力求科学化,在尽量不增加资源的条件下,保证施工过程的均衡性和持续性,缩短工期,有效控制进度成本。

(5) 成本核算:计算施工项目总成本和单位成本。通过实际成本与目标成本和计划成本进行比较,了解项目实施阶段的经营情况,为下一阶段的成本预测和决策提供资料。

(6) 成本考核:施工项目完成后,按施工项目成本目标责任制的有关规定,将成本的实际指标与计划、定额、预算进行对比和考核,评定施工项目成本计划的完成情况和责任者的业绩,并以此给予相应的奖励或处罚,以提高成本管理者的成本意识,使其更好地履行成本管理责任,提高企业整体的成本管理水平。

4.5.3.2 进度管理过程的实施

公司按照工程承包合同,根据建筑类型、结构特征、施工方法、施工技术、施工管理水平、机械化程度及施工现场的地形和地质条件等影响因素制订施工总进度计划,并与项目部签订目标责任状,将目标责任分解落实到人。

项目部采用网络法控制进度,确定工程的关键线路,并通过对月计划、季计划等的动态管理,确保关键线路顺利实施。如果关键线路项目施工时间比计划增加了,则在尚未完成的关键工作中选择强度小或费用低的工作缩短其持续时间。用网络法制订施工计划和控制工程进度,使工序安排紧凑,便于抓住关键,保证施工机械,人力、财力、时间均获得合理的分配和利用。

公司每月月末组织各职能部门联合检查,考核进度计划的执行情况。项目部对各项目的进度情况也进行不定期的检查,紧密跟踪进度的实际情况。进度计划与实际进度情况有偏差时,及时组织相关职能部门与项目部召开例会,分析造成偏差的原因,制定赶进度的相应措施。通过增加劳动力和作业时间、改进施工工艺和技术、采用新型材料和适宜的机械设备、实行包干奖励等办法保证进度,最终完成目标计划。

4.5.3.3 质量管理过程的实施

为了保证质量目标的实现,建立目标管理体系,公司将质量目标逐级分解、落实。明确各级人员的职、责、权,通过制订项目质量计划确保质量目标顺利实现。

重点做好以下几个方面的工作:

(1) 根据目标管理活动内容,明确各级部门及岗位的职责。

(2) 建立完善有效的目标管理信息传递系统。

(3) 制订相应的质量管理标准、考核评价标准和方法、奖惩办法。

公司质量管理严格执行 PDCA 循环,严格按照 GB/T 50430—2007《工程建设施工企业质量管理规范》执行,从影响工程质量的人、机、料、法、环、检等方面入手,对源头、过程严格控制,实施精细化管理,创精品工程,形成自下而上、一环扣一环的质量控制链,保证工程质量始终处于可控状态,确保质量目标实现。

① 人员。工程开工前,组织施工人员参加专业技能培训。项目技术负责人对施工班组进行技术交底。要求施工人员树立质量意识。

② 材料。原材料进场前,对原材料的品种、规格、数量以及质量证明书等进行验收核查,并按有关标准的规定取样和复验。经检验合格的原材料方可进场。对于检验不合格的原材料,应按有关规定清除出场,杜绝不合格产品在工程中使用。

③ 方法。施工前,项目部针对看板管理先做出样板,从工艺、工序的每个环节控制工程质量。在施工过程中出现的疑难问题,组织质量会诊,制订解决方案。主要工序编制施工作业指导书,记录施工工艺及要点。积极开展质量管理活动,运用及推广工法或新技术、新材料。

④ 机械。公司加强对施工机械设备的维护保养,确保机械设备完好及性能稳定可靠,满足施工过程连续均衡作业的要求,确保质量目标的实现。

⑤ 环境。公司严格执行季节性施工方案,监督检查方案落实情况,持续改进,确保质量目标实现。

⑥ 检验。完工后操作者自检合格的,由专职质检员进行检验批验收评定,在各检验批验收合格后,由专业监理工程师组织技术负责人、质检员进行分项验收,验收合格的,由总监理工程师组织施工单位质量部门负责人和项目经理进行分部验收。

⑦ 分析总结。公司定期对项目部进行质量检查,落实项目质量全过程控制及全方面、全员的质量目标管理的实施情况,及时纠偏。项目部定期组织质量例会,收集、分析、汇总质量难点,编制预防及整改措施。公司针对质量通病、难点编制了《质量通病防治措施》(见表 4.5-5),并不定期地组织相关人员进行质量会诊及质量管理攻关活动,对存在的问题进行分析改进。

表 4.5-5　质量通病防治措施(部分)

质量通病	现象	处理措施
回填土密实度达不到要求	回填土经夯实或辗压后,其密实度达不到设计要求,在荷载作用下变形增大,强度和稳定性下降	不合要求的土料挖出换土,或者掺入石灰、碎石等夯实加固。因含水量过大而达不到密实度要求的土层,可翻松晾晒、风干或均匀掺入干土等吸水材料,重新夯实;含水量小的,可增加夯实次数
防水砼施工缝渗漏水	施工缝处砼松散,骨料集中,接槎明显,沿缝隙处渗漏水	根据渗漏水压大小,采用促凝胶浆或氰凝灌浆堵漏;不渗漏的施工缝,可沿缝剔成八字形凹槽,剔除松散石子,用素水泥浆打底,抹1:2.5水泥砂浆压实
楼地面面层不规则裂缝	预制板楼地面或现浇板楼地面上会出现不规则裂缝,有的表面裂缝,有的连底裂缝,位置和形状不固定	对于尚在继续开裂的活裂缝,为了避免水或其他液体渗过楼板而造成危害,可采用柔性材料(如沥青胶泥、嵌缝油膏等)做裂缝封闭处理。 对于已经稳定的裂缝,则应根据裂缝的严重程度做如下处理:……

4.5.3.4　安全、环境管理过程的实施

(1) 确定目标、组织策划。对安全、环境管理目标进行分解,公司与质安部、项目部与劳务公司逐级签订安全生产责任状与绿色施工生产责任状,制订目标指标管理方案,层层分解,落实到人。

(2) 安全、环境管理过程控制。公司为确保安全、环境管理目标的实现,在安全、环境管理过程中制订相应的检查计划及专项检查计划,并落实到人。从人、机、料、法、环等方面对施工过程中存在的不安全因素与环境污染因素进行分析,严格按照国家行业标准进行检查。在检查过程中,若发现安全隐患及不符合绿色施工的环境因素,签发隐患整改通知单,定期、定员、定措施,限期整改。对于较大的安全隐患要求立即停工,现场监督整改,整改完毕后排除安全隐患方可施工。公司每月月底组织安全隐患大检查,对于检查结果进行评价,评价结果每个季度向全公司通报一次。安全、环境管理措施如表 4.5-6 所示。

表 4.5-6　安全、环境管理措施

影响因素	过程控制	特点
人	对新入场施工人员进行安全培训教育、岗前培训； 邀请专业培训机构到企业对特种作业人员进行集中培训； 进行公司、项目部、班组三级安全教育	地区行业内率先
机	严格执行国家建筑起重机械管理相关要求； 塔式起重机采用电子监控系统和驾驶员操作卡； 施工升降机采用外锁式网格防护门与楼层呼叫器； 施工升降机与楼层使用自动跳板，形成无障碍通道； 淘汰国家明令禁止的高耗能、高污染设备，采用新型节能环保产品	国内率先、 省内率先实施
料	严格执行建设项目安全设施"三同时"措施； 临边防护采用新型可周转扣件； 脚手架采用新型爬升式导轨脚手架； 悬挑式脚手架底部采用黑、黄双色警示防护，设置兜底网	节约资源； 作业层全封闭
法	针对重大危险源和重要环境因素编制专项施工方案； 和专家论证，编制安全和环境管理方案及相应应急预案； 由项目部对施工班组进行专项安全、环境技术交底。	内容全面、 针对性强
环	作业环境照明：充分利用天然采光和适合作业的人工光源； 雨季施工：重点加强电器漏电保护、电缆防护； 施工扬尘：现场洒水，出入口设置冲洗槽和沉淀池，运输、堆放覆盖； 固体废弃物：集中收集，分类存放，运输封闭； 噪声：遮挡降噪、隔音消噪，控制施工时间； 光污染：搭设挡光壁，夜间将透光方向集中在施工范围，背离居民区照射	达到绿色施工标准，达到文明，施工标准

（3）过程监视。班组和专职安全员每天巡查，项目部每周检查，公司每月检查，确保安全生产。

（4）分析总结。公司领导层每月开展一次安全质量生产例会，对检查结果进行分析，提出相应的纠正措施。项目主要成员参加监理例会，对存在的问题进行分析改进。

4.5.3.5　技术管理过程的实施

公司制定了《项目部组织设计管理办法》等一系列制度，建立了明确的施工方案编制、审核、审批负责机制及技术交底、技术总结的管理办法。严格把好图纸会宜关、深化设计关、方案编制关、技术交底关、新技术推广创新关。技术管理过程实施如表 4.5-7 所示。

表 4.5-7　技术管理过程实施

过程	内容
施工技术管理	(1) 项目部专业工程师、技术处专业工程师对施工图纸进行自审、研究，收集汇总技术难点、疑点。 (2) 图纸会审、设计交底：与甲方、监理、设计方进行图纸会审，了解设计意图、设计依据、技术难点、新材料的应用。针对技术难点、疑点进行沟通答疑，形成会审记录，由总工程师、设计负责人、甲方项目负责人会签。 (3) 施工组织设计、方案编制：项目经理牵头，项目专业工程师编制分部分项工程的专项方案，报总工程师总监审批，审批通过后实施。 (4) 技术三级交底：针对项目组织设计、各施工方案进行三级交底。 ① 公司级：由总工程师牵头，专业工程师针对本工程的施工难点、关键部位及应用的新工艺、新材料，引用的规范标准对项目经理、项目各专业工程师交底，形成书面记录并签字留档。 ② 项目级：由项目经理牵头，项目工程师针对各工序关键点及新工艺、新材料应用的注意事项对班组长进行交底，形成书面记录并签字留档。 (5) 班组级：班组长针对操作规程、作业工艺对作业工人进行交底，形成书面记录并签字留档
施工技术二次深化	(1) 针对施工难点，项目部专业工程师提出技术二次深化要求，经项目经理批准后报公司技术部。 (2) 由技术部专业工程师结合施工工艺、施工现有条件进行二次深化设计，形成专项施工方案，依次报总工程师、总监审批，审批通过并进行技术交底后执行。 (3) 在方案执行过程中，技术处进行实时跟踪，确认方案的落实情况
新技术推广创新	(1) 技术处对行业新技术进行收集整理。 (2) 由技术负责人牵头，专业工程师根据项目特点和新技术的适用范围，进行新技术适用性的研究。 (3) 对于适用的新技术，结合项目特点编制施工方案，报总工程师、总监审批，审批通过并经技术交底后实施。 (4) 在方案执行过程中，技术处进行实时跟踪，确认方案的落实情况。 (5) 对在新技术推广应用过程中产生的技术创新进行整理，形成成果文件

4.5.3.6　分包管理过程的实施

公司根据《工程分包管理办法》对分包方进行考核、评价，对分包方的资质、业绩、信誉、技术人员配备上岗持证率等方面进行调查，在合作过程中不断地扶持、优化、改进。同时对分包方的管理采取竞争机制，优胜劣汰，为公司的未来发展奠定基础。分包管理过程的实施流程如图 4.5-12 所示。

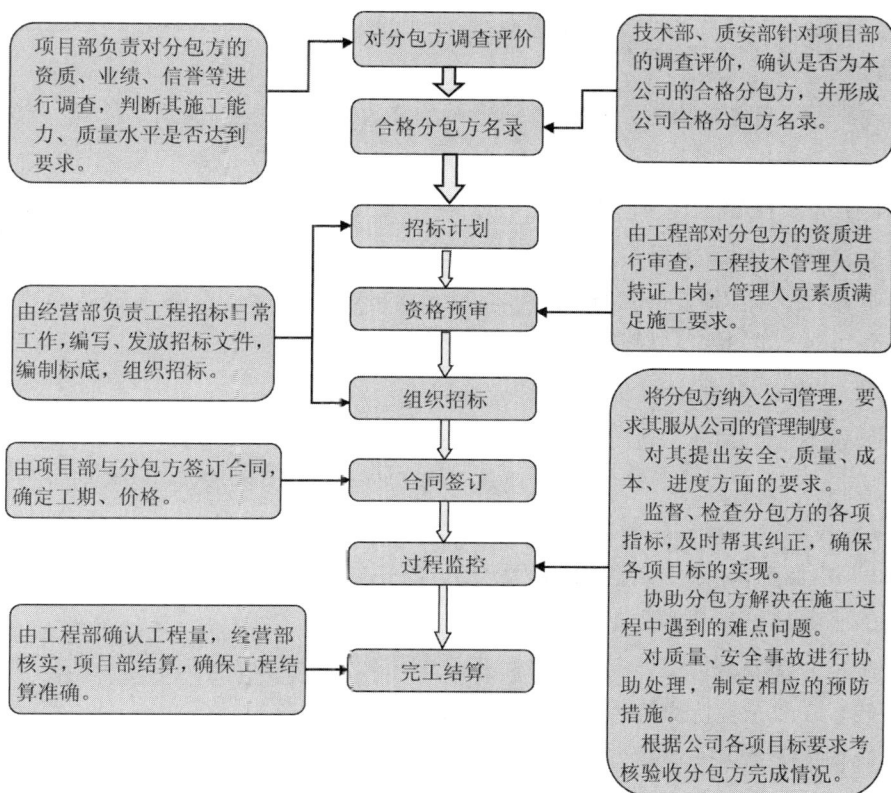

图 4.5-12 分包管理过程的实施流程

分包工程完工后,公司对分包方的质量、安全、进度、成本等方面的指标完成情况进行综合考核,并将其作为评价年度合格分包方的重要依据,并对存在的问题进行分析,制定改进措施,提高分包方队伍的整体素质。

4.5.3.7 项目交付及维修服务过程的实施

1) 项目交付实施

工程项目的竣工验收是施工全过程的最后一道程序,也是工程项目管理的一项关键工作。它是建设投资成果转入生产或使用的标志,也是全面考核投资效益、检验设计和施工质量的重要环节。

(1) 项目部首先进行自检,发现问题,整改完毕后由监理组织建设单位、公司及项目部进行预验收,发现问题,及时整改。

(2) 整改合格后通知建设方,由建设方组织勘察、设计、质监、环保、规划、消防、气象、监理、施工等相关部门针对工程质量进行正式验收,同时审阅建设、勘察、设计、监理、公司及项目部的技术资料,监督单位监督验收程序,对存在的问题提出整改意见。

(3)由项目部对存在的问题进行全面的整改,完成后通知建设方复检,合格后正式移交建设方。

(4)公司按照工程承包合同及设计文件、施工图要求完成全部施工任务,并经工程交接后,向城建档案馆提出工程档案验收申请,由行业主管监督部门审核全部竣工资料,工程档案符合工程竣工验收条件的,签发建设工程竣工档案验收意见书。建设单位将资料移交给城建档案馆。

2)维修服务过程实施

公司不仅重视施工过程中的质量控制,还重视对工程交付后的保修服务。按照公司《工程质量管理办法》《工程质量保修与回访制度》的有关规定,从工程交付之日起,公司的保修程序随即展开。在保修期间,将依据保修合同,本着"为用户服务,向用户负责,让用户满意"的经营理念,以有效的制度保证、措施保证,以优质、迅速的服务维护用户的利益。

(1)工程竣工交付一个月后进行电话回访,工程竣工一年后进行实地回访。

(2)结合一些特殊气候情况对工程实施回访。

(3)工程竣工一年后,向建设单位、间接使用者以问卷形式进行满意度调查。

(4)通过建立投诉电话、投诉信箱、定期回访制等管理制度,快速地将问题反映给项目部,及时制定维修措施。

(5)组建专业维修组,配备相应的专业人员,满足维修要求。保修回访实施过程如表 4.5-8 所示。

表 4.5-8　保修回访

保修回访	实施过程
定期现场回访 不定期走访	根据《建设工程质量管理条例》和《房屋建筑工程质量保修办法》的有关规定,编制工程项目回访与保修管理制度,制订回访计划和要求。由项目部联合相关部门按计划定期走访,针对相关问题确定现场责任人,负责落实,并经客户验收签认、归档。 由公司项目部组织相关部门,结合大风、大雨等特殊天气进行走访,发现质量安全隐患及时处理。 按回访制度了解客户需求及意见,记录、分析、汇总
定期现场回访 不定期走访	专人负责受理投诉,项目部派专业维修组及时上门维修,并做好客户报修、维修、验收签认记录

4.5.4 过程的改进

公司高度关注整个过程的改进工作,具体改进工作如表 4.5-9 所示。

表 4.5-9 过程的改进

过程改进	改进前	改进后
招投标过程的改进	信息由总经理单一获取和网络获取	拓展对各领域的沟通,提前获取信息
	工程量清单手工计算编制	采用现代化管理软件,工作效率提高 50%
	合同交底只有项目经理参加	项目部全体人员参加,了解合同的实质性内容,使施工过程中成本控制更准确,合理降低成本
采购过程的改进	由经营部预算人员按照图纸设计,计算下达过程物资耗用计划	由经营部预算人员、项目部技术人员、劳务公司专业人员根据图纸设计、客户诉求及项目需求等信息共同商定,下达过程物资耗用计划,保证了计划数量、功能需求、质量及品牌等信息的准确性。计划下达提前 5~10 天,既满足管理及时性目标,又降低了采购风险
成本管理过程的改进	采用传统的粗放式管理模式,成本核算滞后	采用现代化管理软件实现了计划的准确性及施工过程中的成本动态管理,有效地降低成本风险
进度管理过程的改进	传统、被动地控制进度	优化了施工过程,紧凑衔接施工工序,合理安排劳动力。将工期与费用、资源一并考虑,统筹安排。并利用计算机进行计算、优化
质量管理过程的改进	砌筑工程只注重班前交底,事终验收。由于有抹灰工作将其隐蔽,因此砌筑验收的执行力不够,出现很多质量问题	推行砌筑看板管理,即对施工作业面事先用软件进行布砖,严格控制灰缝、砖数、用灰量,记录施工工艺及要点,通俗易懂,实用性较强。此工作的改进,大大节约了材料,提高了工作效率。
技术管理过程的改进	脚手架工程、模板支撑的计算书采用人工计算,效率低,容易出现问题	采用品茗安全软件,在计算脚手架和模板支撑时,只需要输入参数就能生成计算书。此软件的引入,大幅提高了工作效率
安全环境管理过程的改进	针对现场违章作业、未按安全规范进行作业的不安全行为进行检查,下发隐患整改通知单	现场检查实行红黄牌管理。较大的安全、环境隐患要求立即停工,现场监督整改;一般隐患定期、定员、定措施,限期复查
	针对现场环境脏、乱、差问题,下发隐患整改通知单	贯彻执行绿色施工标准,规范现场环境管理

4.6　测量、分析与改进

测量、分析与改进是公司绩效管理系统的基础和动力。通过测量、分析、评价公司绩效,支持公司的战略制定和部署,促进公司战略和运营管理的协调一致,推动改进和创新,提高公司的核心竞争力。绩效测量、分析与改进过程如图 4.6-1所示。

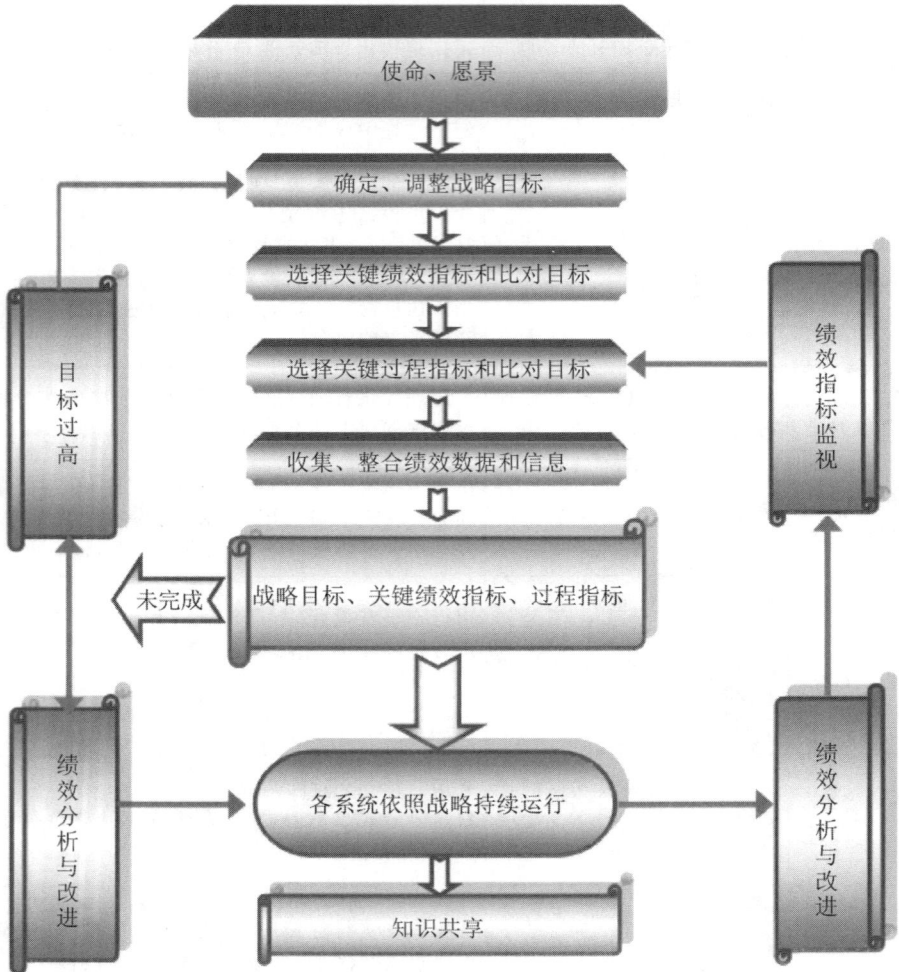

图 4.6-1　绩效测量、分析与改进过程

4.6.1　绩效测量

(1) 公司建立绩效测量系统,收集应用相关的数据信息,监测公司日常运作及

整体绩效。

公司建立了股东、顾客与市场、员工、运营管理、社会五个维度的绩效测量与分析体系,并从公司战略层、职能部门层和执行层(项目部)三个层面进行数据收集、整理和分析。在五个维度的基础上结合公司实际,对公司的日常运作和绩效形成三个层面的阶段性监测和考核。

① 战略层:公司领导根据各部门提供的各类分析报告,结合相关方信息,对公司战略绩效的完成情况进行评价、分析,为战略决策和战略的修订提供充分的依据。

② 职能部门层:业务归口管理部门及时收集各条业务线对应的绩效数据信息,同时通过网络、办公平台、调研等多种渠道广泛收集外部市场、标杆、竞争对手和其他利益相关方的信息,对其进行系统整合后,形成各种形式的季度、年度报告、报表等。

③ 项目部:通过各类报表、办公平台和施工管理系统对各项目进行数据、信息收集和分析,再通过办公自动化信息平台,进行数据信息整理。为了达到工程质量目标,每个施工工序确定了相应的关键过程、特殊过程及重大危险源、重要环境因素。通过各类报表对基础绩效数据进行补充,再按任务、效率、质量、费用等分类,并进行有效整理后,形成公司绩效数据信息的各种报表。

公司结合战略规划和发展方向,持续提高公司管理、施工、经营水平,相关部门根据内外部活动过程评价公司关键绩效指标。公司绩效测量如表 4.6-1 所示。

表 4.6-1　绩效测量

绩效类别	管理层面	主要绩效指标	测量方法	测量周期	测量部门
顾客与市场	战略层	收入、利润、产值、顾客满意度、市场占有率、流动资金周转率等	定量、定性	年度	董事会
财务					
资源	职能部门层	本职工作(含五个维度的绩效指标和关键过程绩效指标)	定量、定性	季度	人力资源部
过程有效性	执行层	分部、分项、检验批工程一次验收合格率,单位工程验收合格率,一次通过率,新技术利用率,竣工验收合格率,月成本核算,月、季进度目标完成率	定量、定性	月度	绩效考核小组
社会责任		重大事故、轻伤率、环境污染排放、文明施工			

（2）有效地应用关键对比数据和信息。

公司的产值、利润、顾客满意度、优质工程等关键绩效指标在省内同行业领先。通过采用定期和不定期的战略分析有针对性地了解竞争对手信息，为公司的整体经营提供科学、合理的决策。部分绩效指标与标杆企业、竞争对手比较情况如表 4.6-2 所示。

表 4.6-2　部分绩效指标与标杆企业、竞争对手比较

对比单位	对比指标	对比时间	对比频次	是否与竞争对手或标杆企业对比
标杆企业、竞争对手	产值	2012—2014 年	年度	是
	利润	2012—2014 年	年度	是
	顾客满意度	2012—2014 年	年度	是
	优质工程	2012—2014 年	年度	是

公司通过经验交流会、专业刊物、专家论证会、互联网等渠道，对标杆企业和竞争对手的关键绩效数据收集、整理、分析，为战略管理层召开的绩效分析会提供必要的信息。了解标杆企业的研究进展，以及新材料、新技术、新应用，采用对比分析法，找出标杆企业的优势，制订追赶目标和改进方向，在学习追赶中提升技术创新能力。

（3）确保绩效测量系统适应发展方向及业务需要，并确保对组织内外部的快速变化保持敏感性。

为保证绩效测量系统能满足战略发展的需要，公司经常对绩效测量系统的有效性进行分析，并适时改进。

① 增加测量维度：根据战略发展的需要，在原有绩效管理体系的基础上，引进卓越绩效模式平衡计分卡的维度分析，改变原先财务结果一票否决的模式，新增加资源、过程有效性、社会责任以及员工绩效管理体系，使公司的人、机、料、法、环的各个因素全部包含在测量体系之中，公司绩效测量更加全面。

② 增加测量频次：为了严格控制施工工序质量，绩效考评新增"文明施工"指标。考评每月进行一次，施工环境显著改善，安全隐患逐步消除，提高了绩效分析的及时性。

③ 直接监控过程：对于施工工序繁多，施工过程完成情况无法得到及时反馈，延误交工期的情况，项目部采取全程跟踪施工进度的检查办法，显著提高了施工过

程绩效数据的有效性。

④ 设立专门的管理机构：根据战略管理需要，公司的人力资源部专门负责公司的顾客满意度调查、市场及相关方信息分析工作，使得顾客及相关方信息管理更加规范化、科学化、系统化。

4.6.2 绩效分析和评价

公司根据《数据分析管理程序》，对公司各层面、各大类的绩效完成情况进行分析。采用多种分析方法来支持战略计划和关键绩效指标的评审，并根据类型以及达到目的所需要分析的层次来选取分析工具，如表 4.6-3 所示

表 4.6-3　数据分析、评价

组织层面	管理环节	分析形式	分析内容	评价方法及结果	参与部门
战略层	高层管理	战略研讨会	宏观环境信息、机会和挑战、竞争特点、优势、劣势、内部资源要素	运用 PEST 分析法、SWOT 分析法、波特五力分析法、对比分析法、差异分析法、头脑风暴，形成战略分析报告	公司领导层
		公司季度经营分析会	公司季度经营分析	运用差异分析法、对比分析法、相关分析法、SWOT 分析法、因果分析法、头脑风暴，形成经营分析报告	
		管理评审会	体系运行情况、质量方针、目标的实现情况	运用相关分析法、因果分析法，形成管理评审报告	
管理层	招投标管理	经营形势分析会、顾客满意度调查、顾客意见征求	招标文件评审、合同评审、合同交底、中标项目质量	运用趋势分析法、对比分析法、差异分析法、因果分析法，形成市场分析报告、满意度调查报告	经营部
	人力资源管理	员工满意度调查、员工流失率调查	人力资源管理	运用对比分析法，形成员工满意度调查报告、员工流失率调查分析报告	人力资源部
	供应链管理	采购形势分析会、供方调查	供应链管理	运用对比分析法，形成采购形式报告、供方综合能力评价报告	质安部

续 表

组织层面	管理环节	分析形式	分析内容	评价方法及结果	参与部门
管理层	项目过程管理	项目施工质量安全例会、创优工程研讨会	施工管理	运用差异分析法、因果分析法,形成月施工进度计划、质量安全月报、创优工程计划、质量分析报告	项目部质安部
	财务管理	财务活动分析会	财务管理	运用趋势分析法、对比分析法、差异分析法、因果分析法,形成财务分析报告	财务部
	设备管理	定期检测	设备管理	运用对比分析法,得出设备新度系数、利用率	质安部
	技术创新管理	成果鉴定会、年度技术工作总结会	技术创新	运用对比分析法、差异分析法、因果分析法、可行性分析法,形成新技术、新产品开发计划	工程技术部
	信息规划管理	信息化领导小组会议	信息化建设	对公司业务与管理、信息化需求进行分析	办公室
执行层	项目部	月度生产例会、班前例会、QC小组攻关会	业务内容	运用对比分析法、因果分析法、控制图、直方图,形成质量检验报告、工作总结、专题报告	项目部

　　根据绩效评价结果,确定改进的优先次序,并识别创新的机会,将这些优先次序和创新机会及其举措在组织内展开,适当时展到关键供方和合作伙伴,以达到协调一致。

　　公司领导层根据绩效评价结果及竞争绩效,确定改进次序。2014 年公司的具体情况如表 4.6-4 所示。

表 4.6-4　公司 2014 年关键改进业务及其次序、创新业务及其举措

次序	维度	识别		举措		责任部门
		改进机会	创新机会	改进措施	创新措施	
1	核心人才	公司人力资源战略规划发展需要	引进素质能力模型	构建中高端人才体系,提高员工综合能力	运用内部竞聘的人才管理方法	办公室

次序	维度	识别		举措		责任部门
		改进机会	创新机会	改进措施	创新措施	
2	经营市场	省内三、四线城市和省外市场拓展	战略合作与管控模式相结合	以主营业务市场为主,发展两翼业务市场	和分包方形成长期战略合作关系,利用公司扎实的管理基础,对分包方的市场加以控制	经营部
3	信息化建设	公司信息化建设发展需要	引入电子安全监控系统	有计划地增加信息化建设的软硬件投入	实现对工程现场的实时监控	办公室

4.6.3　绩效改进与创新

公司根据整体战略规划的执行情况,定期进行绩效测量和分析,识别改进机会,确定改进方向,设定改进目标,制订改进计划,对公司层、职能部门层、项目层等各管理层级重点实施改进活动。通过制订、实施、检查与评价改进计划和改进结果,促进公司和相关方绩效的共同提高。公司的绩效动态测量、分析与改进体系如图 4.6-2 所示。

4.6.3.1　改进与创新的管理

公司的高速良性发展过程,是一个不断创新改进管理的过程。在目标管理的基础上,融合比较管理和全面绩效管理方法,导入竞争机制,为公司绩效的持续提升和不断改进奠定了良好的基础。同时,公司通过持续不断地修改绩效管理办法,做到了职责分明、制度完善、方式多样。此外,公司对改进成果进行评价,建立了符合自身特点的激励政策,使改进活动步入良性循环。

(1) 公司对改进和创新进行笨划,明确各层次和所有部门在改进与创新方面的计划和目标。

公司非常注重绩效的改进,每年通过召开公司年会、半年及年度经济分析会、专题质量分析会等,对照年度目标及战略目标,检查和评价落实情况,对存在的问题制订改进计划和目标,并自上而下层层分解、步步落实,最终转化为部门和员工的工作任务和绩效目标。

①战略改进计划。公司通过年度会议、季度经营分析会,听取各部门、处室的

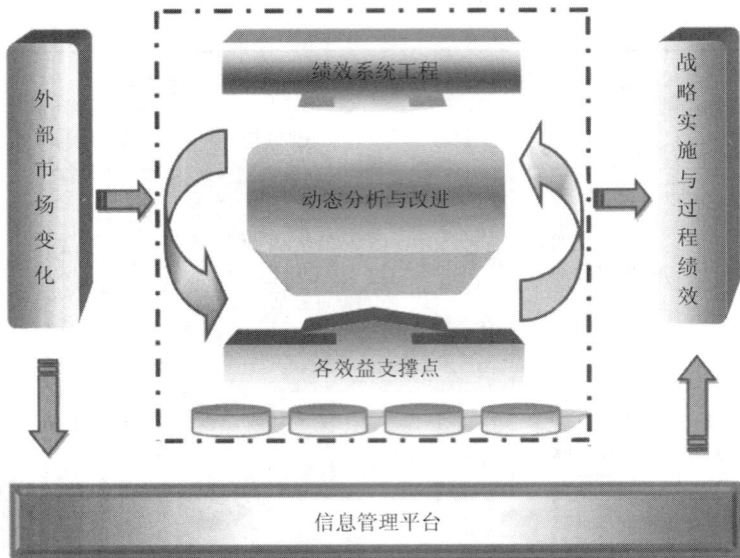

图 4.6-2 绩效动态测量、分析与改进体系

工作汇报,详细了解各层级绩效目标完成情况。通过数据分析、比较,找出经营管理及战略执行过程中的不足,提出具体的战略改进计划和目标,同时将战略改进计划分解到各部门、各处室。

②职能管理改进计划。公司各职能部门、项目部根据改进计划,制订具体的改进目标和改进措施,定期对改进情况进行跟踪监督。

2014 年度公司改进、创新的主要计划和目标如表 4.6-5 所示。

(2) 实施测量、评价、改进与创新活动,分析对赢利能力和实现组织战略目标的贡献,促进组织绩效的提高。

公司按照"谁下达任务,谁跟踪检查;谁执行任务,谁总结汇报"的原则,对改进计划的实施活动进行监测,形成责任递进的循环管理过程。

职能部门根据其下达的改进计划进行跟踪检查,成立联合检查小组或以其他形式与责任单位建立联系,采取现场检查、专题汇报或分析会、电话追踪等形式对实施的进度、项目完成质量、资源配置等情况进行跟踪检查。项目实施单位及时总结汇报,确保各级组织对改进计划的实施过程进行全面监测。

公司制订《内部审核管理程序》《管理评审程序》等,对体系内审、管理评审、外审及日常检查中查到的不符合项,明确责任单位和责任人,查明原因,按照举一反三的原则,制定整改措施,限期整改。整改完成后,除责任单位进行自查验证外,内

表 4.6-5　2014 年度公司改进、创新的主要计划和目标

改进部门	改进、创新环节	改进方向	改进方式方法	改进、

审小组在规定时间内进行跟踪验证,以保证整改效果。公司通过编制体系内审报告和管理评审报告通报体系管理情况及不符合项改进情况。

公司职能部门对其下达的内部改进计划效果进行评价。采取会议评审、现场验证、质量分析报告或总结分析报告等多种形式对改进的成果包括质量、成本、预期目标实现程度等进行客观的评价。对改进有效的措施或方法,进行推广应用,促进公司整体绩效的不断提升。

公司的科技创新活动奖励机制已十分完善。公司倡导和鼓励所有员工在各自岗位上积极创新,凡利用新方法、新技术、新思路而达到增收增效目的的,一律给予奖励。经过三年多的运行,公司的绩效改进评审和奖励工作成为一种长效的激励机制和评价改进活动,促进了技术开发、技术提升、质量改进、节能减排、生产效率提升。

4.6.3.2 改进与创新方法的应用

(1) 应用多种方法,组织各层次员工开展各种改进与创新活动。

公司在开展多样化改进活动的基础上,采取了多种改进形式和改进方法以支持公司层、跨部门层、部门层及小组或个人层在管理、财务、经营、技术、质量、安全等方面进行绩效改进。公司采用的主要改进方法如表 4.6-6 所示。

表 4.6-6　主要改进方法

项目	主要改进方法
施工质量	标杆对比,应用统计技术实施质量专项改进项目
顾客与市场	标杆对比,预算管理
技术开发	技术攻关,技术合作
施工安全	标杆对比,提出合理化建议,全员监督
材料采购	采购信息化系统,进行财务预算、分类管理
财务和审计	采用预算管理、对比分析法、比率分析法等
人力资源	提出合理化建议,进行信息统计,运用人力资源信息化系统
施工管理	提出合理化建议,进行信息统计

(2) 正确和灵活地应用统计技术和其他工具,为改进与创新提供支持。

公司在改进活动中广泛应用统计工具和数据分析方法,如表 4.6-7 所示。

表 4.6-7　公司应用的主要统计技术

主要统计技术	办公室	开发经营部	质安部	项目部	工程技术部	人力资源部	财务部
因果图	☆		☆	☆	☆	☆	
流程图	☆	☆	☆	☆	☆	☆	☆
水平对比法	☆	☆	☆	☆	☆	☆	☆
对策表			☆	☆	☆		☆
散布图				☆		☆	
调查表	☆	☆	☆	☆	☆	☆	☆
控制图			☆				
直方图				☆			
方差分析				☆	☆		☆

注：☆表示应用的部门。

4.7　结果

公司坚持"诚信为本,信誉至上"的经营理念,为顾客和其他相关方提供更高的价值,在组织运营、法律、道德、财务指标以及组织和个人的学习方面取得了较好的绩效。通过对 2012—2014 年关键绩效指标结果数据的纵向和横向比较,公司在各方面的绩效均有较大改进,与竞争对手比较,在竞争能力、行业地位方面均有提升,与标杆企业在卓越程度和相关绩效方面存在的差距不断减小。

4.7.1　产品和服务结果

(1) 2012—2014 年公司工程优良率保持了较高水平,并呈现逐年提高趋势,如图 4.7-1 所示。

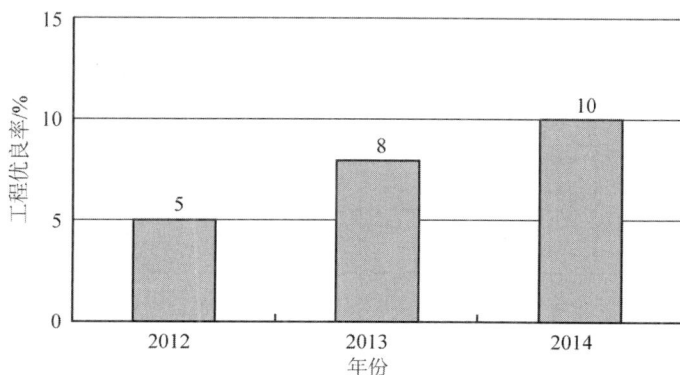

图 4.7-1　工程优良率

（2）绿色施工覆盖率如图 4.7-12 所示。

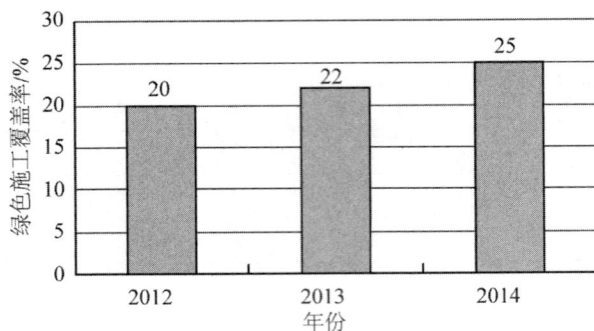

图 4.7-2　绿色施工覆盖率

（3）回访计划落实率如图 4.7-3 所示。

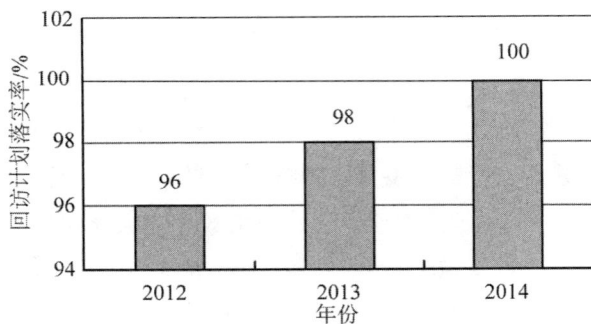

图 4.7-3　回访计划落实率

（4）创优工程数如图 4.7-4 所示。

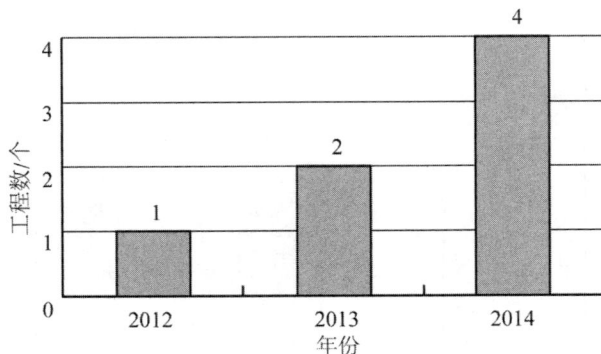

图 4.7-4　创优工程数

(5) 省级优质工程("钱江杯")数如图 4.7-5 所示。

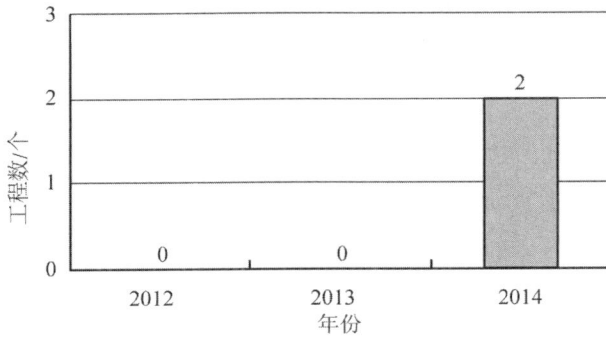

图 4.7-5　省优质工程数

(6) 市级优质工程('九龙杯')数如图 4.7-6 所示。

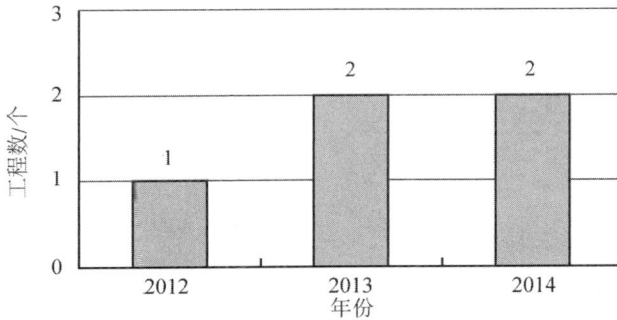

图 4.7-6　市级优质工程数

(7) 安全文明标化工地数如表 4.7-1 所示。

表 4.7-1　安全文明标化工地

项目	2012 年	2013 年	2014 年
省级安全文明标化工地/个	1	2	0
地市级安全文明标化工地/个	3	3	1

（8）创标、创优项目如图 4.7-7 所示。

松阳县城南农民新村保障用房A地块2号楼工
程浙江省标化工地、浙江省"钱工杯"优质工程

松阳县文化中心二期工程
浙江省标化工地、浙江省"钱工杯"优质工程

松阳一中科技实验楼工程
浙江省标化工地、丽水市"九龙杯"优质工程

松阳县职业技术学校教学大楼工程
浙江省标化工地、丽水市"九龙杯"优质工程

缙云书城工程
浙江省标化工地

松阳万寿家园工程
丽水市"九龙杯"标化工地

江西金灿豪门工程
江西省抚州市建筑文明工地

松阳县长松路延伸段道路工程
丽水市"九龙杯"标化工地、优质工程

图 4.7-7　创标、创优项目

4.7.2 顾客与市场结果

从以顾客为中心的结果和市场结果两个方面对顾客群、市场地域、产品和服务等类别进行对比分析,包括与自身历史的对比、与竞争对手的对比、与行业水平的对比、与标杆的对比等。

4.7.2.1 顾客方面的结果

公司自 2012 年开始每年对顾客满意度进行测评。公司顾客满意程度保持在 80% 左右的高水平。2012—2014 年,丽水、杭州等地区用户住宅满意工程逐年增长。顾客满意度如图 4.7-8 所示。

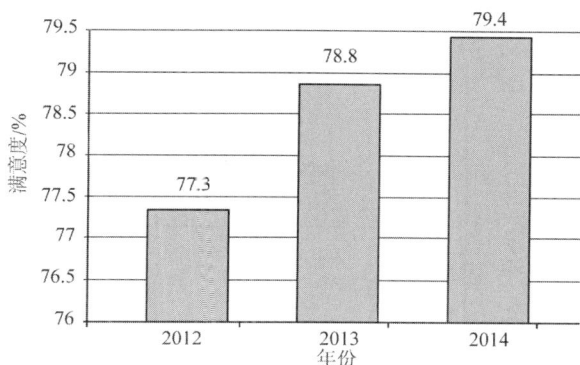

图 4.7-8　顾客满意度

公司在省市场赢得了较高的顾客满意度。2012—2014 年公司对与竞争对手、标杆企业的相同顾客进行了调查,满意度和竞争对手相差不大,与标杆企业的差距不断缩小。

公司每年对长期顾客进行忠诚度调查和评价。调查报告显示,顾客忠诚度趋势良好,如图 4.7-9 所示。

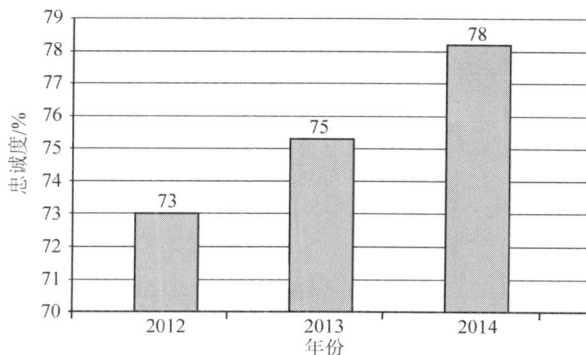

图 4.7-9　顾客忠诚度

4.7.2.2 市场结果

市场关键绩效指标包括市场占有率、市场地位、业务增长、新增市场等。

就市场占有率看,公司的增长逐年提升,处于良好的发展趋势,且提升速度超过竞争对手。

4.7.3 财务结果

公司 2012—2014 主要财务指标保持良好的发展趋势。

4.7.4 资源结果

4.7.4.1 人力资源结果

(1) 跨职能小组数量如图 4.7-10 所示。

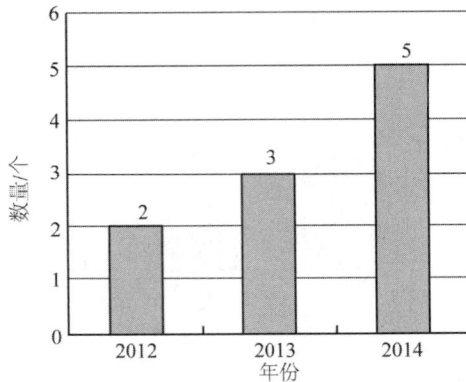

图 4.7-10 跨职能小组数量

(2) 全员劳动生产率,如图 4.7-11 所示。

公司全员劳动生产率逐年递增,说明公司的生产技术水平、经营管理水平、机械化程度、员工技术水平和劳动积极性的综合表现有较大提高。

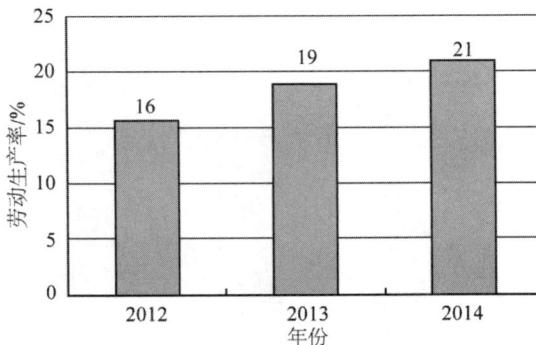

图 4.7-11 全员劳动生产率

（3）员工收入年增长率如图 4.7-12 所示。

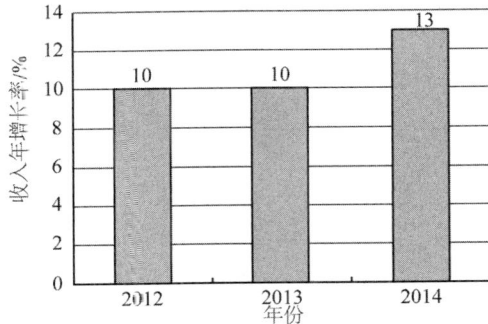

图 4 7-12 员工收入年增长率

（4）员工流失率。公司员工流失率逐年下降,如图 4.7-13 所示,说明员工对公司的认同感和归属感逐年提升。

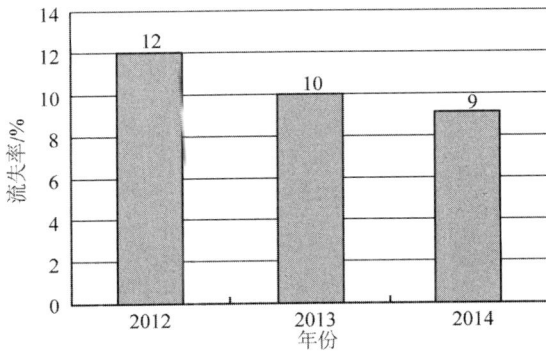

图 4.7-13 员工流失率

（5）职务晋级率如图 4.7-14 所示。

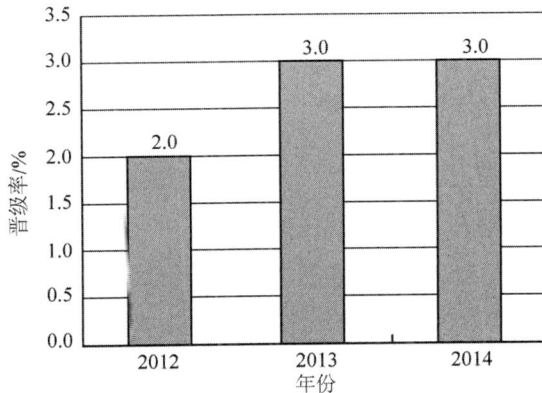

图 4.7-14 员工职务晋级率

（6）核心人才比例。公司核心人才比例不断上升,如图 4.7-15 所示,说明公司的绩效考核制度取得了良好的效果。

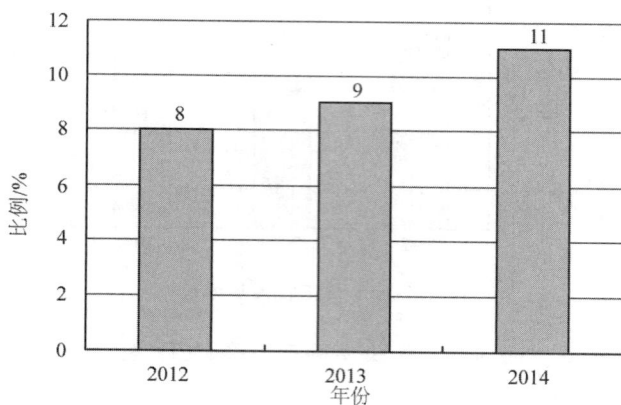

图 4.7-15 核心人才比例

（7）历年培训经费。公司各类培训投入逐年递增,如图 4.7-16 所示,2012—2014 年累计培训达到 107 万元。

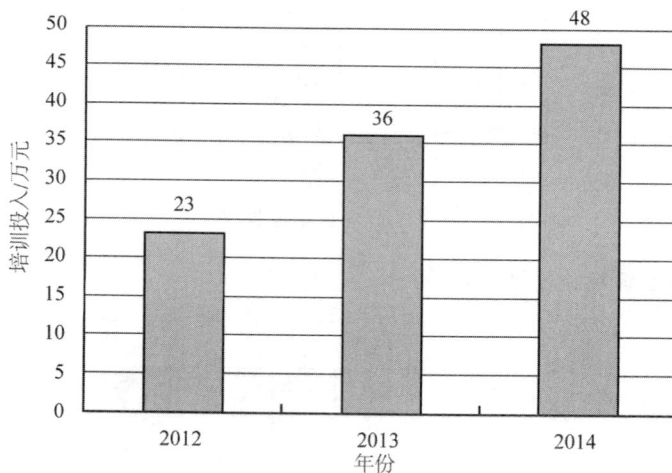

图 4.7-16 培训投入

（8）员工福利支出。公司员工福利支出大幅增长,如图 4.7-17 所示。

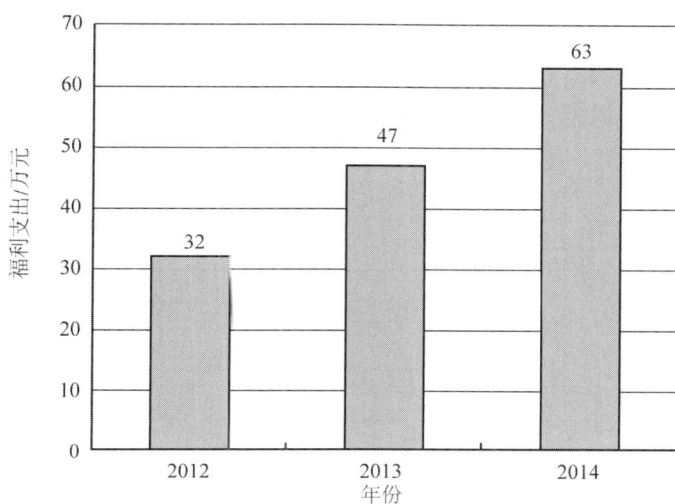

图 4.7-17　员工福利支出

（9）员工满意度,如图 4.7-18 所示。

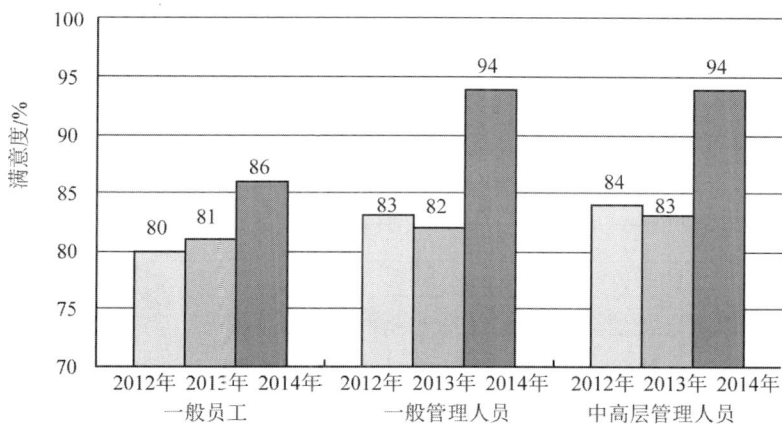

图 4.7-18　员工满意度

（10）员工培训满意度,如图 4.7-19 所示。

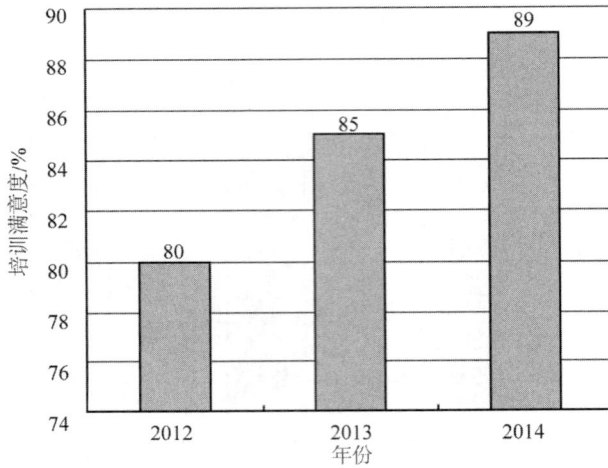

图 4.7-19　员工培训满意度

4.7.4.2　其他方面的资源结果

1）信息资源结果

公司在 2002 年开始尝试利用计算机进行企业管理。公司每年都有固定的预算资金用于更新、完善公司的信息系统,公司信息化投入逐渐增加,如图 4.7-20 所示。

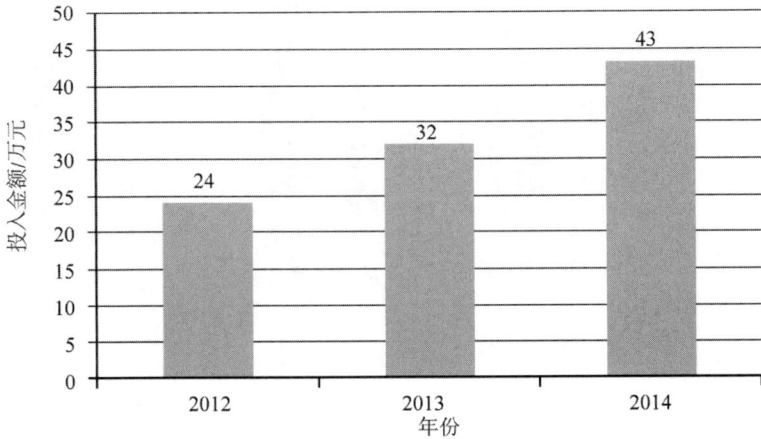

图 4.7-20　信息化投入

2）技术资源结果

（1）开发经费投入。公司投入大量开发经费进行新技术开发,投入情况如图4.7-21 所示。

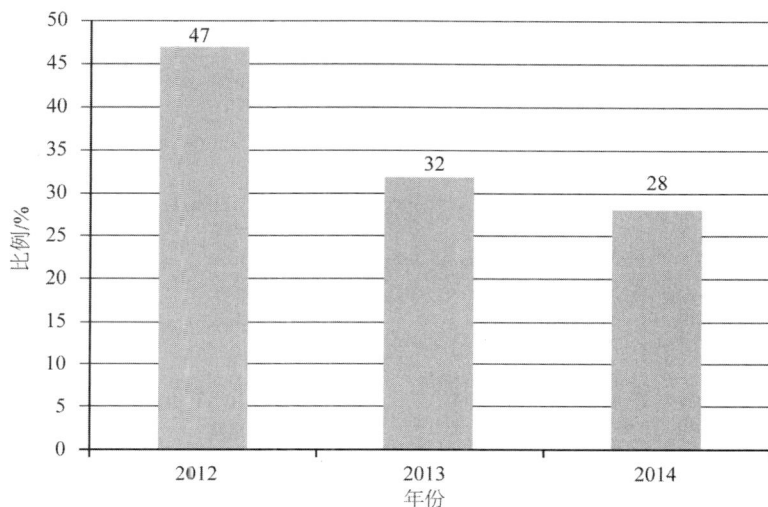

图 4.7-21 开发经费占产值的比例

（2）度获得工法情况。公司的技术诀窍通过工法、专利申请等得到推广使用。目前,公司已获得实用新型专利 4 项(见表 4.7-2);全国质量管理成果 1 项,省级质量管理成果 2 项,市级优秀质量管理成果 3 项(见表 4.7-3)。

表 4.7-2　公司专利

专利名称	专利号	专利类型
新型地砖	ZL201120312621.5	实用新型
复合保温砖	ZL201120495413.3	实用新型
建筑工程用模板	ZL201220328927.4	实用新型
一种波纹管集水井	ZL201320124887.6	实用新型

表 4.7-3　质量管理成果

年份	获奖项目	质量管理成果（课题）名称	获奖名称
2012	松阳县文化中心二期工程	大跨度高支模架施工技术	丽水市优秀质量管理小组活动三等奖 浙江省工程建设优秀质量管理小组
2012	松阳县城南农民新村保障用房 A 地块 2 号楼工程	施工现场集水井应用创新	浙江省工程建设优秀质量管理小组 全国工程建设优秀质量管理小组二等奖
2013	松阳县文化中心二期工程	提高 GRC 装饰构件施工质量	丽水市优秀质量管理小组活动一等奖
2015	松阳县公安局业务技术用房工程	提高装饰性线条及双滴水线（槽）一次成型合格率及美观度	丽水市优秀质量管理小组活动二等奖

公司的技术改进和创新能力得到有效提高,为公司取得良好的业绩发挥了重要作用。

3）相关方关系结果

（1）供应方数量如图 4.7-22 所示。

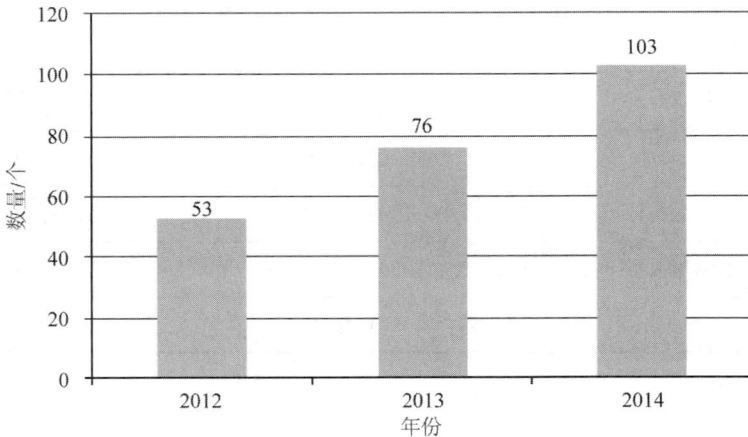

图 4.7-22　供应方数量

（2）长期供应方数量如图 4.7-23 所示。

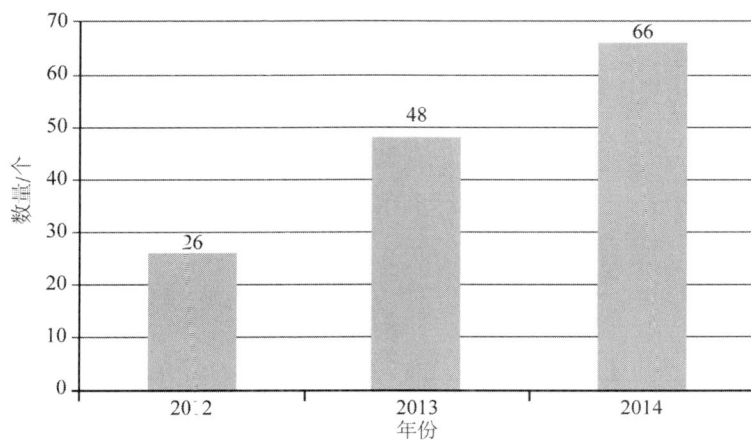

图 4.7-23 长期供应方数量

（3）分包方数量如图 4.7-24 所示。

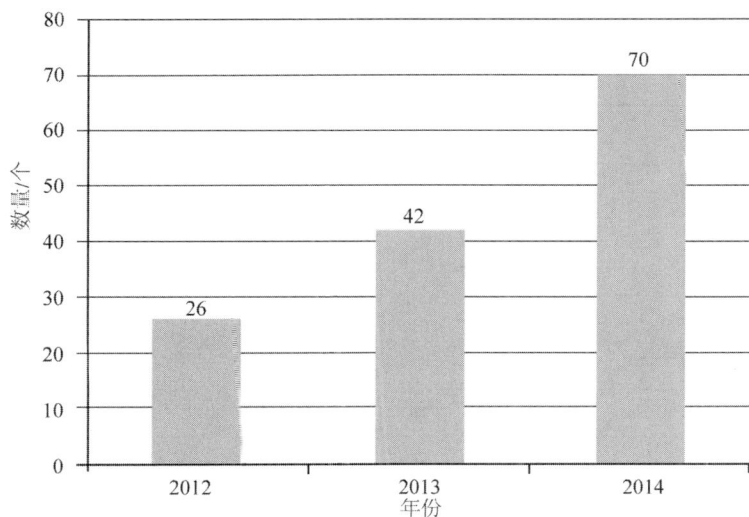

图 4.7-24 分包方数量

（4）长期分包方数量如图 4.7-25 所示。

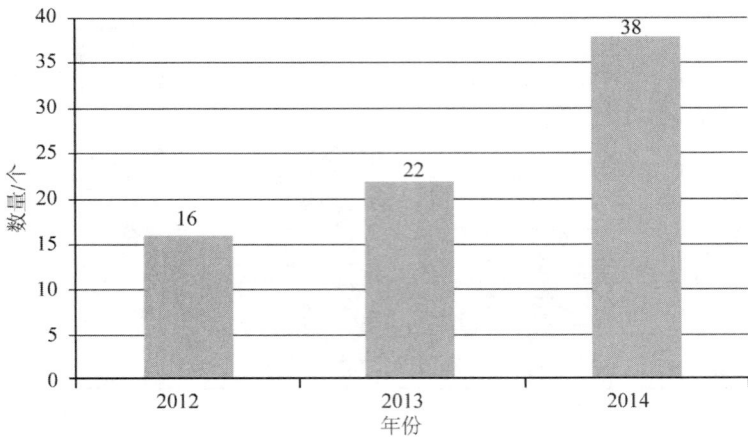

图 4.7-25　长期合作分包方数量

4.7.5　过程有效性结果

2012—2014 年,公司关键过程各项指标可达标情况如表 4.7-4 所示。

表 4.7-4　关键过程各项指标

关键过程	关键绩效指标	单位	2012 年	2013 年	2014 年
招投标过程	分类 汇总分析准确率	%	100	100	100
	标书评审率	%	100	100	100
	合同评审率	%	100	100	100
	合同交底率	%			
采购过程	供应商评价	%	100	100	100
	合同履约率	%	100	100	100
	集中采购率	%	96.5	97.0	96.8
	原材料合格率	%	100	100	100
项目实施过程	季度成本分析考核率	%	100	100	100
	月、季进度目标完成情况	%	92	94	95
	安全、环境重大事故	次	0	0	0
	轻伤率	%	0.15	0.13	0.12

关键过程	关键绩效指标	单位	2012 年	2013 年	2014 年
项目实施过程	环境污染排放	/	达标	达标	达标
	检验批、分项、分部工程一次验收合格率	%	91	93	94
	单位工程验收合格率	%	100	100	100
	自审、会审、设计交底率	%	100	100	100
	优化设计通过率	%	100	100	100
	新技术应用率	%	72	75	76
	合同履约率	%	100	100	100
	质量、安全目标完成率	%	100	100	100
项目交付及维修服务过程	竣工验收合格率	%	100	100	100
	投诉、报修项目落实率	%	100	100	100
	回访计划落实率	%	85	85	90

4.7.6　经营结果

1）公司荣誉

经过多年的发展，公司已经成长为一家综合性施工企业。公司所获荣誉如表 4.7-5 及表 4.7-6 所示。

表 4.7-5　公司荣誉

荣誉	发证单位
2009 年度浙江省建筑业诚信企业	浙江省建筑业行业协会
通过质量管理体系认证	方圆标志认证集团
2009 年度浙江省建设工程质量安全管理先进企业	浙江省住房和城乡建设厅
2009 年度丽水市先进建筑业企业	丽水市建筑业行业协会
2010 年度丽水市建筑业诚信企业	中共丽水市委宣传部、丽水市工商行政管理局、丽水市私营（民营）企业协会
2009—2010 年纳税信用等级 AAA 级	浙江省国家税务局、浙江省地方税务局

续　表

荣誉	发证单位
2010 年度浙江省诚信民营企业、丽水市诚信民营企业	中共丽水市委宣传部、丽水市工商行政管理局、丽水市民营企业协会发展联合会、浙江省个体劳动者协会
2011 年度松阳县工商企业纳税大户	中共松阳县委、松阳县人民政府
2011 年浙江省建筑业诚信企业	浙江省建筑业行业协会
浙江省工商企业信用 AAA 级守合同、重信用企业	浙江省工商行政管理局
2010 年度浙江省诚信民营企业	中共浙江省委宣传部 浙江省工商行政管理局 浙江省私营（民营）企业协会
2011 年度松阳县建筑施工安全生产管理优秀企业	松阳县住房和城乡建设局
2011 年度丽水市先进建筑业企业	丽水市建筑业行业协会
通过职业健康、质量管理、环境管理三合一体系认证	方圆标志认证集团
2012 年度丽水市建筑业优秀企业	丽水市人民政府
信用等级证书 AA 级	浙江证信信息咨询有限公司
2013 年度丽水市先进建筑业企业	丽水市建筑业行业协会
2013 年度丽水市建筑业诚信企业	丽水市建筑业行业协会
2013 年度浙江省建筑业诚信企业	浙江省建筑业行业协会
2013 年度松阳县工商企业纳税大户	松阳县人民政府
2014 年度松阳县工商企业纳税大户	松阳县人民政府
2014 年丽水市劳动关系和谐企业	丽水市人民政府
2014 年度丽水市"安康杯"竞赛活动优胜单位	丽水市"安康杯"竞赛活动委员会
2014 年第二届松阳县政府质量奖	松阳县人民政府
2014 年度松阳县工商企业纳税大户	松阳县人民政府
2014 年度丽水市建筑业优秀企业	丽水市人民政府
2014 年度丽水市著名商标证书	丽水市市场监督管理局

表 4.7-6 公司承建项目荣誉

工程名称	安全文明标化工地	优质工程	其他荣誉
松阳县要津路商住楼工程	2004 年度丽水市"九龙杯"、松阳县"延庆杯"标化工地		
松阳县长松路商贸楼工程	2005 年度丽水市、松阳县标化工地		
松阳一中科技实验楼工程	2006 年度浙江省、丽水市"九龙杯"、松阳县"延庆杯"标化工地	2007 年度丽水市"九龙杯"、松阳县"延庆杯"优质工程	
松阳县长虹商住楼工程	2006 年度丽水市"九龙杯"、松阳县"延庆杯"标化工地		
江西省金溪县金碧商城工程	2006 年度抚州市、金溪县标化工地		
松阳县经济适用房 1 号、2 号楼工程	2007 年度丽水市"九龙杯"、松阳县"延庆杯"标化工地		
松阳三中学生宿舍楼工程	2008 年度丽水市"九龙杯"、松阳县"延庆杯"标化工地	2009 年度丽水市"九龙杯"、松阳县"延庆杯"优质工程	
松阳县万寿家园工程	2008 年度丽水市"九龙杯"、松阳县"延庆杯"标化工地		
松阳县吴苏君伤科医院综合楼工程	2008 年度丽水市"九龙杯"、松阳县"延庆杯"标化工地		
松阳县职业技术学校教学大楼工程	2009 年度浙江省、丽水市"九龙杯"、松阳县"延庆杯"标化工地	2011 年度丽水市"九龙杯"、松阳县"延庆杯"优质工程	浙江省"文明现场、和谐工地"竞赛"先进工地"
松阳县叶村乡中心小学多功能教学楼工程	2011 年度松阳县"延庆杯"标化工地		

续 表

工程名称	安全文明标化工地	优质工程	其他荣誉
缙云书城工程	2012年度浙江省、丽水市"九龙杯"、缙云县标化工地		浙江省"文明现场、和谐工地"竞赛"先进工地"
浙江鸿飞工艺有限公司2号、3号厂房工程	2012年度丽水市"九龙杯"、松阳县"延庆杯"标化工地		
松阳县西屏镇长松路延伸段道路工程	2012年度丽水市"九龙杯"、松阳县"延庆杯"标化工地	2012年度丽水市"九龙杯"、松阳县"延庆杯"优质工程	
松阳县古市幼儿园综合楼工程	2013年度丽水市"九龙杯"、松阳县"延庆杯"标化工地		
松阳县城南农民新村保障用房A地块2号楼工程	2013年度浙江省、丽水市"九龙杯"、松阳县"延庆杯"标化工地	2014年度浙江省"钱江杯"优质工程,2013年度丽水市"九龙杯"、松阳县"延庆杯"优质工程	2013年度浙江省工程建设优秀管理小组,2013年度全国工程建设优秀质量管理小组二等奖
松阳县文化中心二期工程	2012年度丽水市标杆工程,2013年度浙江省、丽水市"九龙杯"、松阳县"延庆杯"标化工地	2014年度浙江省"钱江杯"优质工程,2013年度丽水市"九龙杯"、松阳县"延庆杯"优质工程	2012年度浙江省工程建设优秀管理小组,丽水市优秀质量管理小组活动一等奖、三等奖
松阳县城北保障用房二期4号、5号及6号楼工程	2014年度丽水市"九龙杯"标化工地	2014年度丽水市"九龙杯"、松阳县"延庆杯"优质工程	
松阳县公安局业务技术用房工程	2014年度丽水市标杆工程		丽水市优秀质量管理小组活动二等奖

2) 公司高层领导个人荣誉

具体获奖情况如表 4.7-7 所示。

表 4.7-7 公司高层领导个人荣誉

职务	姓名	荣誉
董事长	钟伟明	2007 年度企业"十佳创业之星",2008 年度浙江省工程建设优秀职业经理人,2011 年度、2013 年度丽水市优秀建筑业企业经理,2012 年度松阳县首届慈善企业家,2012 年度松阳县劳动模范,2013 年度丽水市劳动模范
总经理	钟新明	2008 年度、2012 年度、2014 年度丽水市优秀建筑业企业经理,2012 年被聘为松阳县支行民主评议行风监督员,2014 年度松阳县政办优秀委员
副总经理	邹素红	2009 年度浙江省百名职工"安全生产标兵"
总工程师	叶宇明	2013 年度丽水市建筑业企业优秀项目经理,2013 年度松阳县建筑企业优秀项目负责人

第五章 研究结论与展望

第一节 研究结论

卓越绩效模式由用于质量奖评审延伸至用于组织的自我评价和绩效改进,其已经成为一个风靡全球的管理模式。卓越绩效模式同样适用于建筑企业,本书通过对中国建筑业特点的分析和对卓越绩效评价准则的对照研究,总结了浙江永辉建筑工程有限公司实施卓越绩效的具体做法。近年来,中国导入卓越绩效模式并获全国质量奖的建筑企业成长快速、业绩显著,这充分证明了卓越绩效模式适用于中国建筑企业。对于中国建筑企业来说,导入卓越绩效模式建立相对应的自评、改进体系,将为降低企业经营风险、提高企业管理水平、提升自身竞争力和提高建筑业收益提供一个良好的平台,是中国建筑行业健康高速发展的重要管理保障。

卓越绩效模式的导入与实施,需要建立在以下基本理念的基础上:远见卓识的领导、战略导向、顾客驱动、社会责任、以人为本、合作共赢、重视过程与关注结果、系统管理以及学习、改进与创新。同时要坚持"提炼文化,树立愿景""高层领导带头,全员参与""坚持可持续发展""坚持科学发展""坚持持续改进""整合传统管理体系,稳步导入""树立学习标杆"的导入原则,循序渐进,以收到更好的效果。

本书所述的卓越绩效模式导入路径,是总结了中国广大获奖企业的实施经验得出的。企业需要在原有管理体系的基础上,充分理解卓越绩效评价准则的每个条目,以卓越绩效评价准则为框架进行管理体系整合,将 ISO 9001、ISO 14001 和 GB/T 28001—2011 等合格评定体系的要求融入其中。综合六西格玛、QCC 和合理化建议等持续改进和创新方法,建立高度整合的卓越绩效管理体系,制订出改进企业管理体系的计划方案以及长远发展的战略部署。对员工进行培训,全员参与,在企业内部各个系统全面推行,保证卓越绩效模式在企业中的顺利实施。

第二节　展望

本书对中国获奖的建筑企业导入卓越绩效的具体做法和经验以及在此过程中表现出的不足,进行了定性的分析和总结。所得出的结论还有待在具体的实施实践中进行实证研究。同时,还需要进一步研究建筑主管部门如何制定相应的鼓励政策,使卓越绩效模式能够在中国建筑领域更好地推行,充分发挥优秀企业的标杆作用,引领中国建筑行业的管理迈向世界的领先水平。

笔者将对建筑企业卓越绩效模式的实施提几点建议,具体内容如下:

(1) 发挥领导带头作用,提炼企业文化。

高层领导要以文化引领发现,坚持科学发展观,认真分析行业走势和市场形势,不断完善法人治理结构,建立科学的组织绩效评审体系,确定企业长、短期发展方向和绩效目标,搭建起迈向愿景的阶梯。

(2) 制定完善的战略管理体系。

只有以战略统领企业的管理活动,才能获得持续的发展和成功。在战略制定过程中,要共同参与、分工配合、多方联动。同时结合建筑业的特点,合理确定战略区间。系统分析内外部环境,全面进行战略分析,保证战略制定的前瞻性和科学性。成立战略管理部门,对战略的实施进行部署、调整、预测。

(3) 整合企业资源。

建筑企业要通过开发和利用各种资源,发挥其在生产经营活动中的增值作用,确保战略目标的实现,为员工、客户、股东和社会等相关方创造价值。围绕以人为本的理念,建立基于业绩和能力的人力资源开发与管理体系。遵循"节能高效、安全绿色、低碳环保"的理念,根据工程质量、施工进度、安全环保等方面的要求,通过规划投入、内部调配及社会租赁等方式,配置技术先进、功能完备的基础设施,定期分析过程能力,不断调整技术装备结构,建立完善的基础设施管理体系。以"诚信、互利、共赢"的理念,利用畅通的沟通机制建立支持公司发展的相关方资源系统。

(4) 建立完善的测量、分析与改进系统。

要利用合适的方法与工具(比如平衡计分卡)和常用的统计工具(如调查表、排列图等),从财务、顾客与市场、内部运营与流程、学习与成长等维度,分决策层、过程层、岗位层等层次,建立绩效数据选择、收集、整理、传递、监测与分析系统,同时制订绩效监视与测量管理程序、目标管理制度以及各类考核制度,实现绩效的动态监测与适时分析。

以下为需要进一步研究的问题:

(1)进行建筑企业实施卓越绩效管理的实证研究,将本书的研究结果应用于实践,从而总结经验和不足,找出其中需要改进的地方,并逐步分析和调整,以期将卓越绩效模式在中国建筑企业领域成功应用和推广。

(2)深入研究政府如何推动卓越绩效模式在中国的发展。目前,卓越绩效模式在中国的普及程度还不高,企业及社会对其认识和重视程度还不够,需深入研究中国政府推动卓越绩效模式全面发展的政策措施,引导和鼓励中国企业重视质量管理并积极参与全国质量奖的评审,支持第三方评价机构的发展,并营造全社会追求卓越绩效的氛围。

参考文献

[1] 白永芬.HG 公司导入卓越绩效模式的实证研究[D].济南：山东大学,2011.

[2] 陈坚.建筑企业一体化管理体系管理流程改进研究[J].吉林工程技术师范学院学报,2010(2)：26-28.

[3] 陈恳.地产标杆万科、金地 5＋2 成功法则解码[M].广州：广东经济出版社,2005.

[4] 池永辉之.2007 中国卓越绩效企业研究[J].中国企业家,2007(20)：34-48.

[5] 戴维·阿克.创建强势品牌[M].吕一林,译.北京：中国劳动社会保障出版社,2004.

[6] 戴维·阿克.管理品牌资产[M].奚卫华,董春海,译.北京：机械工业出版社,2006.

[7] 邓英.卓越绩效模式及实施方法研究[D].成都：西南交通大学,2005.

[8] 董德山.对建筑施工企业管理体系一些问题的思考[J].中国质量认证,2007(3)：59-60.

[9] 董正茂.卓越绩效评价准则在中小型制造企业实施研究[D].武汉：华中科技大学,2006.

[10] 冯树玉.企业实施卓越绩效模式所存在的若干问题及改进建议[J].中国质量,2006(3)：11-21.

[11] 高冬兰.持续推进卓越绩效模式建立评价和改进的长效机制[J].中国质量,2009(3)：21-28.

[12] 龚晓明.卓越绩效模式[M].2 版.北京：中国标准出版社,2013.

[13] 贺朝铸.基于卓越绩效模式（PEM）的企业质量战略[J].标准科学,2012(4)：21-28.

[14] 金乐.理念狂飙：房地产品牌运营论[M].北京：中国经济出版社,2002.

[15] 李磊,朱星宇,寇永超,等.应用 DEA 量分的卓越绩效在制造业企业的研究[J].工业工程,2009(2):11-28.

[16] 李首和.卓越绩效管理模式实施与效果[J].企业界,2008(4):18-19.

[17] 刘滨.中国制造型企业实施卓越绩效模式的调查分析[D].南京:南京理工大学,2008.

[18] 刘晓宇.卓越绩效标准导向的绩效测评体系[J].中国质量,2004(7):22-24,28.

[19] 刘伊生.建筑企业管理[M].北京:北方交通大学出版社,2003.

[20] 陆正鸣,曹水林,方静.企业"三合一"整合型管理体系的构建和实施[J].上海质量,2008(11):26-39.

[21] 罗国英.关于质量管理体系和过程业绩的测量[J].中国质量,2004(4),28-30.

[22] 马北农.导入卓越绩效模式的必要性和应注意的问题[J].福建质量管理,2006(5):23-43.

[23] 马林.从优秀到卓越——卓越绩效标准和全国质量奖对企业的价值[J].上海质量,2006(10):20-23.

[24] 曲扬,王为人.美国波多里奇国家质量奖问与答[J].中国质量,2004(2):53-59.

[25] 桑秀丽,肖汉杰,余志强.卓越绩效模式下铜冶炼企业车间岗位精细化管理推行研究[J].价值工程,2013,32(1):28-48.

[26] 邵亦乐,卢俊.如何提高建筑企业管理水平[J].城市建设,2010(4):314.

[27] 宋加升,王雪.基于卓越绩效准则的企业动态管理模式研究[J].科技与管理,2009,11(2):73-76.

[28] 隋冬严.国有建筑企业绩效考核体系设计研究[D].重庆:重庆大学,2007.

[29] 谭磊,孙鹏,张东焕.建筑施工企业管理过程中存在的问题及解决措施[J].中国集体经济,2010(2):57-28.

[30] 王洪秀.卓越之旅赢在执行:中建八局推行卓越绩效模式的实践[J].上海质量,2009(12):51-53.

[31] 薛强.卓越绩效评价模式在产品质验机构的应用和研究[D].南京:南京理工大学,2007.

[32] 杨登慧,杨海光,刘德智.基于BSC的卓越绩效模式及框架研究[J].中国商界(下半月),2010(08):56-63.

[33] 杨国华,单泪源.美大行车料公司卓越绩效模式的构建与实施研究[D].长沙:湖南大学,2006.

[34] 叶美芳.我国建筑企业卓越绩效管理研究[D].北京:北京交通大学,2011.

[35] 于志忠.浅谈建筑企业目标管理的问题与对策[J].中国认证认可,2010(5):41-43.

[36] 詹姆斯·R.埃文斯,小詹姆斯·W.迪安.全方位质量管理[M].吴蓉,译.3版.北京:机械工业出版社,2004.

[37] 张爱华.国有大型建筑施工企业经营发展战略研究及应用[D].重庆:重庆大学,2007.

[38] 张东风,陈登平,张东红.卓越绩效管理范式研究——核心理论、技法与典范案例[M].北京:人民出版社,2008.

[39] 张东风,刘敏,张东红.卓越绩效管理范式探析[J].经济论坛,2009(10):91-93.

[40] 张风琴.创建石油卓越绩效企业管理的几点经验[J].石油工业技术监督,2007,23(9):28-34.

[41] 张军利.项目型组织推行卓越绩效模式的探讨[J].中国质量,2007(3):11-28.

[42] 张晓光.房地产营销的100个细节[M].广州:广东经济出版社,2005.

[43] 赵建利.华伦公司基于卓越绩效模式的质量改进的实践[D].南京:南京理工大学,2007.

[44] 中国质量协会,卓越国际质量研究中心.鲍德里奇国家质量奖案例研究[M].北京:中国标准出版社,2005.

[45] Goh B H. Creating in telligent enterprises in the Singapore construction industry to support a knowledge economy [J]. Building and Environment,2006,41(3):367-379.

[46] Hamel G,Prahalad C K. The core competence of the corporation[J]. Harvard Business Review,1990,68:79-91.

[47] Hiyassat M A S. Applying the ISO standards to a construction acase

study [J]. International Journal of Project Management，2008，18(4)：275-280.

[48] Hodgetts R M，Kuratko D F，Homsby J S. Quality implementation in small business：perspectives from the Baldrige Award winners[J]. Sam Advanced Management Journal，1999，64(1)：37-47.

[49] Ford M W，Evans J R. Conceptual foundations of strategic planning in the Malcolm Baldrige Criteria for performance excellence [J]. American society quality，2000，7(1)：8-26.

[50] Ojanen V，Piippo P，Tuominen M. Applying quality award criteria in R&D project assessment [J]. International Journal of Production Economics，2002，80(1)：119-128.

附　录

附录一　问卷

浙江省建筑企业质量管理现状调查

亲爱的朋友：

您好！

为了更好地了解浙江省建筑企业的质量管理现状和质量管理水平,为政府有关部门制定宏观政策提供参考依据,我们组织了本次全省问卷调查活动。

本调查不作为评价任何个人、部门或企业的依据。您只需要根据您对所在公司的了解来填写就可以了,答案没有对错之分。本次调查数据主要用于研究,我们关心的是全省调查数据汇总的结果,在调查报告中不会出现任何有关个人或具体某个公司的信息,请您不要有任何顾虑。

贵公司是我们按照科学的方法从全省的建筑企业中抽取出来的,您的回答对我们了解全省建筑企业质量管理现状非常重要。

您如果有什么疑问,可以直接与我们联系。衷心地感谢您的理解和支持！

一、个人(问卷填写人)基本信息

1. 您在本公司担任的职务：□高层管理者　　　□中层管理者

2. 您在本公司已经工作了多少年？（　　　）年

3. 企业是否为股份公司：□是　　□否

4. 企业是否为上市公司：□国内上市　　□国外上市　　□未上市

5. 企业中主管质量工作的高层领导是(单选)：

□总经理(总裁)　□副总经理

□总工程(质量)师　□质量总监　□无　□其他

6. 企业已通过认证的管理体系有(可多选)：

□ISO 9001　　□ISO 14001　　□OHSAS 180001　　□HACCP

7. 通过国家质量专业人员资格考试人数为（　　　）人。

8. 企业目前提供的主要产品或服务为（　　　　）。

9. 企业目前员工总数（　　　）人，其中质量管理人员（　　　）人，专职检验人员（　　　）人。

二、过程类指标

请参考评分指南，对照有关描述，根据贵公司的实际情况，在过程管理水平一栏中，在您认为最适当的选项对应的数字处打"√"。

过程管理水平评分指南	
1	还没有做
2	刚开始做
3	有时做
4	经常做
5	经常做，并检查有效性
6	一直在做，并持续改进

问题描述	过程管理水平					
	1	2	3	4	5	6
高层领导向各级员工沟通公司的价值观和愿景						
高层领导向关键供应商和合作伙伴沟通公司的价值观和愿景						
高层领导为公司营造遵守法律法规和恪守诚信的环境						
高层领导为公司营造促进授权、创新和学习的环境						
高层领导定期评审公司绩效和目标的进展，并将评审结果转化为改进行动						
公司治理体制能够确保管理层对公司的行为负责，确保股东和其他相关者的利益						

问题描述	过程管理水平					
	1	2	3	4	5	6
高层领导亲自带领并鼓励员工积极参与公司的质量改进活动						
高层领导预测并采取措施降低产品,服务和运营可能给社会公众及环境带来的不良影响						
公司注重与供应商建立长期伙伴关系						
高层领导积极支持并参与社区服务、医疗、教育和环境保护活动						
公司根据影响经营的关键因素及相关数据的分析来制订公司的战略计划						
公司为产品或服务质量制订清晰的战略计划、目标和时间表						
员工对战略计划和目标的意见能有效地自下而上反映						
战略目标能够应对公司面临的挑战,平衡所有利益相关者的需要						
公司为生产运作流程制订清晰的战略计划、目标及时间表						
公司的行动计划和人力资源计划能够支持公司的关键战略计划						
公司为组织变革制订清晰的战略计划、目标及时间表						
公司把质量作为选择供应商的最重要的标准						
公司通过绩效测量(指标)系统追踪行动计划的进展状况,并根据需要迅速做出调整						
公司使用绩效指标追踪目标进展,并与重要竞争对手或标杆进行对比						
公司为实现战略计划和目标投入了足够的资源						
公司系统地对战略计划和目标进行自上而下的沟通						

续　表

问题描述	过程管理水平					
	1	2	3	4	5	6
公司对顾客、顾客群和市场进行细分以便更好地定义和理解顾客的需求						
公司系统地倾听和了解不同顾客群和细分市场的要求和偏好						
公司根据顾客的声音来确定产品和服务的特性						
公司不断改进顾客服务流程,为顾客查询信息、交易和投诉提供便利						
公司系统地测量顾客满意和忠诚的程度以改进产品或服务流程						
公司很好地规划新产品开发或服务的流程						
公司主动地与顾客建立伙伴关系						
高层领导定期与顾客进行面对面的沟通						
公司系统地收集数据和信息,以跟踪、评审和改进组织的绩效						
公司与供应商就影响产品、服务质量的关键因素和设计变化保持密切的沟通						
公司很好地将收集到的绩效数据用于产品、服务创新						
高层领导分析数据以制定战略和经营决策						
公司将绩效数据的分析结果反馈给工作单位或职能部门						
公司的数据和信息能够很容易地被员工获取和使用						
公司的供应商、合作伙伴及顾客可以分享公司的数据和信息						
公司主动地要求供应商参与质量改进活动						
公司从员工、顾客、供应商和合作伙伴处获取知识,并且在组织内部共享这些知识						
公司的数据和知识是完整的、一致的、准确的						

问题描述	过程管理水平					
	1	2	3	4	5	6
公司经常就有关产品、服务的设计征求供应商的意见						
公司员工都能够使用质量工具分析数据并找出改进方案						
公司在内部各层级之间实现了有效的沟通和技能共享						
公司通过薪酬、激励制度来强化高绩效工作和顾客导向						
公司的招聘流程能够招聘到具备相关技能的员工						
公司采取多种方式充分发挥员工的潜能,帮助员工实现职业生涯发展的目标						
公司系统地评估各级员工的培训需求,有针对性地制订教育、培训计划						
公司的员工培训能够有效地配合战略计划和目标						
公司提倡团队精神,重视团结合作						
公司不断改善员工的工作环境						
公司的企业文化有助于促进授权和创新						
公司提供多种服务、福利和政策,以保障员工的权益,提升员工的满意程度						
公司依据员工权益、满意度与关键的经营结果的相关性,确定工作环境的改进重点						
关键的生产、服务流程都有清晰的、可测量的绩效指标						
公司将生产、服务运作程序标准化及文件化						
公司把新技术和知识融入生产、服务流程设计之中						
公司维持干净、整洁的工作环境,以提升工作效率						
公司使用统计方法来控制生产、服务流程的波动						

续　表

问题描述	过程管理水平					
	1	2	3	4	5	6
公司设计生产、服务流程时会考虑效率、有效性等方面的因素(例如,周期时间、生产率、成本控制等)						
公司鼓励一线员工参与工序改进工作						
公司内各单位、职能部门经常与其他单位、职能部门分享生产、服务流程的改进成果						
公司通过成立项目组来实施生产、服务流程的持续改进						
供应商在产品、服务设计阶段就参与了公司的项目						
公司应用顾客、供应商和合作伙伴的信息来控制和改进服务流程						
高层领导主持重要生产、服务流程改进项目的实施						
公司使用信息技术作为大幅度改革生产、服务流程的手段						
公司合理配置资源,以确保流程改进行动计划的实施和紧急状况下经营的连续性						
公司鼓励"跳出条条框框"的做法						
公司通过系统地收集和分析质量数据来调整生产、服务流程						
公司用系统的项目管理流程来支持新产品、服务的开发						
员工经常对生产、服务流程中不必要的工序进行调整和优化						
公司注重设备更新改造,对拥有的技术进行及时评价						
公司不断提高技术水平和创新能力						
公司控制质量始于产品、服务设计而非靠检查测试						

三、经营结果类指标

以下为贵公司在主要产品、服务上与主要竞争对手的对比情况。1表示"明显地比竞争对手差",6表示"明显地比竞争对手强",2~5表示从差到强逐步递进。请您根据贵公司的实际情况,在最符合贵公司情况的数字处打"√"。

问题描述	与竞争对手的对比情况					
	1	2	3	4	5	6
综合经济效益						
销售额						
市场份额						
投资回报率						
投资回报率的提高						
销售回报率						
销售回报率的提高						

以下是对企业品牌发展情况的描述,请在适当的选项的数字处打"√",以表达你对该描述的同意程度。

问题描述	非常不同意	比较不同意	稍为不同意	稍为同意	比较同意	非常同意
	1	2	3	4	5	6
公司投入足够资源建设公司的品牌						
绝不参与任何有损公司品牌形象的活动						
公司致力于维护公司的品牌形象						
公司的品牌在市场上享有很高声望						
品牌是公司重要的无形资产						
品牌为公司带来了明显的额外收益						
与市场上同类产品相比,公司的产品价格明显高出许多						
在公司的顾客中,老顾客占了大多数						
品牌是顾客选择购买我们公司产品的重要因素						

续　表

问题描述	非常 不同意	比较 不同意	稍为 不同意	稍为 同意	比较 同意	非常 同意
	1	2	3	4	5	6
公司设计的产品、服务所用的大多是新技术						
公司设计的产品、服务使行业产生变革						
公司设计的产品、服务是市场上前所未有的						
公司设计的产品、服务充满创意						
公司设计的产品、服务较同类产品、服务在质量上优胜						
公司设计的产品、服务较同类产品、服务更能给顾客提供独特的功能						
公司设计的产品、服务较同类产品、服务更能满足顾客的需要						
公司设计的产品、服务种类较同类产品、服务更多						
公司设计的产品、服务较同类产品、服务更早在市场上推出						
公司设计的产品、服务较同类产品、服务在技术表现上更优异						

四、绩效水平

请参考评分指南,对照有关绩效水平的描述,根据贵公司的实际情况,在绩效水平一栏中,在您认为最适当的选项对应的数字处打"√"。

绩效水平评分指南	
1	绩效水平很差
2	在对经营不重要的少数方面,绩效水平是良好的
3	在对经营重要的少数方面,绩效水平是良好的
4	与行业平均水平相比,在对经营重要的大多数方面,绩效水平是良好的,并且某些方面呈现提高趋势

绩效水平评分指南	
5	与表现最佳的竞争对手或标杆相比,在对经营重要的大多数方面,绩效水平是很好的。并且多数持续提高、稳定增长。没有明显的不良趋势和不良的绩效水平
6	与表现最佳的竞争对手或标杆相比,在对经营重要的大多数方面,绩效水平是卓越的。大多数持续提高、稳定增长。没有明显的不良趋势和不良的绩效水平

问题描述	绩效水平					
	1	2	3	4	5	6
与产品和服务质量相关的关键指标,如可靠性、安全性、稳定性等方面						
与产品和服务成本相关的关键指标,如价格、价值等方面						
与产品和服务交付、技术支持相关的关键指标,如交付周期、交易方式、顾客服务和技术支持等方面						
有关顾客满意、不满意的关键指标						
有关顾客感知价值的关键指标,如顾客忠诚、顾客主动推荐和与顾客建立关系等方面						
与财务回报和经济价值相关的关键指标,如投资回报率、利润率、资金周转率、资产负债率、人均新增价值等方面						
与市场有关的关键指标,如市场份额或地位、业务增长和新增市场等方面						
与工作的效率和有效性相关的关键指标,如职位简化、职位轮换、员工保持、员工内部晋升等方面						
与员工权益、员工满意和不满意相关的关键指标,如安全事故率、员工缺勤率、员工流失率、员工满意度等方面						
与关键的价值创造过程有关的指标,如生产率、周期时间、供应商和合作伙伴绩效等方面						
与关键的支持过程有关的指标,如生产率、周期时间、供应商和合作伙伴绩效等方面						
与公司内部和外部的财务责任有关的指标,如审计人员或部门的独立性等方面						

续　表

问题描述	绩效水平					
	1	2	3	4	5	6
在公司组织治理中,与道德行为和利益相关方信任方面有关的指标,如独立董事的比率等						
与公司遵守法律和法规有关的指标,如环境保护、能源消耗、资源回收和有效利用等方面						
与公司及其领导、员工对关键社区的支持有关的指标,如参与公益活动的频次、支持公益事业的举措等方面						

五、质量管理理念

您认为下列关于质量管理理念的描述,哪一种与贵公司的实际情况比较符合,请在该描述前打"√"。请注意:您只能从每项问题的五个描述中选择一个答案。

1. 质量保证

□　创造"第一次就把事情做好"的文化氛围

□　关注流程的优化和过程的控制

□　加强生产过程和成品出厂的质量检验

□　关键是把顾客要求转化为质量特性

□　全过程控制和预防

2. 领导作用

□　经常对重复发生的愿景问题进行剖析

□　强调学习并提出"我们需要做得更好"的口号

□　提出要亲自参与质量管理活动

□　倡导"持续改进、追求卓越"的文化理念

□　要求使用最新方法确保质量符合性

3. 质量概念

□　质量就是顾客的需求

□　提高质量需要很大的投入和付出

□　了解顾客需要并努力去满足

□　追求卓越质量成为员工和供应商的共识

□　提高质量需要持续改进

4. 质量管理追求

☐　将质量波动控制在允许的范围内

☐　持续改进

☐　零缺陷水平

☐　提升企业竞争能力

☐　减少顾客的抱怨和投诉

5. 公司正在致力于控制质量成本

☐　非符合性成本

☐　故障成本

☐　索赔成本

☐　劣质成本

☐　废品成本

六、其他

1. 贵公司当前迫切需要解决的质量管理问题是：

2. 您对公司进一步做好质量管理工作的建议是：

附录二　GB/T 19580—2012《卓越绩效评价准则》

1　范围

本标准规定了组织卓越绩效的评价要求。

本标准适用于追求卓越的各类组织,为组织提供了自我评价的准则,也可作为质量奖的评价依据。

2　规范性引用文件

下列文件对于本文件的应用是必不可少的。凡是注日期的引用文件,仅注日期的版本适用于本文件。凡是不注日期的引用文件,其最新版本(包括所有的修改单)适用于本文件。

GB/T 19000 质量管理体系 基础和术语

3 术语和定义

GB/T 19000 界定的以及下列术语和定义适用于本文件。

3.1 卓越绩效 performance excellence

通过综合的组织绩效管理方法,为顾客、员工和其他相关方不断创造价值,提高组织整体的绩效和能力,促进组织获得持续发展和成功。

3.2 使命 mission

组织存在的价值,是组织所应承担并努力实现的责任。

3.3 愿景 vision

组织对未来的展望,是组织实现整体发展方向和目的的理想状态。

3.4 价值观 values

组织所崇尚文化的核心,是组织行为的基本原则。

3.5 治理 governance

在组织的监管中实行的管理和控制系统。包括批准战略方向、监视和评价高层领导绩效、财务审计、风险管理、信息披露等活动。

3.6 标杆 benchmarks

针对相似的活动,其过程和结果代表组织所在行业的内部或外部最佳的经营实践和绩效。

3.7 关键过程 key processes

为组织、顾客和其他相关方创造重要价值或做出重要贡献的过程。

4 评价要求

4.1 领导

4.1.1 总则

本条款用于评价组织高层领导的作用、组织治理及组织履行社会责任的情况。

4.1.2　高层领导的作用

组织应从以下方面说明高层领导的作用：

a）如何确定组织的使命、愿景和价值观；如何将其贯彻到全体员工，并影响到组织的供方、合作伙伴、顾客及其他相关方；如何在落实组织的价值观方面起表率作用。

b）如何与全体员工及其他相关方进行沟通，如何鼓励整个组织实现坦诚、双向的沟通，如何通过对全体员工实现卓越绩效的活动进行激励以强化组织的方向和重点。

c）如何营造诚信守法的环境，如何营造有利于改进、创新和快速反应的环境，如何营造促进组织学习和员工学习的环境。

d）如何履行确保组织所提供产品和服务质量安全的职责。

e）如何推进品牌建设，不断提高产品质量和服务水平。

f）如何强化风险意识，推动组织的持续经营；如何积极培养组织未来的领导者。

g）如何促进组织采取行动以改进组织绩效、实现战略目标，并达成愿景；如何定期评价组织的关键绩效指标；如何根据绩效评价结果采取相应行动。

4.1.3　组织治理

如何考虑组织治理的关键因素以及如何对高层领导和治理机构成员的绩效进行评价。

a）组织治理如何考虑以下关键因素：

● 管理层所采取行动的责任。

● 财务方面的责任。

● 经营管理的透明性以及信息披露的政策。

● 内外部审计的独立性。

● 股东及其他相关方利益的保护。

b）如何评价高层领导的绩效，如何评价治理机构成员的绩效，高层领导和治理机构如何运用这些绩效评价结果改进个人、领导体系和治理机构的有效性。

4.1.4　社会责任

4.1.4.1　提要

组织如何履行社会责任，包括在公共责任、道德行为和公益支持等方面的做法。

4.1.4.2 公共责任

4.1.4.2.1 明确组织的产品、服务和运营对质量安全、环保、节能、资源综合利用、公共卫生等方面产生的影响所采取的措施。

4.1.4.2.2 如何预见和应对公众对组织的产品、服务和运营所产生的负面社会影响的隐忧。

4.1.4.2.3 说明为满足法律法规要求和达到更高水平而采用的关键过程及绩效指标,以及在应对产品、服务和运营的相关风险方面的关键过程及绩效指标。

4.1.4.3 道德行为

4.1.4.3.1 如何确保组织遵守诚信准则,以及如何建立组织的信用体系。

4.1.4.3.2 如何确保组织行为符合道德规范,说明用于促进和监测组织内部,与顾客、供方和合作伙伴之间及组织治理中的行为符合道德规范的关键过程及绩效指标。

4.1.4.4 公益支持

如何积极地支持公益事业,并说明重点支持的公益领域;高层领导及员工如何积极参与并为此做出贡献。

4.2 战略

4.2.1 总则

本条款用于评价组织的战略及其目标的制定、部署及进展情况。

4.2.2 战略制定

4.2.2.1 提要

组织如何制定战略和战略目标。

4.2.2.2 战略制定过程

4.2.2.2.1 组织应描述其战略制定过程、主要步骤及主要参与者,如何确定长、短期计划的时间区间,以及战略制定过程如何与长、短期计划时间区间相对应。

4.2.2.2.2 如何确保制定战略时考虑下列关键因素,如何就这些因素收集和分析有关的数据和信息:

- 顾客和市场的需求、期望以及机会。
- 竞争环境及竞争能力。
- 影响产品、服务及运营方式的重要创新或变化。
- 资源方面的优势和劣势,资源重新配置到优先考虑的产品、服务或领域的机会。

- 经济、社会、道德、法律法规以及其他方面的潜在风险。

- 国内外经济形势的变化。

- 组织特有的影响经营的因素，包括品牌、合作伙伴和供应链方面的需要及组织的优势和劣势等。

- 可持续发展的要求和相关因素。

- 战略的执行能力。

4.2.2.3　战略和战略目标

4.2.2.3.1　说明战略和战略目标，以及战略目标对应的时间表和关键的量化指标。

4.2.2.3.2　战略和战略目标如何应对战略挑战和发挥战略优势，如何反映产品、服务、经营等方面的创新机会，如何均衡地考虑长、短期的挑战和机遇以及所有相关方的需要。

4.2.3　战略部署

4.2.3.1　提要

组织如何将战略和战略目标转化为实施计划及相关的关键绩效指标，以及如何根据这些关键绩效指标预测组织未来的绩效。

4.2.3.2　实施计划的制订与部署

4.2.3.2.1　如何制订和部署实现战略目标的实施计划，如何根据环境的变化对战略目标及其实施计划进行调整和落实。

4.2.3.2.2　说明组织的主要长、短期实施计划，这些计划所反映出的在产品和服务、顾客和市场以及经营管理方面的关键变化。

4.2.3.2.3　如何获取和配置资源以确保实施计划的实现，说明组织为了实现长、短期战略目标和实施计划的重要资源计划。

4.2.3.2.4　说明监测实施计划进展情况的关键绩效指标，以及如何确保这些指标协调一致，并涵盖所有关键的领域和相关方。

4.2.3.3　绩效预测

说明组织长、短期计划期内的关键绩效指标的预测结果以及相应的预测方法；如何将所预测绩效与竞争对手或对比组织的预测绩效相比较，与主要的标杆、组织的目标及以往绩效相比较；如何确保实现所预测绩效，如何应对相对于竞争对手或对比组织的绩效差距。

4.3 顾客与市场

4.3.1 总则

本条款用于评价组织确定顾客和市场的需求、期望和偏好以及建立顾客关系、确定影响顾客满意程度关键因素的方法。

4.3.2 顾客和市场的了解

4.3.2.1 提要

组织如何确定顾客和市场的需求、期望和偏好以及如何拓展新的市场。

4.3.2.2 顾客和市场的细分

4.3.2.2.1 如何识别顾客、顾客群和细分市场,如何确定当前及未来的产品和服务所针对的顾客、顾客群和细分市场。

4.3.2.2.2 在顾客和市场的细分过程中,如何考虑竞争对手的顾客及其他潜在的顾客和市场。

4.3.2.3 顾客需求和期望的了解

4.3.2.3.1 如何了解关键顾客的需求、期望和偏好及其对于顾客的购买或建立长期关系的相对重要性,如何针对不同的顾客、顾客群和细分市场采取不同的了解方法。

4.3.2.3.2 如何将当前和以往顾客的相关信息用于产品和服务的设计、生产、改进、创新以及市场开发和营销过程,如何使用这些信息来强化顾客导向、满足顾客需要以及识别创新的机会。

4.3.2.3.3 如何使了解顾客需求和期望的方法适应发展方向、业务需要及市场的变化。

4.3.3 顾客关系与顾客满意

4.3.3.1 提要

组织如何建立、维护和加强顾客关系,如何确定赢得和保持顾客并使顾客满意、忠诚的关键因素的方法。

4.3.3.2 顾客关系的建立

4.3.3.2.1 如何建立顾客关系以赢得顾客,满足并超越其期望,提高其忠诚度,获得良好口碑。

4.3.3.2.2 如何建立与顾客接触的主要渠道,这些渠道如何方便顾客查询信息、进行交易和提出投诉;如何确定每种渠道主要的顾客接触要求,并将这些要求落实到有关的人员和过程。

4.3.3.2.3　如何处理顾客投诉,确保投诉得到有效、快速的解决,如何最大限度地减少顾客不满和业务流失,如何积累和分析投诉信息以用于组织及合作伙伴的改进。

4.3.3.2.4　如何使建立顾客关系的方法适合组织发展方向及业务需要。

4.3.3.3　顾客满意度的测量

4.3.3.3.1　如何测量顾客满意和忠诚程度,所用方法如何因顾客群不同而异;如何确保测量能够获得有效的信息并用于改进,以超越顾客期望、获得良好口碑并赢得市场。

4.3.3.3.2　如何对顾客进行产品和服务质量的跟踪,以获得及时、有效的反馈信息并将其用于改进与创新活动。

4.3.3.3.3　如何获取和应用可供比较的竞争对手和标杆的顾客满意信息。

4.3.3.3.4　如何使测量顾客满意和忠诚的方法适应发展方向及业务需要。

4.4　资　源

4.4.1　总　则

本条款用于评价组织的人力、财务、信息和知识、技术、基础设施和相关方关系等资源管理的情况。

4.4.2　人力资源

4.4.2.1　提要

组织如何建立以人为本的人力资源管理体系,促进员工的学习和发展,提高员工的满意程度。

4.4.2.2　工作的组织和管理

4.4.2.2.1　如何对工作和职位进行组织、管理,以应对战略挑战、满足实施计划,对业务变化做出快速灵活的反应,促进组织内部的合作,调动员工的积极性、主动性,促进组织的授权、创新,以提高组织的执行力。

4.4.2.2.2　如何确定员工的类型和数量的需求;如何识别所需员工的特点和技能;如何提高现有员工的能力,如何招聘、任用和留住员工。

4.4.2.2.3　如何听取和采纳员工、顾客和其他相关方的各种意见和建议,如何在不同的部门、职位和地区之间实现有效的沟通和技能共享。

4.4.2.3　员工绩效管理

如何实施员工绩效管理,包括员工绩效的评价、考核和反馈;如何建立科学合理的薪酬体系和实施适宜的激励政策和措施,以提高员工和组织的工作绩效,实现组织的战略实施计划。

4.4.2.4　员工的学习与发展

4.4.2.4.1　员工的教育与培训

如何识别教育与培训需求,制订和实施教育与培训计划,并结合员工和组织的绩效以评价其有效性,使教育与培训适应组织发展方向和员工职业发展的要求;如何针对不同的岗位和职位实施教育与培训,鼓励和支持员工以多种方式实现与工作需要和职业发展、技能提高相关的学习目标。

4.4.2.4.2　员工的职业发展

如何对包括高层领导在内的所有员工的职业发展实施有效管理;如何帮助员工实现学习和发展目标;如何实施继任计划,形成人才梯队,以提高组织的持续经营能力。

4.4.2.5　员工的权益与满意程度

4.4.2.5.1　员工权益

如何保证和不断改善员工的职业健康安全,针对不同的工作场所确定相应的测量指标和目标,并确保对工作场所的紧急状态和危险情况做好应急准备;如何针对不同的员工群体,提供针对性、个性化和多样化的支持,保障员工的合法权益;如何鼓励员工积极参与多种形式的管理和改进活动,并为员工参与的活动提供必要的资源,以提高员工的参与程度与效果。

4.4.2.5.2　员工满意程度

如何确定影响员工满意程度和积极性的关键因素以及这些因素对不同员工群体的影响,如何测量和提高员工满意程度。

4.4.3　财务资源

如何确定资金需求,保证资金供给;如何实施资金预算管理、成本管理和财务风险管理,将资金的实际使用情况与计划相比较,及时采取必要的措施,适时调整;如何加快资金周转,提高资产利用率,以实现财务资源的最优配置,并提高资金的使用效率和安全。

4.4.4　信息和知识资源

4.4.4.1　如何识别和开发信息源;如何确保获得和提供所需的数据和信息,

并使员工、供方和合作伙伴及顾客易于获取相关数据和信息。

4.4.4.2　如何配备获取、传递、分析和发布数据和信息的设施,如何建立和运行信息系统,如何确保信息系统硬件和软件的可靠性、安全性、易用性。

4.4.4.3　如何使信息系统适应组织的发展方向及业务需要。

4.4.4.4　如何有效地管理组织的知识资产,收集和传递来自员工、顾客、供方和合作伙伴等方面的相关知识,识别、确认、分享和应用最佳实践。

4.4.4.5　如何确保数据、信息和知识的准确性、完整性、可靠性、及时性、安全性和保密性。

4.4.5　技术资源

4.4.5.1　组织如何对其拥有的技术进行评估,并与同行先进水平进行比较分析,为制定战略和增强核心竞争力提供充分依据。

4.4.5.2　如何以国际先进技术为目标,积极开发、引进、消化、吸收适用的先进技术和先进标准,提高组织的技术创新能力。

4.4.5.3　如何形成和使用组织的技术诀窍与专利。

4.4.5.4　如何制订技术开发与改造的目标和计划,论证方案,落实增强技术先进性、实用性所采取的措施。

4.4.6　基础设施

在考虑组织自身和相关方需求和期望的同时,如何确定和提供所必需的基础设施,包括:

a)根据战略实施计划和过程管理的要求提供基础设施。

b)制定并实施基础设施的预防性和故障性维护保养制度。

c)制订和实施更新改造计划,不断提高基础设施的技术水平。

d)预测和处置因基础设施而引起的环境、职业健康安全和资源利用问题。

4.4.7　相关方关系

如何建立与其战略实施相适应的相关方关系,尤其是与关键供方和合作伙伴的良好合作关系,促进双向交流,共同提高过程的有效性和效率。

4.5　过程管理

4.5.1　总则

本条款用于评价组织的过程识别、设计、实施与改进的情况。

注：适用时，鼓励将组织的过程分为价值创造过程和支持过程。

4.5.2　过程的识别与设计

4.5.2.1　提要

组织如何识别、确定和设计关键过程。

4.5.2.2　过程的识别

组织如何确定主要产品、服务及经营全过程，并识别、确定其中的关键过程，包括利用外部资源的过程。

4.5.2.3　过程要求的确定

如何结合来自顾客及其他相关方的信息，确定关键过程的要求，必要时在全部要求中确定关键要求，如何确保这些要求清晰并可测量。

4.5.2.4　过程的设计

4.5.2.4.1　在过程设计中如何满足已确定的关键要求；如何有效利用新技术和组织的知识；如何考虑可能的变化并保持敏捷性；如何考虑质量、安全、周期、生产率、节能降耗、环境保护、成本控制及其他效率和有效性因素，确定过程的关键绩效指标。

4.5.2.4.2　如何考虑应对突发事件和采取应急准备，以规避风险、减少危害；在建立组织的应急响应系统中如何考虑预防和管理，以及运营的连续性。

4.5.3　过程的实施与改进

4.5.3.1　过程的实施

如何实施关键过程，以持续满足过程设计要求，并确保过程的有效性和效率。

如何使用关键绩效指标监控过程的实施，如何在过程的实施中利用来自顾客和其他相关方的信息，如何优化关键过程的整体成本。

4.5.3.2　过程的改进

如何评价关键过程实施的有效性和效率，改进关键过程，减少过程波动与非增值性活动，使关键过程与发展方向和业务需要保持一致，并在各部门和各过程分享改进成果和经验教训，以促进组织的学习和创新。

4.6　测量、分析与改进

4.6.1　总则

本条款用于评价组织测量、分析和评价绩效的方法及改进和创新的情况。

4.6.2　测量、分析和评价

4.6.2.1　提要

如何测量、分析和评价组织各层次及所有部门的绩效。

4.6.2.2　绩效测量

4.6.2.2.1　说明组织如何建立绩效测量系统；如何有效应用相关的数据和信息，监测日常运作及组织的整体绩效，支持组织的决策、改进和创新。

4.6.2.2.2　如何有效应用关键的对比数据和信息，支持组织的决策、改进和创新。

4.6.2.2.3　如何确保绩效测量系统适应发展方向及业务需要，并确保对组织内外部的快速变化保持敏感性。

4.6.2.3　绩效分析和评价

4.6.2.3.1　如何分析、评价组织绩效，包括如何评价组织的成就、竞争绩效以及长、短期目标和实施计划的进展；如何评价组织的应变能力。

4.6.2.3.2　如何根据绩效评价结果，确定改进的优先次序，并识别创新的机会；如何将这些优先次序和创新机会及其举措在组织内展开，适当时展开到关键供方和合作伙伴，以达到协调一致。

4.6.3　改进与创新

4.6.3.1　提要

组织如何进行改进和创新的管理，如何应用改进和创新的方法。

4.6.3.2　改进与创新的管理

4.6.3.2.1　如何对改进和创新进行策划，明确各层次和所有部门、过程在改进与创新方面的计划和目标。

4.6.3.2.2　如何实施、测量、评价改进与创新活动，分析对赢利能力和实现组织战略目标的贡献，促进组织绩效的提高。

4.6.3.3　改进与创新方法的应用

4.6.3.3.1　如何应用多种方法，组织各层次员工开展各种改进与创新活动。

4.6.3.3.2　如何正确和灵活应用统计技术和其他工具，为改进与创新提供支持。

4.7　结果

4.7.1　总则

本条款用于评价组织在经营方面的绩效和改进，包括产品和服务、顾客与市场、财务、资源、过程有效性和领导等方面的绩效。绩效水平应与竞争对手和(或)标杆对比并进行评价。

4.7.2　产品和服务结果

4.7.2.1　主要产品和服务的关键绩效指标(如实物质量指标和服务水平等)的当前水平和趋势。

4.7.2.2　主要产品和服务的关键绩效指标与竞争对手对比的结果,与国内、国际同类产品和服务的对比结果。

4.7.2.3　主要产品和服务所具有的特色及创新成果。

4.7.3　顾客与市场结果

4.7.3.1　提要

组织在顾客与市场方面的绩效结果,包括顾客满意和忠诚程度以及市场方面的绩效结果。必要时,将结果按顾客群与市场区域加以细分。其中应包括适当的对比性数据。

4.7.3.2　顾客方面的结果

顾客方面的结果应包括但不限于以下方面:

a) 顾客满意的关键绩效指标的当前水平和趋势。

b) 顾客满意度与竞争对手和本行业标杆对比的结果。

c) 顾客忠诚度的关键绩效指标的当前水平和趋势。

4.7.3.3　市场结果

4.7.3.3.1　市场的关键绩效指标的当前水平和趋势,可包括市场占有率、市场地位、业务增长或新增市场等。

4.7.3.3.2　市场绩效与竞争对手和本行业标杆的对比结果,在国内外同行业中的水平。

4.7.4　财务结果

组织在财务绩效方面的关键绩效指标的当前水平和趋势,可包括:主营业务收入、投资收益、营业外收入、利润总额、总资产贡献率、资本保值增值率、资产负债率、流动资金周转率等综合指标。必要时按行业特点、不同产品和服务类别或市场区域分别说明。其中应包括适当的对比性数据。

4.7.5　资源结果

组织人力资源方面的结果,应包括工作的组织和管理、员工绩效管理、员工学习和发展、员工权益与满意程度等方面的关键绩效指标的当前水平和趋势。其中应包括适当的对比性数据。

组织在人力、财务、信息和知识、技术、基础设施和相关方关系等资源方面的关键绩效指标的当前水平和趋势。其中应包括适当的对比性数据。

4.7.6　过程有效性结果

组织在反映关键过程有效性和效率方面的关键绩效指标的当前水平和趋势，应包括全员劳动生产率、质量、成本、周期、供方和合作伙伴绩效以及其他有效性的测量结果。适当时，将结果按产品和服务类别或市场区域加以细分。其中应包括适当的对比性数据。

4.7.7　领导方面的结果

组织在领导方面的绩效结果，应包括实现战略目标、组织治理、公共责任、道德行为以及公益支持等方面的绩效结果。必要时按业务单元加以细分。其中应包括适当的对比性数据：

a）在实现战略目标方面的关键绩效指标的当前水平和趋势。

b）在组织治理方面的关键绩效指标的当前水平和趋势。

c）在公共责任方面的关键绩效指标的当前水平和趋势。

d）在道德行为方面的关键绩效指标的当前水平和趋势。

e）在公益支持方面的关键绩效指标的当前水平和趋势。

附录三　GB/Z 19579—2012《卓越绩效评价准则实施指南》

1　范围

本指导性技术文件给出了理解和应用 GB/T 19580—2012《卓越绩效评价准则》的指南。

本指导性技术文件适用于追求卓越的各类组织，旨在指导组织提高其整体绩效和能力，并为组织自我评价和质量奖评价提供实施指南。

2　规范性引用文件

下列文件对于本文件的应用是必不可少的。凡是注日期的引用文件,仅注日期的版本适用于本文件。凡是不注日期的引用文件,其最新版本(包括所有的修改单)适用于本文件。

GB/T 19000 质量管理体系　基础和术语

GB/T 19580 卓越绩效评价准则

3　术语和定义

GB/T 19000 和 GB/T 19580 界定的术语和定义适用于本文件。

4　实施指南

组织的卓越绩效评价包括定性评价和定量评分,具体的评价指南参见附件 A、附件 B 和附件 C。

4.1　领　导

4.1.1　提　要

本条款对组织的持续成功起着关键作用。其中,高层领导的引领和推动是组织持续成功的前提,组织治理是组织持续成功的保障,而履行社会责任则是组织持续成功的必备条件。

4.1.2　高层领导的作用

本条款包括高层领导作用的要点:确定方向、双向沟通、营造环境、质量责任、持续经营和绩效管理。

a) 确定方向是指确定和贯彻组织的使命、愿景和价值观。使命、愿景和价值观体现了组织未来的发展方向,也是组织文化的核心,并为战略和战略目标的制订设定前提。组织的高层领导应结合其历史沿革、行业特点和内外部环境等实际情况,研讨、提炼、确立和贯彻其使命、愿景和价值观,并率先垂范。

b) 双向沟通的目的在于使全体员工及其他相关方对组织的发展方向和重点有清晰、一致的理解、认同并付诸行动,在组织内部达成上下同心,在组织外部促进协同发展。组织可通过高层领导演讲、座谈会、网站、报刊及文化体育活动等多种形式,与员工双向沟通;通过洽谈会、研讨会、外部网站等形式与相关方双向沟通。组织应围绕其发展方向和重点,建立物质激励和精神激励相结合的绩效激励制度。

c)营造环境指营造一个包括诚信守法、改进、创新、快速反应和学习等要点的组织文化环境。高层领导应通过组织文化建设,积极倡导诚信守法,鼓励员工开展多种形式的改进和创新活动,提高快速反应能力,培育学习型组织和员工。

d)履行确保组织所提供产品和服务的质量安全的责任,引导组织承担质量安全主体责任。

e)制订与组织经营发展的战略目标保持一致的品牌发展规划,通过提高组织的产品质量和服务水平,推进组织的品牌建设,不断提高组织的品牌知名度、品牌美誉度、品牌形象和品牌忠诚度。

f)持续经营旨在实现基业长青。为推动和确保持续经营,组织应培育和增强风险意识,开展战略、财务、市场、运营、法律、安全、环境、质量等方面的风险管理,提升应对动态的内外部环境的战略管理和运营管理能力,并重视培养组织未来的各层次领导者。

g)绩效管理的最终目的是实现愿景和战略目标。高层领导应通过诸如战略研讨会、管理评审会、经济活动分析会和专业例会等形式,定期评价组织的关键绩效指标,确定改进和创新的重点,促进组织将追求卓越付诸行动。

4.1.3　组织治理

本条款包括两项要点:完善组织治理体制所需要考虑的关键因素;对高层领导和治理机构成员的绩效评价。

a)组织治理所需考虑的关键因素包括:

● 明确经营管理高层的经营责任、道德责任、法律责任等。

● 明确治理体制中各机构的财务责任,健全财务制度,规范会计行为。

● 规定经营管理的透明性及信息披露的政策。

● 确保内外部审计活动独立于被审计的对象和职责范围,包括:外部审计和相关服务不能来自相同或关联的机构。

● 保护股东及其他相关方的利益,特别是中小股东的权益,以及员工、供方等的合法权益。

b)对高层领导和治理机构成员的绩效评价旨在建立激励和约束机制,并运用评价结果改进个人、领导体系和治理机构的有效性。评价方式可包括自评和上级、同事、下属评价以及相关方反馈等多视角的评价。

4.1.4 社会责任

4.1.4.1 提要

组织在致力于自身发展的同时,还要积极主动地履行社会责任,以更具社会责任感的组织行为增强其竞争优势,致力于成为卓越的企业公民。在"4.2 战略"和"4.5 过程管理"中,应考虑那些对组织持续成功至关重要的社会责任。

本条款包括三项要点:应承担的公共责任、应履行的道德行为和自愿开展的公益支持。

4.1.4.2 公共责任

公共责任是指组织对公众和社会所应承担的基本责任。

a)组织应评估在产品和服务质量责任、职业健康与安全、环境保护、能源节约和资源综合利用以及公共卫生等方面的影响,并采取预防、控制和改进措施。

b)组织应采取社区调查、座谈等各种方式,主动预见公众对产品、服务和运营在上述各方面的隐忧,做出应对准备,如:应对公众对新建基础设施的环境安全隐忧,确保配套环境安全设施的同时设计、同时施工、同时交付使用;应对公众对突发事件的隐忧,制订应急预案并在可行时定期演练。

c)组织应识别、获取在上述各方面的法律法规要求,并识别和评估相应的风险,建立遵循法律法规要求和应对相关风险的关键过程及绩效指标,包括预防、控制程序和改进方案,在确保满足法律法规要求的基础上持续改进,达到更高水平。

4.1.4.3 道德行为

道德行为是指组织在决策、行动以及与利益相关方之间的交往活动中,遵守道德准则和职业操守的表现。从高层领导到一般员工都应履行道德规范,并影响组织的利益相关方。

a)诚信是组织道德行为中的最基本准则。高层领导应率先垂范,在整个组织中倡导诚信、践行诚信,建立面对顾客、供方和社会各相关方的信用体系。

b)组织应基于其使命、愿景和价值观,制定清晰明了的道德规范并定期沟通和强化;应建立用于促进和监测组织内部,与顾客、供方和合作伙伴之间及组织治理中符合道德规范的关键过程及绩效指标。其绩效指标可以是:遵守道德规范情况的调查指标、诚信等级、违背道德规范的事件数等。

4.1.4.4 公益支持

公益支持是组织超出法规和道德承诺之外的社会责任,是组织在资源条件许可的条件下,提升在社会责任方面的成熟度,成为卓越企业公民的表现机会和途径。

公益领域的范围很广,可包括:文化、教育、卫生、慈善、社区、行业发展和环境保护等。组织应依据其使命、愿景、价值观和战略,策划、确定重点支持的公益领域,主动积极地开展公益活动,赢得公众口碑,提升社会形象。

在公益支持活动中,高层领导应起模范作用,引导和带领广大员工做出自己的贡献。

4.2　战略

4.2.1　提要

本条款着眼于组织未来发展的全局性战略分析、选择和部署。

组织应通过战略制定,确立战略和战略目标;通过战略部署,使战略和战略目标具体化,转化为实施计划和关键绩效指标,并配置资源予以实施。

4.2.2　战略制定

4.2.2.1　提要

战略制定是组织对其未来发展的谋划、决策过程。组织应基于使命、愿景和价值观,以顾客和市场为导向,收集内外部环境的数据、信息,运用预测、估计、选择和设想及其他方法分析和预见未来,确立战略和战略目标,获得持续发展和成功。

本条款包括两项要点:"战略制定过程"要求说明如何进行战略制定;"战略和战略目标"则要求说明所制定的战略和战略目标。

4.2.2.2　战略制定过程

组织应确定其战略制定过程,并确保考虑内外部环境因素。

a)组织在确定其战略制定过程时应考虑:

● 明确战略制定的主要步骤和工作计划,包括各步骤的职责分工、时间安排等。

● 由高层领导主持,相关部门及员工参与,必要时可委托专业机构协助制定;可建立负责战略管理的委员会、跨职能小组以及指定归口协调部门。

● 根据行业及产品特点,规定长、短期计划的时间区间,并通过战略制定工作计划,使之与战略制定过程协调对应。

b)组织在制定战略时,应考虑:

● GB/T 19580 标准列出的关键因素,并收集相关数据和信息。

● 采用科学的方法进行数据和信息的分析,例如 PEST(政治、经济、社会文化、技术)宏观环境分析、五力模型产业环境分析、SWOT(优势、劣势、机会和威胁)分析以及 KSF(关键成功因素)分析、CBI(主要障碍性因素)分析等。

4.2.2.3 战略和战略目标

组织应说明其战略和战略目标,以及如何应对、考虑相关要求。

a) 在组织的战略和战略目标中:

● 战略和战略目标应与使命、愿景和价值观相一致。

● 战略可围绕以下一项、多项或全部而建立:新产品、服务和市场;通过收购、受让等各种途径获得收入增长;资产剥离;新的合作伙伴关系和联盟;新的员工关系;满足社会或公共需求。

● 应考虑潜在市场、竞争对手、核心竞争力等方面可能发生的变化,在战略中准备相应的预案。

● 战略目标是组织增强竞争力,获得或保持持久竞争优势而期望达到的绩效水平。组织应确定实现战略目标的时间表及逐年的、量化的关键指标值。

b) 组织应通过系统、周密的内外部环境分析和战略决策,使战略和战略目标能够应对、考虑以下要求:

● 应对战略挑战和发挥战略优势,反映产品、服务、运营和商业模式方面的创新机会。其中,战略挑战是组织为持续获得成功而面对的压力,包括外部的和内部的;战略优势是对组织未来成功起决定性影响的有利因素,通常源自组织的核心竞争力和战略伙伴关系,而核心竞争力指组织最擅长、独特且难以被模仿的能力。

● 均衡地考虑长、短期的挑战和机遇,以及所有相关方的需要,如:股东的投资收益、顾客的满意与成功、员工的发展与满意、供方的共同成长以及社会责任要求等。

4.2.3 战略部署

4.2.3.1 提要

组织应将战略和战略目标转化为实施计划及相关的关键绩效指标,并予以贯彻实施,同时应用这些关键绩效指标监测实施计划的进展情况,预测组织未来的绩效,以保持竞争优势。

本条款包括两项要点:制订与部署实施计划,使组织的战略和战略目标得以实施;针对组织的关键绩效指标,进行预测、对比,以便制订、跟踪、验证目标和计划。

4.2.3.2 实施计划的制订与部署

组织应制订实施计划,通过配置资源予以部署,并建立关键绩效指标系统监测其进展。

a）组织应基于总体战略和相关业务战略,制订和部署各职能领域的战略实施计划,确定关键绩效指标,采用诸如目标管理或平衡计分卡等方法层层分解、细化,以实现战略目标;组织应适时分析、评估实际与计划的偏离,并考虑内外部环境的变化,对战略、战略目标及其实施计划进行调整并予以落实。

b）组织的主要长、短期实施计划应包括市场营销、技术、生产运营等方面的计划,反映在产品和服务、顾客和市场以及经营管理方面的关键变化。

c）组织可通过制订包括人力、财务、信息和知识、技术、基础设施和相关方关系等资源方面的长、短期计划,获取和配置资源,以确保整体实施计划的实现。

d）组织的关键绩效指标系统应协调一致,并对组织的协调一致性起强化作用。应确保该指标系统涵盖了所有关键的战略部署领域和相关方,如准时交付率指标应涵盖与其相关的产品、部门及供方。

4.2.3.3　绩效预测

绩效预测指对未来的绩效或未来目标实现结果的估计,是一种关键的管理诊断和战略策划工具。其方法可包括定量和定性的预测方法,如时间序列分析、回归分析、德尔菲法等。

组织应根据4.2.3.2所确定的关键绩效指标,基于所收集的相关数据和信息,运用适宜的科学方法和工具,对长、短期计划期内的绩效进行预测;并将所预测绩效与竞争对手或对比组织的预测绩效相比较,与主要的标杆、组织的目标及以往绩效相比较,以制订和验证自己的目标和计划。绩效预测时,可考虑计入因新创办或并购企业、市场的拓展和转移、新的法律法规和标准要求以及在产品、服务和技术上的创新将导致的显著变化。

通过绩效的预测和对比,能够帮助组织提高绩效预测能力,以便:更准确地描绘未来组织和主要竞争对手、标杆的绩效趋势,制订在竞争中领先的目标指标以及对策;更全面地评估其相对于竞争对手、标杆和自身目标的改进和变革的速率,以应对绩效差距,进行绩效改进和战略调控,确保实现所预测的绩效。

4.3　顾客与市场

4.3.1　提要

本条款旨在增强组织在顾客与市场方面的持续经营能力,以推动组织追求卓越。

组织应在识别、确定顾客的需求、期望和偏好基础上,建立顾客关系,增强顾客的满意和忠诚,提高市场占有率。

4.3.2 顾客和市场的了解

4.3.2.1 提要

顾客和市场的了解是顾客关系管理以及战略策划的先决条件。只有应用系统的方法,对当前及未来的顾客和市场的需求、期望及其偏好进行全面、动态的了解,才能持续地提供满足顾客需要的产品和服务,调整营销策略,建立和完善顾客关系,拓展新的市场。

本条款包括两项要点:细分顾客和市场;了解各顾客群和细分市场的需求、期望和偏好。

4.3.2.2 顾客和市场的细分

组织应识别、确定其目标顾客群和细分市场,同时将潜在顾客和市场考虑在内。

a) 组织应根据自身的战略优势,进行市场细分和定位,确定当前及未来的产品和服务所针对的目标顾客群和细分市场。细分的视角可包括:市场区域、销售渠道、顾客行业、质量与价格等。应根据组织的实际,考虑细分后顾客偏好的显著性,从关键的视角进行细分。

b) 组织在了解现有顾客和市场的同时,应根据其战略发展方向,关注包括竞争对手的顾客在内的潜在顾客和市场,收集竞争和市场情报,以拓展新的市场。

4.3.2.3 顾客需求和期望的了解

组织应建立了解顾客和市场的方法,识别和确定顾客的需求、期望和偏好,运用所收集的信息和反馈,并与时俱进,适应发展方向、业务需要及市场变化。

a) 组织应通过问卷调查、顾客访谈和反馈等方法,了解不同顾客群的需求、期望和偏好,以及这些需求、期望和偏好的相对重要性或优先次序,重点考虑那些影响顾客偏好和重复购买的产品和服务特征,包括组织的产品和服务与竞争对手相区别的特征,诸如质量特性、可靠性、性价比、交付周期或准时交付、顾客服务或技术支持等;应根据组织实际,考虑针对不同的顾客、顾客群和细分市场采取不同的了解方法,例如对经销商和终端顾客采用不同的调查问卷。

b) 组织应收集当前和以往顾客的相关信息和反馈,包括市场推广和销售信息、顾客满意和忠诚的数据、顾客赢得和流失的分析以及顾客投诉等,建立顾客档案或知识库,以用于产品和服务的设计、生产、改进、创新以及市场开发和营销过程,并强化顾客导向、满足顾客需要和识别创新的机会。

c) 组织应定期评价了解顾客需求和期望的方法,并对这些方法的适用性、有效性进行分析和改进,使之与发展方向和业务需要保持同步,并适应市场的变化。

4.3.3　顾客关系与顾客满意

4.3.3.1　提要

组织应基于对顾客和市场的了解,建立、维护和加强顾客关系,测量顾客满意和忠诚,并推动产品、服务和管理的改进,以留住现有顾客、获得新的顾客并开发新的商机。

本条款包括两项要点:建立顾客关系;测量顾客满意和忠诚。

4.3.3.2　顾客关系的建立

组织应建立顾客关系,明确与顾客接触的主要渠道,有效、快速地处理顾客投诉,并与时俱进,使之适应发展方向和业务需要。

a) 组织应针对不同顾客群建立差异化的顾客关系,包括与关键顾客建立合作伙伴或战略联盟关系,以赢得顾客,提高其满意度和忠诚度,增加重复购买的频次和获得积极的推荐。

b) 组织应建立与顾客接触的主要渠道,如网站、展销会、登门拜访、订货会、电子商务、电话、传真等,以便于顾客查询信息、进行交易和提出投诉;确定每种渠道主要的顾客接触要求,即顾客对接触过程的要求,进而形成顾客服务的标准,并展开、落实到有关的人员和过程。

c) 组织应确立顾客投诉处理过程以及相关职责,建立快速反应机制,确保投诉得到有效、快速的解决,例如向顾客承诺响应和(或)解决的时限并切实履行;应授权与顾客接触的第一位员工把问题处理好,恢复顾客因不满意而失去的对组织的信心,最大限度地减少顾客不满和业务流失;应积累和分析投诉信息,确定共性问题、根本原因及改进的重点,用于整个组织及合作伙伴的改进。

d) 组织应定期评价、不断改进在顾客关系方面的方法,使之适应发展方向及业务需要。

4.3.3.3　顾客满意度的测量

组织应测量顾客满意和忠诚程度,跟踪产品、服务和交易质量,并与竞争对手和标杆对比,以推动改进;并使这些方法与时俱进,适应发展方向和业务需要。

a) 组织应考虑针对不同顾客群,如经销商和终端顾客,采取不同的顾客满意和忠诚程度测量方法,获得有效的信息用于改进。顾客满意度的测量通常包括评价项目和数字化的等级量表,评价项目应涵盖顾客的关键需求,诸如质量特性、价格、可靠性、交付期、顾客服务或技术支持等。顾客忠诚通常表现为诸如留住顾客、重复购买及获得积极推荐等方面的绩效。

b）组织应通过对顾客的跟踪、回访或市场调查等途径，跟踪产品和服务质量，以便获得及时、有效的反馈信息，如产品开箱合格率和故障率等，快速识别和解决问题，并用于改进活动，防止其再发生，预防未来顾客的不满意。

c）组织可通过组织自己的调查研究或通过独立的第三方机构，获取和应用可与竞争对手和标杆相比较的顾客满意信息，以识别所存在的威胁和机会，改进组织的绩效，并了解影响市场竞争力的因素，用于战略制定。

d）组织应定期评价、不断改进测量顾客满意和忠诚程度的方法，使之适应发展方向及业务需要。

4.4　资源

4.4.1　提要

本条款上承战略，为战略部署配置资源；下接过程，为过程实施提供资源。

组织应为确保战略目标的实现、过程的有效和高效实施，提供所必需的人力、财务、信息和知识、技术、基础设施、相关方关系等资源。

4.4.2　人力资源

4.4.2.1　提要

组织应根据其使命、愿景、价值观和战略，建立以人为本的人力资源管理体系，并根据各职能的长、短期实施计划，制订和实施长、短期的人力资源计划。人力资源计划可考虑诸如以下方面：

- 促进授权、创新的组织结构和职位的再设计。
- 促进员工与管理层沟通。
- 促进知识分享和组织学习。
- 改进薪酬和激励机制。
- 改进教育、培训和员工发展。

本条款包括四项要点：工作的组织与管理；员工绩效管理；员工的学习和发展；员工的权益与满意程度。

4.4.2.2　工作的组织与管理

组织应当应对战略挑战，根据战略发展和业务变化的需要，对工作和职位进行组织、管理，确定人力资源需求并予以配置，并实现有效的沟通。

a）组织应对工作和职位进行组织、管理,促进组织内部的合作,调动员工的积极性、主动性,促进组织的授权、创新,进而提高组织的执行力。可采用的方法有:采用扁平化的组织结构,减少沟通层次,以提高运作效率;采用矩阵制的组织结构,建立联合攻关小组、六西格玛小组、跨部门 QC 小组、并行工程小组等跨职能团队,促进横向沟通,以减少部门间壁垒。

b）组织应根据长、短期人力资源计划,确定员工类型和数量的需求,进行职位分析,识别所需员工的特点和技能,形成职位说明书,招聘、任用和留住员工。必要时,应对员工流失情况进行分析,并采取相应的措施。

c）组织应建立诸如总经理邮箱、合理化建议、网上论坛及各类座谈会等渠道,听取和采纳员工、顾客和其他相关方的各种意见和建议;采用经验交流、交叉培训、岗位轮换及网络沟通、视频会议等方法,在不同的部门、职位和地区之间实现有效的沟通和技能共享。

4.4.2.3 员工绩效管理

组织应开展员工绩效管理,使员工、部门和组织整体的绩效协调一致,以提高员工和组织的绩效,实现组织的战略实施计划。可考虑:

a）基于组织关键绩效指标的分解,对员工绩效进行定量和定性的评价和考核,并在适当的时机,采用适当形式,将评价和考核结果反馈给员工,以便采取措施改进绩效。员工绩效评价的内容可包括绩效结果和绩效因素(如员工态度、知识和技能等)。评价和考核可针对员工个人也可对团队进行。其中的员工不仅包括正式员工,也包括季节工、临时工。

b）建立科学合理的薪酬体系和实施适宜的激励政策和措施,包括薪酬、奖惩、认可、晋升等物质和非物质的激励政策和措施。

4.4.2.4 员工的学习和发展

组织应通过教育与培训提高员工的意识、知识和技能,进而提高员工和组织的绩效,促进组织的战略发展和员工的职业发展。

a）员工的教育与培训

组织应建立从需求识别、计划制订和实施,到效果评价和改进的教育与培训管理体系。

员工教育与培训的需求可包括:

● 为应对战略挑战,培育核心竞争力和落实长、短期实施计划的需求,通常通过人力资源计划体现。

● 为改进员工和组织绩效而产生的知识和技能需求,可通过员工绩效评价、改进和创新计划等渠道识别。

● 员工职业发展和兴趣爱好方面的需求,可通过员工培训和教育需求调查识别。

教育与培训计划的内容可包括:教育与培训的对象、目标、方式、经费和设施等事项。组织对教育与培训的效果进行评价时,除了采用考试、问卷等方式即时评价外,还应结合员工和组织绩效的变化,评价教育与培训后学以致用的有效性,并促进教育与培训工作的改进。

组织在教育与培训中,应注重:

● 根据岗位和职位的不同分类分层实施,如:按管理、技术、操作及按不同工种分类,按高层、中层、基层分层。

● 采用多种方式,可包括委托培养、自学、短期培训、学术研讨会、远程教育、轮岗、交叉培训等。

b)员工的职业发展

组织应建立多种发展渠道,鼓励、帮助各层次员工制订和实施有针对性、个性化的职业发展规划,实现学习和发展目标。

组织应制订和实施适当的继任计划,包括高、中层领导岗位及关键技术岗位的继任计划,形成人才梯队,以提高组织的持续经营能力。

4.4.2.5　员工的权益与满意程度

组织应确保员工权益,包括保持良好的工作环境、提供福利支持、保证员工参与的权利,促进全体员工的满意。

a)员工权益

组织应通过实施职业健康安全管理体系,针对不同的工作场所确定相应的测量指标和目标,如粉尘、噪声、有害气体、电磁辐射等,保证和不断改善员工的工作环境,并对可能发生的突发事件和危险情况作好应急准备[参见 4.5.2.4 的 b)]。

组织应制定有关员工服务和福利的制度,根据不同员工群体的关键需求和期望,提供相应的服务、福利等方面的支持,并遵循《劳动法》《工会法》等法律法规保障员工的合法权益。

组织可采用员工调查、访谈等方法,确定影响员工参与的因素,为员工营造主动参与的环境,鼓励员工积极参与多种形式的活动,如 QC 小组、合理化建议等,并提供时间和资金方面的支持。

b）员工满意程度

组织可采用员工问卷调查、座谈等方法,确定影响员工满意程度和积极性的关键因素,如薪酬福利、劳动保护、学习机会、职位提升机会等,以及这些因素对不同员工群体的影响。

组织应通过问卷调查等方法定期调查员工满意程度,了解员工的意见和建议,并分析原因,制定改进措施,提高员工满意程度。需要时,可增加针对性调查,如针对某类员工或某些方面的调查。

组织还可通过其他指标,如员工流失、缺勤、抱怨、安全及生产效率,评价和提高员工的满意程度和工作积极怪。

4.4.3　财务资源

组织应根据战略目标和实施计划确定资金需求,通过提高银行授信额度、发行债券以及上市或增发股票等方沄保障资金供给。

组织应制定严密科学的财务管理制度,实施资金预算管理、成本管理、财务风险管理,如:推进全面预算管理,并提高预算准确率;开展成本管理,控制和降低成本;进行财务风险评估,提出并实施风险管理解决方案,确保和提高财务安全性。

组织可采用降低库存、减少应收账款等方法加快资金周转,采用盘活存量资产等方法提高资产利用率,以实现财务资源的最优配置,提高资金的使用效率。

4.4.4　信息和知识资源

组织应识别和开发信息源,建立集成化的软硬件信息系统并确保其可靠性、安全性和易用性,持续适应战略发展的需要;应有效管理知识资产,同时确保数据、信息和知识的质量。

a）组织可根据战略制定和Ｅ常运营的需求,通过流程分析、建立绩效测量系统和信息系统等方法,识别和开发内部信息源,通过与行业协会、顾客、供方和合作伙伴等的外部合作以及利用搜索引擎等方法识别和开发外部信息源,特别是竞争和标杆情报信息源,从而确保获得所需的数据和信息,并通过信息系统等途径,向员工、供方和合作伙伴及顾客提供相关数据和信息,使之在获得权限范围内易于获取,以提高包括供方、组织、顾客在内的供应链整体效率和快速反应能力。

b）组织应优选软硬件供方及其产品,建立符合行业特点及业务需求的信息系统,并通过与供方密切合作、培养软硬件维护人员、信息系统用户参与等方法,确保信息系统软硬件的可靠性、安全性、易用性。

c）组织应基于战略及其实施计划,开展信息化需求调查和分析,制订长、短期的信息化发展计划,积极、系统地推进信息化建设,逐步建立和运行满足内外部用户要求的集成化信息系统。

d）组织应营造重视知识的学习型组织文化氛围,明确知识管理过程,建立知识管理的信息平台,收集和传递来自员工、顾客、供方和合作伙伴的知识,通过内部知识分享和外部标杆对比,识别最佳绩效背后的最佳实践,进行确认、积累、整合、分享和推广应用,使分散的知识集成化、隐藏的知识显性化,将知识转化为效益,促进知识资产的不断增值。其中:

● 组织内部的知识可包括:图纸、文件、专利、技术诀窍、攻关成果、技术革新和改造成果、QC小组和六西格玛管理成果、合理化建议成果、专业论文等。

● 组织外部的知识可包括:顾客的图纸和文件,竞争对手和标杆的技术诀窍、管理经验,供方和合作伙伴的专业技术文件等。

e）组织应建立确保数据、信息和知识的准确性、完整性、可靠性、及时性、安全性和保密性等质量属性的方法、监测指标并持续改进,以不断提高数据、信息和知识的质量。

4.4.5 技术资源

组织应基于技术评估制定战略,开展技术创新,形成在技术方面的核心竞争力,并制订和落实长、短期技术发展计划。

a）结合战略制订流程,收集内外部技术信息,及时了解并预测行业技术发展状况,对组织的技术现状进行评估并与同行对比分析,为制定战略提供依据,并识别增强组织核心竞争力的机会。

b）基于其战略定位,确定与之相适应的技术定位,并瞄准国际先进技术和标准,将"原始创新、集成创新与引进消化吸收再创新"相结合,开展自主技术创新,提高组织的技术创新能力。

c）注重知识积累,形成设计、操作和服务等方面的技术诀窍以及各类专利,并推广应用,逐步形成组织在技术方面的核心竞争力。

d）基于其技术定位,制订长、短期技术发展计划,明确技术开发和改造的目标和计划,进行技术经济论证和可行性分析,落实增强技术先进性、实用性所采取的措施。

4.4.6 基础设施

组织应根据其战略实施、日常运营的要求以及相关方需求和期望,确定和提供

所必需的基础设施,包括:

a)根据战略实施计划和过程管理的要求,提供满足产能、成本、质量、安全、环保等各方面要求的基础设施。

b)在故障性维护保养的基础上,建立预防性维护保养制度。根据企业的行业特点和自身条件,处理好专业维护保养和操作者维护保养之间的关系,制订科学合理的测量指标,保证基础设施的各项性能长期保持在良好的水平。

c)根据战略目标和长、短期实施计划以及日常过程管理的要求,制订和实施更新改造计划,不断提高基础设施的技术水平。

d)根据基础设施的关键失效模式,制订预案,防止由于基础设施的失效带来的环境、职业健康安全和资源利用方面的问题。

4.4.7 相关方关系

组织应视相关方关系为资源,致力于与顾客、股东、员工、社会、供方和合作伙伴建立共赢的关系,以支持组织的使命、愿景、价值观和战略。

组织应特别关注与供方和合作伙伴的关系,根据对组织成功的影响程度确定关键供方和合作伙伴,基于平等互利、共同发展的原则,推动和促进双向沟通和知识分享,提供诸如技术、管理、人员和资金等方面的支持,建立长期合作伙伴关系或战略联盟等,共同提高过程的有效性和效率,达到双赢的目的。

4.5 过程管理

4.5.1 提要

本条款涵盖了组织的所有过程特别是关键过程,体现了过程管理的方法论,其目的在于确保组织战略及其实施计划的落实。

组织应基于"方法—展开—学习—整合"(Approach-Deployment-Learning-Integration,简称A-D-L-I)四要素循环对过程实施管理:通过识别过程、确定对过程的要求和过程设计,建立方法;通过过程实施,进行方法的展开;通过过程的评价、改进和创新并分享其成果,实现方法的学习和整合,使方法在实践中与时俱进,成熟度不断提升,并使实施方法的各部门之间、各过程的方法之间协调一致、融合互补。有关"方法—展开—学习—整合"的进一步说明参见本指导性技术文件的附件C。

4.5.2 过程的识别与设计

4.5.2.1 提要

过程的识别与设计是过程管理A-D-L-I循环的A阶段。

本条款包括三项要点：在识别组织全过程基础上确定关键过程；确定对关键过程的要求；基于过程要求进行关键过程的设计。

4.5.2.2　过程的识别

组织应采用过程方法，梳理、确定主要产品、服务及经营全过程。

组织应明确当前的和应持续增进的核心竞争力，在识别组织全过程基础上，考虑与核心竞争力的关联程度，定量或定性地分析这些过程对组织赢利能力和取得成功的贡献，确定组织的关键过程。适当时，对不能体现核心竞争力的过程进行调整，例如可考虑将其外包，成为与供方和经销商等合作伙伴合作、利用外部资源的过程。

4.5.2.3　过程要求的确定

对关键过程的要求来自于顾客和其他相关方，包括内部顾客。组织应确定过程的相关方，然后识别这些相关方对过程的要求，当要求较多时从中确定出关键要求。必要时，还应关注不同的顾客或其他相关方群体对过程的不同要求。

对关键过程的要求可包括质量、生产率、成本、周期、准时率、环境及安全要求等，应清晰、具体和可测量。

4.5.2.4　过程的设计

组织应根据所确定的过程要求，进行过程设计，包括应对突发事件的应急响应系统的建立。

a）在过程设计中，组织应：

● 有效利用新技术和组织的知识，如：新工艺、新材料、新设备、新方法和信息技术，组织积累的技术诀窍、管理经验等。

● 考虑未来可能的变化，具有前瞻性地提出预案或预留接口。

● 考虑过程的敏捷性，使过程具有适应内外部环境和因素变化的敏捷性，即当组织战略和市场变化时能够快速反应，如：当一种产品转向另一种产品时，过程能够快速地适应这种变化。采用的方法可包括：柔性技术、快速换模等。

● 综合考虑质量、安全、周期、生产率、节能降耗、环境保护、成本和其他有效性和效率的因素，将对关键过程的要求转化为关键绩效指标，这些指标应是可测量并量化的。

过程设计的输出一般包括：流程图、程序或作业指导书及关键绩效指标。

当过程试运行达不到要求和（或）过程要求发生变化时，应进行过程评价和改进，需要时进行过程的重新设计。

b) 在应急响应系统的建立中,组织应:

● 根据行业实际,识别和评估可能对安全、健康、环境和运营(包括信息系统)造成显著影响的潜在突发事件(如:火灾、爆炸、洪水、地震、台风及禽流感等),建立相关应急预案和在可行时定期演练的计划,以确保当突发事件发生时,能够启动应急预案,规避风险、减少危害。

● 系统地考虑灾前预防准备,灾中应急响应、评估和处置管理,以及灾后恢复;在确保安全、健康和环境的前提下,确保运营的连续性,以尽快恢复运营。

4.5.3　过程的实施与改进

4.5.3.1　提要

过程的实施是过程管理 A－D－L－I 循环的 D 阶段;过程的改进则包含过程管理 A－D－L－I 循环的 L 和 I 阶段。

本条款包括两项要点:按照所设计的过程,进行过程实施;针对过程实施,对过程进行评价、改进和创新并分享其成果。其中包括对应急预案及其演练等活动的实施和改进。

4.5.3.2　过程的实施

组织在关键过程的实施中应考虑以下要点,以持续满足过程设计要求,并确保过程的有效性和效率。

a) 将关键绩效指标用于监测和控制关键过程,可在过程中监测,也可通过顾客和其他相关方的反馈来监测。

b) 针对关键绩效指标及过程因素(人、机、料、法、环、测),运用适当的统计技术,如统计过程控制、测量系统分析等,控制和管理关键过程,使之稳定受控并有足够的能力。

c) 利用来自顾客、供方和其他相关方的信息,及时对过程进行调整,并应用质量成本管理、价值工程等方法,优化关键过程的整体成本。

4.5.3.3　过程的改进

组织应通过分析关键过程的关键绩效指标的水平、趋势,并与适宜的竞争对手和标杆对比,以评价过程实施的有效性和效率,推动过程的改进和创新,使关键过程与发展方向和业务需要保持一致。

a) 为了达到更好的过程绩效,减少波动与非增值活动,组织可应用合理化建议和技术革新、QC 小组、六西格玛、精益生产、业务流程再造以及其他方法,参见"4.6.3 改进与创新"。

b）过程改进的成果和经验教训应列入组织的知识资产，在各部门和过程中分享，适当时，可与顾客、供方和合作伙伴分享，以及在行业内或跨行业分享。

4.6　测量、分析与改进

4.6.1　提要

本条款是组织绩效管理系统的基础和动力。

组织应测量、分析、评价组织绩效，支持组织的战略制定和部署，促进组织战略和运营管理的协调一致，推动改进和创新，提升组织的核心竞争力。

4.6.2　测量、分析和评价

4.6.2.1　提要

组织的战略部署涉及建立一个涵盖所有关键领域和相关方的关键绩效指标系统，以监测实施计划的进展。组织应与战略部署协调一致，建立一个整合的关键绩效指标测量、分析和评价系统，涵盖各层次以及所有部门、过程，监测战略实施和组织运作，并推动改进和创新。

本条款包括两项要点：首先进行绩效测量；然后基于测量进行绩效分析和评价。

4.6.2.2　绩效测量

组织应建立绩效测量系统，进行绩效对比，并使测量系统随内外部环境变化动态调整。

a）明确所选择的关键绩效指标，建立其测量方法，包括负责部门、数据和信息来源、收集和整理及计算方法、测量周期等，以客观、准确地监测组织的运作及组织的整体绩效，为战略决策和日常决策、为改进和创新提供支持。

b）针对关键绩效指标及关键活动，辨识、收集和有效应用关键的绩效对比数据（包括内部对比、竞争对比和标杆对比数据）以及相关信息（如组织内部、行业内或行业外标杆的最佳实践），开展内部对比、竞争对比和标杆对比活动，为战略决策和日常决策、为改进和创新提供支持。

c）对绩效指标、指标值、测量方法等进行适时评价，使测量系统的各要素能够随着内外部环境的快速变化和战略的调整，进行动态的、灵敏的调整，以保持协调一致。

4.6.2.3　绩效分析和评价

组织应在绩效测量的基础上开展绩效分析、评价和决策，包括：

a）在战略制定过程和战略部署、日常运作过程中，都需要开展绩效分析，包括趋势分析、对比分析、因果分析和相关分析等，以找出绩效数据及信息的内在规律和彼此之间的关系，支持绩效评价，帮助确定根本原因和资源使用的重点。

b）组织的绩效评价应由高层领导主持，不仅要评价自身长、短期目标和计划的达成情况，而且要考虑在竞争性环境下的绩效对比，并评价组织应对内外部环境变化和挑战的快速反应能力。绩效评价的输入可包括：绩效数据和信息的测量、分析结果，管理体系审核、卓越绩效评价的结果，战略实施计划、改进和创新举措的实施状况，内外部环境的变化等。

c）组织应综合考虑所存在问题的影响、紧急程度以及绩效趋势与对比等因素，识别改进的优先次序和创新机会，将评价结果转化为具体的改进和创新举措，使有限的资源配置到最需要改进和创新的地方。当改进和创新举措涉及外部时，还需要将其展开至供方和合作伙伴。

4.6.3 改进与创新

4.6.3.1 提要

改进与创新是组织追求卓越、实现持续发展的动力。

本条款包括改进与创新的管理和方法应用两个要点，旨在充分使用测量、分析和评价的结果，推动各层次和所有部门、过程的改进与创新。

4.6.3.2 改进与创新的管理

改进与创新的管理是一个 PDCA 循环，包括对改进和创新进行策划、实施、测量改进与创新活动，评价改进与创新的成果。具体包括：

a）组织应结合战略及其实施计划，根据内外部顾客和其他相关方的要求，基于关键绩效指标的层层分解，制订组织各层次和所有部门、过程的改进与创新计划和目标，使改进活动与组织整体目标保持一致。创新的形式可包括：原始创新（指前所未有的重大科学发现、技术发明、原理性主导技术等）、集成创新（指通过对各种现有技术的有效集成，形成有市场竞争力的新产品或管理方法）和引进消化吸收再创新（指在引进国内外先进技术的基础上，学习、分析、借鉴，进行再创新，形成具有自主知识产权的新技术）。

b）组织在实施、测量改进与创新活动时，应做到组织到位、职责落实、制度完善、方法多样，并采用适当的方式进行跟踪管理；组织应对改进成果进行科学、全面的评价，分析其对赢利能力和实现组织战略目标的贡献，建立符合组织自身特点的激励政策，并分享、推广改进的成果，使改进活动步入良性循环。

4.6.3.3　改进与创新方法的应用

组织应应用科学的改进与创新方法、工具,掌握改进与创新的逻辑思路和工具技术,以确保改进与创新的成果和效率:

a)组织在生存和发展过程中会遇到多种多样的问题,为了解决发生在不同层次、影响程度和难度各异的问题,应由各层次员工参与、有针对性地应用适宜的方法,进行改进和创新。如:发动员工提合理化建议和开展 QC 小组活动,包括创新型 QC 小组;组织开展六西格玛管理、业务流程再造等。

b)组织应正确理解统计技术和其他工具的适用范围和条件,因地制宜、融会贯通地应用。统计技术和其他工具可包括:QC 新老七种工具、失效模式与影响分析、假设检验、方差分析、回归分析、试验设计等。

4.7　结果

4.7.1　提要

本条款旨在描述组织通过 4.1 至 4.6 的努力所取得的结果,包括产品和服务、顾客与市场、财务、资源、过程有效性和领导等方面的绩效,体现了为顾客、股东、员工、供方及合作伙伴与社会创造的价值,并为评价和改进产品、服务和经营质量提供信息。

组织应基于"水平—趋势—对比—整合"(Level-Trend-Comparison-Integration,简称 Le-T-C-I)四要素对结果实施管理:描述其至少近三年的关键绩效指标结果数据,以反映绩效的当前水平和趋势;与竞争对手(或提供类似产品和服务的对比组织)和标杆的数据进行对比,以反映组织在相关绩效方面的行业地位、竞争优势和存在的差距;并使所描述的结果指标与在"组织概述"和"过程"评分条款中确定的关键绩效要求及指标相呼应。有关"水平—趋势—对比—整合"的进一步说明参见本指导性技术文件的附件 C。

4.7.2　产品和服务结果

本条款旨在描述组织通过 4.3 及 4.5 的努力所取得的主要产品和服务结果。主要产品和服务是指:当前以及未来占有组织总销售收入、利润较大份额的那些产品和服务,并与在组织概述、战略、顾客与市场、过程管理等条款中的相关描述保持一致:

a)主要产品和服务的关键绩效指标及其水平和趋势。其指标源自 4.3 中了解、确定的顾客需求、期望和偏好,可包括:主要产品和服务的质量特性、可靠性、性价比、交付周期或准时交付、顾客服务或技术支持等方面的指标。

b）主要产品和服务的关键绩效指标与竞争对手对比的结果，与国内、国际同类产品和服务的对比结果。

c）主要产品和服务的特色和创新成果，可包括：名牌产品、驰名商标、品牌价值、科技进步奖产品、专利产品、新产品或新服务，以及产品和服务在质量安全、环保和资源节约等方面的特色等。

4.7.3 顾客与市场结果

4.7.3.1 提要

本条款旨在描述组织通过 4.3 的努力所取得的顾客与市场结果。必要时，将结果按顾客群与市场区域加以细分。其中应包括适当的对比性数据。

4.7.3.2 以顾客为中心的结果

以顾客为中心的结果应与 4.3.3 中相关的关键绩效指标相对应，其数据（包括对比数据）可来源于组织、顾客和独立机构。

a）顾客满意的关键绩效指标及其当前水平和趋势，包括按照具体测评项目、顾客群及细分市场等而进行的细分数据。衡量顾客满意的关键绩效指标可包括：顾客满意度、顾客投诉及时响应率和有效解决率（或顾客投诉响应时间和有效解决时间）等。

b）顾客满意与竞争对手和本行业标杆对比的结果，必要时包括细分数据的对比，以利于寻找改进机会。

c）顾客忠诚的关键绩效指标及其当前水平和趋势。衡量顾客忠诚的关键绩效指标可包括：顾客忠诚度、留住顾客、获得积极推荐和与顾客建立关系的其他方面，如来自顾客和独立评价机构的评价、表彰和授奖。

4.7.3.3 市场结果

4.7.3.3.1 市场方面的关键绩效指标以及当前水平和趋势，可包括：市场占有率、市场排名、业务增长率、新增市场区域及出口、电子商务销售收入等。

4.7.3.3.2 市场绩效与竞争对手和本行业标杆的对比结果，在国内外同行业中的水平，必要时包括细分市场的结果对比，以利于寻找改进机会。

4.7.4 财务结果

本条款旨在描述组织通过 4.1 至 4.6 的努力所取得的财务结果。

组织应描述其在财务方面的关键绩效指标及其当前水平和趋势，其中应包括适当的对比性数据。财务方面的关键绩效指标包括主营业务收入、投资收益、营业外收入、利润总额、总资产贡献率、资本保值增值率、资产负债率、流动资金周转率等综合指标,但也不限于这些指标。组织应根据国家《企业会计准则》《财务通则》和行业特点,选择最具代表性的指标来反映组织的财务绩效。

当针对不同产品和服务类别或市场区域进行单独的财务核算(包括内部模拟核算)时,组织可描述这些细分的财务结果。

4.7.5 资源结果

本条款旨在描述通过 4.4 的努力所取得的结果。

人力资源的结果应是 4.4.2 中各项活动相应的结果:

● 工作的组织和管理方面的关键绩效指标可包括:简化管理层级和岗位的数量、组建跨职能小组的数量、岗位轮换率、员工晋升率、员工流失率以及管理人员比例的变化等。

● 员工绩效管理的关键绩效指标可包括:全员劳动生产率、人均利税率、员工薪酬增长率、对员工的各类表彰和奖励数量等。

● 员工学习与发展的关键绩效指标可包括:人均培训时间和经费投入、员工培训满意度,以及培训前后员工绩效对比、交叉培训以及职业发展等。

● 员工权益与满意程度的关键绩效指标可包括:员工职业健康和安全指标、员工保险费用、员工休假天数、员工福利支出、员工满意度及其细分结果,以及技术创新、合理化建议和 QC 小组的数量等。

其他资源的结果主要描述组织所拥有的财务、信息和知识、技术、基础设施和相关方关系资源(有关资源管理过程的绩效结果在 4.7.6 中描述):

● 财务资源结果的关键绩效指标可包括:银行授信额度、现金流等。

● 信息和知识资源结果的关键绩效指标可包括:信息系统的投资额、软件系统的开发和应用、台式计算机和便携式计算机的数量、知识资产的积累,以及软硬件的可靠性、安全性和易用性方面的指标等。

● 技术资源结果的关键绩效指标可包括:研发经费支出及其占销售收入的比例、新产品产值率、专利数量、科技进步奖数量等。

● 基础设施资源结果的关键绩效指标可包括:办公场所和厂房面积、关键设备数量、基本建设投资额、技术改造投资额等。

● 相关方关系资源结果的关键绩效指标可包括:供应商总数量、长期合作供应商和合作伙伴的数量或比例、战略联盟的数量等。

4.7.6　过程有效性结果

本条款旨在描述通过 4.5 的努力所取得的结果。适当时,将结果按产品和服务类别或市场区域加以细分。其中应包括适当的对比性数据。

组织应描述关键过程有效性和效率方面的关键绩效指标及其当前水平和趋势,包括 4.5 中各关键过程的关键绩效指标,例如:

- 研发过程的新产品设计周期、新产品数量及设计成功率等。
- 市场营销过程的中标率、订单预测准确率、订单收入、销售收入等。
- 采购供应过程的进货批合格率及准时交货率、采购成本降低率、关键供方营业收入增长率等。
- 生产过程的一次合格率、准时交货率、产量、生产周期、生产成本等。
- 服务过程的维修满意率、故障排除时间及网络接通率等。
- 设备管理过程的设备完好率、设备利用率等。
- 财务管理过程的预算准确率、应收账款回收率等。
- 信息和知识管理过程中反映准确性、完整性、可靠性、及时性、安全性和保密性的测量指标,以及知识资产的分享和推广应用增值效果(如知识库的点击率、推广增值效益)等。

4.7.7　领导方面的结果

本条款旨在描述通过 4.1 及 4.2 的努力所取得的结果。必要时按业务单元加以细分。其中应包括适当的对比性数据。

组织应描述以下五个方面的关键绩效指标及其当前水平和趋势:

a) 在实现战略目标方面的关键绩效指标可包括:战略完成率、战略目标实现率、实施计划完成率、关键绩效指标达成率等。

b) 在组织治理方面的关键绩效指标可包括:独立董事百分比、内外部审计结果及其利用方面的绩效指标、股东及其他相关方权益方面的绩效指标等。

c) 在公共责任方面的关键绩效指标可包括:废气、废水、废渣及噪声排放指标,万元产值能耗及水耗,原材料等资源利用率,职业健康和安全事故、事件率,产品质量安全事故以及应急准备和响应等方面的绩效指标。

d) 在道德行为方面的关键绩效指标可包括:遵守道德规范情况的调查指标、诚信等级、违背道德规范的事件数,以及顾客、供方以及质监、环保、工商、税务、海关、审计、银行及法律等机构对组织诚信等级或程度的评估。

　　e) 在公益支持方面的关键绩效指标可包括：对文化、教育、卫生、慈善、社区、行业发展和环境保护等公益事业的支持指标，如捐助金额、参加义务献血的人次等。

附件 A

（资料性附件）

卓越绩效评价准则框架图与评分条款分值

A.1　卓越绩效评价准则框架

　　图 A.1 所示的卓越绩效评价准则框架图反映了 4.1 至 4.7 七个条款之间的关系：

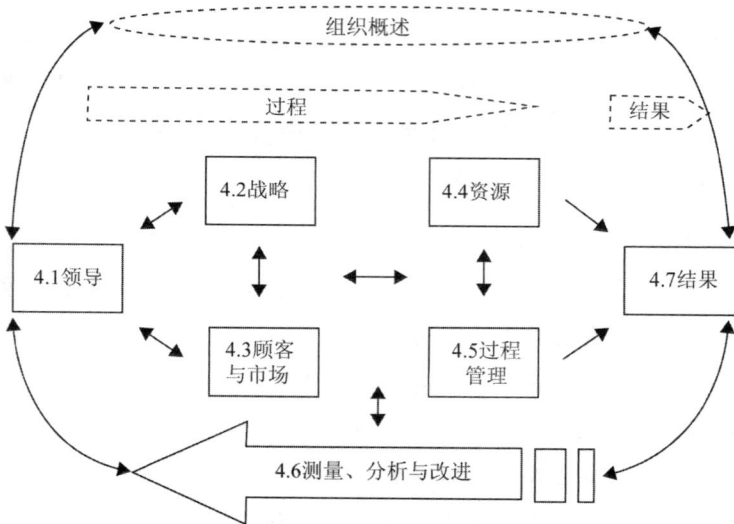

图 A.1　卓越绩效评价准则框架

　　a) "组织概述"包括组织的环境、关系和挑战，显示了组织运营的关键因素和背景状况。

　　b) 有关过程的条款包括 4.1、4.2、4.3、4.4、4.5、4.6，结果条款为 4.7。组织通过过程运行获取结果，基于结果的测量、分析，推动过程的改进和创新。

　　c) 卓越绩效模式旨在通过卓越的过程创取卓越的结果，即应对评价准则的要求，确定、展开组织的方法，并定期评价、改进、创新和分享，使之达到一致、整合，从而不断提升组织的整体结果,赶超竞争对手和标杆,获得卓越的绩效,实现组织的持续发展和成功。

d)"领导"掌控着组织前进的方向,并密切关注着"结果"。

e)"领导""战略""顾客与市场"构成"领导作用"三角,是驱动性的,旨在强调领导对战略和顾客与市场的关注;"资源""过程管理""结果"构成"资源、过程和结果"三角,是从动性的,显示利用资源,通过过程管理取得结果。而"测量、分析与改进"是组织运作的基础,是连接两个三角的"链条",并推动组织的改进和创新。

A.2　卓越绩效评价准则评分条款分值

附件 B

（资料性附件）

卓越绩效评价

——从组织概述开始

组织概述是组织的一幅快照，显示了组织运营的关键因素和背景状况。将组织概述作为卓越绩效评价的开始的重要性体现在：

a）是组织自我评价和编写质量奖申报材料时最恰当的开始点。

b）有助于组织关注其关键过程和结果，识别关键的潜在差距，以直接制订改进计划。

c）有助于评审员在材料评审、现场评审中，了解组织及组织认为重要的方面。

B.1　组织描述

B.1.1　组织的环境

a）主要的产品和服务及其交付方式。

b）组织文化特色，组织的使命、愿景和价值观。

c）员工概况，包括：教育水平、年龄和职位构成，关键需求和期望及福利制度。

d）主要的技术和设备设施。

e）组织运营的法律法规和政策环境。

B.1.2　组织的关系

a）组织结构和治理体制。

b）关键的顾客群及其他相关方群体，及其对产品、服务和运营的关键需求、期望和差异点。

c）关键的供方和经销商类别，及其在关键产品和服务过程及创新中的角色，关键的供应链要求。

d）与关键顾客和供方的伙伴关系和沟通机制。

B.2　组织面临的挑战

B.2.1　竞争环境

a）在行业内或目标市场中的竞争地位、规模和发展情况，竞争对手的类型和数量。

b）决定组织能否超越竞争对手、取得成功的关键因素，正在影响竞争格局的关键变化，创新和合作机会。

c）竞争对比和标杆对比数据的主要来源，获取能力的局限。

B.2.2　战略挑战和优势

在关键业务、运营和人力资源方面的战略挑战和战略优势。

B.2.3　绩效改进系统

绩效改进的总体方法，包括从评价、改进与创新到知识分享的方法系统。

附件 C

（资料性附件）

卓越绩效评价要素和评分指南

根据《卓越绩效评价准则》的评价要求和被评价组织的信息，按过程条款的四个评价要素和结果条款的四个评价要素，分别对过程、结果进行定性评价和定量评分。

C.1　评价要素

C.1.1　过程

本附件所表述的"过程"是指组织针对标准 4.1～4.6 中各评分条款要求，所采用的方法及其展开和改进。用"方法—展开—学习—整合"（Approach-Deployment-Learning-Integration，简称 A－D－L－I）的四个要素评价组织过程的成熟度。

"方法"评价要点如下：

a）方法的适宜性，包括对标准评分条款要求和对组织实际的适宜程度。

b）方法的有效性，是否导致了好的结果。

c）方法的系统性，包括可重复性以及基于可靠数据和信息的程度。

"展开"评价要点如下：

a）方法是否持续应用。

b）方法是否在所有适用的部门应用。

"学习"评价要点如下：

a）通过循环评价和改进，对方法进行不断完善。

b）鼓励通过创新对方法进行突破性的变革。

c）在各相关部门、过程中分享方法的改进和创新。

"整合"评价要点如下：

a）方法与在组织概述和其他评分条款中确定的组织需要协调一致。

b）各过程、部门的方法协调一致、融合互补，支持组织使命、愿景和战略目标的实现。

C.1.2　结果

本附件所表述的"结果"是指组织针对标准4.7中各评分条款要求，所得到的输出和效果。用"水平—趋势—对比—整合"（Level-Trend-Comparison-Integration，简称 Le－T－C－I)的四个要素评价组织结果的成熟度。

"水平"评价要点如下：

a）组织绩效的当前水平。

"趋势"评价要点如下：

a）组织绩效改进的速度（趋势数据的斜率）。

b）组织绩效改进的广度（展开的程度）。

"对比"评价要点如下：

a）与适宜的竞争对手或类似组织的对比绩效。

b）与标杆或行业领先者的对比绩效。

"整合"评价要点如下：

a）组织结果的测量指标与在"组织概述"和"过程"评分条款中确定的关键绩效要求及指标相呼应。

b）组织各过程、部门的结果协调一致，支持组织使命、愿景和战略目标的实现。

C.2　评分指南及其使用说明

C.2.1　"过程"评分条款评分指南

"过程"评分条款评分指南见表C.1。

表 C.1

分数占比	过程
0%或5%	显然没有系统的方法;信息是零散、孤立的。(A) 方法没有展开或仅略有展开。(D) 不能证实具有改进导向;已有的改进仅仅是"对问题做出反应"。(L) 不能证实组织的一致性;各个方面或部门的运作都是相互独立的。(I)
10%,15%, 20%或25%	针对该评分项的基本要求,开始有系统的方法。(A) 在大多数方面或部门,处于方法展开的初级阶段,阻延了达成该评分项基本要求的进程。(D) 处于从"对问题做出反应"到"一般性改进导向"方向转变的初期阶段。(L) 主要通过联合解决问题,使方法与其他方面或部门达成一致。(I)
30%,35%, 40%或45%	应对该评分项的基本要求,有系统、有效的方法。(A) 尽管在某些方面或部门还处于展开的初期阶段,但方法还是被展开了。(D) 开始有系统的方法,评价和改进关键过程。(L) 方法处于与在其他评分项中识别的组织基本需要协调一致的初级阶段。(I)
50%,55%, 60%或65%	应对该评分项的总体要求,有系统、有效的方法。(A) 尽管在某些方面或部门的展开有所不同,但方法还是得到了很好的展开。(D) 有了基于事实的、系统的评价和改进过程,以及一些组织的学习,以提高关键过程的效率和有效性。(L) 方法与在评分项中识别的组织需要协调一致。(I)
70%,75%, 80%或85%	应对该评分项的详细要求,有系统、有效的方法。(A) 方法得到了很好的展开,无显著的差距。(D) 基于事实的、系统的评价和改进,以及组织的学习,成为关键的管理工具;存在清楚的证据,通过组织级的分析和共享,得到了精确、创新的结果。(L) 方法与在其他评分项中识别的组织需要达到整合。(I)
90%,95% 或100%	应对该评分项的详细要求,全部有系统、有效的方法。(A) 方法得到了充分的展开,在任何方面或部门均无显著的弱项或差距。(D) 以事实为依据,系统地评价和改进,以及组织的学习是组织主要的管理工具;通过组织级的分析和共享,得到了精细的、创新的结果。(L) 方法与在其他评分项中识别的组织需要达到很好的整合。(I)

C.2.2 "结果"评分条款评分指南

"结果"评分条款评分指南见表 C.2。

表 C.2

分数占比	结果
0%或5%	没有描述结果,或结果很差。(Le) 没有显示趋势的数据,或显示了总体不良的趋势。(T) 没有对比性信息。(C) 在对组织关键经营要求重要的任何方面,均没有描述结果。(I)
10%,15%, 20%或25%	结果很少;在少数方面有一些改进和/或处于初期的良好绩效水平。(Le) 没有或极少显示趋势的数据。(T) 没有或极少有对比性信息。(C) 在少数对组织关键经营要求重要的方面,描述了结果。(I)
30%,35%, 40%或45%	在该评分项要求的多数方面有改进和/或良好绩效水平。(Le) 处于取得良好趋势的初期阶段。(T) 处于获得对比性信息的初期阶段。(C) 在多数对组织关键经营要求重要的方面,描述了结果。(I)
50%,55%, 60%或65%	在该评分项要求的大多数方面有改进趋势和/或良好绩效水平。(Le) 在对组织关键经营要求重要的方面,没有不良趋势和不良绩效水平。(T) 与有关竞争对手和/或标杆进行对比评价,一些趋势和/或当前绩效显示了良好到优秀的水平。(C) 经营结果达到了大多数关键顾客、市场、过程的要求。(I)
70%,75%, 80%或85%	在对该评分项要求重要的大多数方面,当前绩效达到了良好的卓越绩效水平。(Le) 大多数的改进趋势和/或当前绩效水平可持续。(T) 与有关竞争对手和/或标杆进行对比评价,多数到大多数的趋势和/或当前绩效显示了领先和优秀的水平。(C) 经营结果达到了大多数关键顾客、市场、过程和战略规划的要求。(I)
90%,95% 或100%	在对该评分项要求重要的大多数方面,当前绩效达到卓越绩效水平。(Le) 在大多数方面,具有卓越的改进趋势和/或可持续的卓越绩效水平。(T) 在多数方面被证实处于行业领导地位和标杆水准。(C) 经营结果充分地达到了关键顾客、市场、过程和战略规划的要求。(I)

C.2.3 评分说明

在确定分数的过程中应遵循以下原则:

a) 应评审评分条款中的所有各方面,特别是对组织具有重要性的方面,即:应考虑过程和结果对关键因素的重要度,其最重要的方面应在"组织概述"和例如4.2.2、4.2.3、4.3.2、4.4.2、4.5.2等评分条款中识别,关键顾客要求、竞争环境、人力资源需求、关键战略目标和实施计划尤其重要。

b) 给一个评分条款评分时,首先判定哪个分数范围档次(如50%~65%)总体上"最适合"组织在本评分条款达到的水平。总体上"最适合"并不要求与分数范围档次内的每句话完全一致,允许在个别要素(过程的 A－D－L－I 要素或结果的 Le－T－C－I 要素)上有所差距。

c) 组织达到的水平是依据对4个过程要素或4个结果要素整体综合评价的结果,并不是专门针对某一要素进行评价或对每一要素评价后进行平均的结果。

d) 在适合的范围内,实际分数根据组织的水平是否更接近于上一档或下一档分数范围来判定。

e) "过程"评分条款分数为50%,表示方法满足该评分条款的总体要求并持续展开,且展开到该评分条款涉及的大多数部门;经过了一些评价和改进的循环,与在应对组织概述和其他过程条款时所确定的组织需要达到了协调一致。更高的分数则反映更好的成就,证实了更广泛的展开、显著的组织学习以及更进一步的整合。

f) "结果"评分条款分数为50%,表示具有良好的绩效水平、有利的趋势,在该评分条款所覆盖的方面具有适宜的对比数据,部分相对绩效达到良好水平,且对应了大多数关键的顾客、市场和过程要求。更高的分数则反映更好的绩效水平、趋势和对比绩效,更广泛的覆盖和整合。

索　引